普通高等教育新闻传播学类国家级一流专业建设精品教材　卓越人才培养卷

丛书主编　张明新　金凌志　　分卷主编　李华君　郭小平　李卫东

创意传播案例分析与应用

于婷婷◎编著

华中科技大学出版社
http://press.hust.edu.cn
中国·武汉

内 容 提 要

创意不是广告的专属,传播也不等同于流量。创意与传播的组合,本身就是传媒行业的一种创新解决方案。本书是笔者在多年教学和学术研究的基础上,结合近年来数字化、全球化、智能化的媒介发展变化背景,将广告学中的"创意"拓展到更多领域编撰而成。本书分为七章,先导入创意相关的概念、理论和新的实践场景,再从创意背后的底层逻辑分别对广告、商业品牌营销、新闻、公共关系、国家与城市形象、公益项目的创意传播经典案例进行梳理与分析。全书逻辑清晰、案例丰富、通俗易懂,以期读者能够通过大量的案例分析,总结出创意传播在不同领域的应用技巧。

本书既可以作为高校新闻传播学相关专业学生的教材,也可以作为传媒行业从业人员的参考资料。

图书在版编目(CIP)数据

创意传播案例分析与应用/于婷婷编著. —武汉:华中科技大学出版社,2023.8
ISBN 978-7-5680-9459-7

Ⅰ.①创⋯ Ⅱ.①于⋯ Ⅲ.①传播媒介-案例 Ⅳ.①G206.2

中国国家版本馆 CIP 数据核字(2023)第 145918 号

创意传播案例分析与应用 于婷婷 编著
Chuangyi Chuanbo Anli Fenxi yu Yingyong

策划编辑:周晓方 杨 玲
责任编辑:林珍珍
封面设计:原色设计
责任校对:张汇娟
责任监印:周治超
出版发行:华中科技大学出版社(中国·武汉)   电话:(027)81321913
         武汉市东湖新技术开发区华工科技园   邮编:430223
录   排:华中科技大学惠友文印中心
印   刷:武汉市洪林印务有限公司
开   本:787mm×1092mm 1/16
印   张:14.5
字   数:358 千字
版   次:2023 年 8 月第 1 版第 1 次印刷
定   价:49.90 元

本书若有印装质量问题,请向出版社营销中心调换
全国免费服务热线:400-6679-118 竭诚为您服务
版权所有 侵权必究

普通高等教育新闻传播学类国家级一流专业建设精品教材编委会

总主编

张明新　金凌志

专业改革创新卷主编

张明新　李华君　李卫东

卓越人才培养卷主编

李华君　郭小平　李卫东

学生实践创新卷主编

金凌志　李彬彬　鲍立泉

委　员（以姓氏笔画为序）

于婷婷　闫　隽　李卫东　李华君　李彬彬

余　红　郭小平　唐海江　彭　松　鲍立泉

于婷婷

华中科技大学新闻与信息传播学院广告学专业教师，副教授，研究生导师。中国故事创意传播研究院（由中国外文出版发行事业局与华中科技大学共建）秘书长，日本电通研修项目高级广告人才研修员，第三十届中国国际广告节长城奖、黄河奖评审专家，第十四届中国商务广告协会虎啸数字营销奖评审专家。主要从事品牌传播、数字营销和广告学相关研究。出版专著《网络购物行为研究》（2013年），参编教材《广告投放》（2017年），在《新闻大学》《国际新闻界》《现代传播》等期刊发表学术论文三十余篇，主持国家哲学社会科学基金项目等课题九项。曾获武汉市哲学社会科学成果三等奖、教育部全国大学生广告艺术大赛策划类全国二等奖指导教师、华中科技大学教师教学竞赛一等奖等奖项。

总 序

新闻传播学是对我国哲学社会科学具有支撑作用的重要学科。2016年5月17日，习近平总书记在哲学社会科学工作座谈会上讲话中指出："要加快完善对哲学社会科学具有支撑作用的学科，如哲学、历史学、经济学、政治学、法学、社会学、民族学、新闻学、人口学、宗教学、心理学等，打造具有中国特色和普遍意义的学科体系。"可以说，我国新闻传播学的学科建设和发展步入了历史上最好的机遇期。

从实践的维度看，当今时代的新闻传播学科处于关键的转型发展阶段。

首先，信息科技革命推动新闻传播实践和行业快速转型。大数据、云计算、区块链、物联网、人工智能等新兴技术，带来了翻天覆地的变革，不断颠覆、刷新和重构人们的生活与想象，促进新闻传播活动进入更高更新的境界。新闻传播实践的形态、业态和生态，正在被快速重构。在当前"万物皆媒"的时代，媒体的概念被放大，越来越体现出数据化、移动化、智能化的趋势。

其次，全球文化交往与中外文明互鉴对当前的新闻传播实践提出了更高的要求。中国正在越来越走近世界舞台中央，"讲好中国故事""传播好中国声音"成为国家层面的重大战略。在此背景下，新闻传播学的学科建设、学术研究和专业实践，要以关怀人类、联通中外、沟通世界的担当和气魄，以传承、创新和传播中华文化为己任，推进全球文化交往，推动中外文明互鉴，为人类文明进步贡献中国智慧和中国方案。

再次，媒体的深度融合发展，促进了媒体功能的多样化拓展。在当今"泛传播、泛媒体、泛内容"的时代，媒体正在进一步与政务、文旅、娱乐、财经、电商等诸多行业和领域产生更加紧密的联系。在媒体深度融合发展的进程中，媒体不仅承担着意识形态领域的新闻传播、舆论引导和文化传承功能，而且是治国理政的利器，是服务群众的平台和载体。在推进国家治理体系和治理能力现代化的过程中，媒体融合是关键一环。通过将新闻与政务、服务、商务等深度结合，媒体全面介入了社会治理和公共服务的各领域各环节。

不论是学科地位的提升，还是实践的快速变革，都对新闻传播学科的转型发展提出了新的时代要求。2022年4月25日，习近平总书记在中国人民大学考察时系统阐述了建构中国自主知识体系的重大战略目标。总书记强调，加快构建中国特色哲学社会科学，归根结底是建构中国自主的知识体系。要以中国为观照、以时代为观照，立足中国实际,解决中国问题,不断推动中华优秀传统文化创造性转化、创新性发展,不断推进知识创新、理论创新、方法创新,使中国特色哲学社会科学真正屹立于世界学术之林。具体到新闻传播学科,就是要加快中国新闻传播学自主知识体系建设。我们要以习近平总书记强调的"立足中国、借鉴国外,挖掘历史、把握当代,关怀人类、面向未来"为根本遵循,建构中国特色新闻传播学知识体系,充分体现中国特色、中国风格、中国气派。

加强教材建设是建构中国特色新闻传播学知识体系的重中之重。新闻传播学的学科、学术和话语体系,正处于持续的变革、更新与迭代过程中,加强教材建设显得更为重要。只有建构高水平的教材体系,才能满足立德树人的时代需要,才能为培养新时代的卓越新闻传播人才提供知识基础。教材也是中外文化交流和文明互鉴的重要载体。要向世界提供中国方案、贡献中国智慧,向世界民众传播中国理论、中国话语,教材是重要的依托和媒介。新闻传播学教材是中国特色新闻传播学知识体系的重要构成部分,肩负着向全人类贡献中国新闻传播话语、理论、思想的历史使命。

本系列教材是国家级一流专业建设精品教材。在某种意义上,本系列教材是顺应国家层面一流本科专业和一流本科课程"双万计划"建设的时代产物。2019 年 4 月,教育部办公厅正式发布《关于实施一流本科专业建设"双万计划"的通知》,提出在 2019—2021 年,建设一万个左右国家级一流本科专业点和一万个左右省级一流本科专业点。在一万个左右国家级一流专业中,包含 236 个新闻传播学类专业。目前,全国约有 1400 个新闻传播学类本科专业,国家级一流专业显然具有极其重要的示范价值。2019 年 10 月,教育部发布《关于一流本科课程建设的实施意见》,正式启动一流课程"双万计划"。在一流本科专业和一流本科课程"双万计划"建设中,教材建设无疑是极为重要的。

华中科技大学新闻与信息传播学院创建于 1983 年,是全国理工科院校中创立的第一个新闻院系,开国内网络新闻传播教育之先河。1983 年 3 月,华中工学院(今华中科技大学)派姚启和教授赴京参加全国新闻教育工作座谈会,到会代表听说华中工学院也准备办新闻系,认为这本身就是新闻。第一任系主任汪新源教授明确指出,我们的目标是培养文理知识渗透的新闻专业人才,我们和中国人民大学、复旦大学、武汉大学办的新闻学专业不一样。1998 年,华中理工大学(今华中科技大学)在新闻系基础上,成立了新闻与信息传播学院。学院坚持以"应用为主,交叉见长"为学科发展和专业建设理念,走新闻传播科技与新闻传播文化相结合的道路,推进人文学科、社会科学与自然科学、技术科学交叉融合。经过汪新源教授、程世寿教授、吴廷俊教授、张昆教授等历任院长(系主任)的推动、传承和改革创新,学院逐渐形成并不断深化自身的特色。可以说,学院秉持学科交叉的人才培养理念,在传统的人文教育和"人文+社会科学"新闻教育模式之外,于众多高校新闻传播人才培养模式中走出了一条独特的发展道路。

近年来,学院坚持"面向未来、学科融合、主流意识、国际视野"的人才培养理念,致力于培养具有家国情怀、国际视野和新技术思维,适应媒体深度融合和行业创新发展,能胜任中外文化传播与文明互鉴的卓越新闻传播人才。在人才培养过程中,注重学生综合素质与专业水平、理论功底与业务技能、实践精神与创新思维的均衡发展。在这样的思维理念指导下,学院以跨学科、跨领域、跨文化为专业建设路径。所谓"跨学科",即强化专业特色,建设多元化的师资队伍,凝聚跨学科的新兴方向,组建创新团队,培育跨学科的重要学术成果;所谓"跨领域",是在人才队伍、平台建设等方面拓展社会资源,借助业界的力量提升学科实力和办学水平,通过与知名业界机构的密切合作提高本学科的行业与社会知名度;所谓"跨文化",是扩大海外办学空间,建设国际化科研网络,推出高水平合作研究成果,推进学术成果的国际发表和出版,提升学科的国际知名度和美誉度。

目前,学院拥有五个本科专业:新闻学(另设有新闻评论特色方向)、广播电视学、传播学、广告学、播音与主持艺术。其中,新闻学、广播电视学、传播学入选国家级一流本科专业建设点,广告学、播音与主持艺术入选省级一流本科专业建设点。与此同时,学院还建设了包括"外国新闻传播史""新媒体用户分析""网络与新媒体应用模式""传播学原理"等在内的一批一流课程。为持续推进一流专业建设和一流课程建设,我们经过近三年的策划和组织,编撰推出"普通高等教育新闻传播学类国家级一流专业建设精品教材",为促进新时代卓越新闻传播人才培养、推进中国新闻传播教育转型、建设中国特色新闻传播学知识体系贡献华中科技大学新闻传播学科的思想智慧与解决方案。

本系列教材包括三个子系列:专业改革创新卷,卓越人才培养卷,学生实践创新卷。其中,专业改革创新卷以促进专业建设为宗旨,致力于探讨在新的时代条件下,开展新闻传播学类专业建设的理念、思维、机制和措施,具体包括专业改革创新的指导思想、课程思政、教师与学生、课程与教材、授课形式、教学团队、实践创新、育人机制、交流机制等方面的内容。特别的是,我们在课程思政建设方面做了一些探索,取得了一些成果。2022年,学院作为牵头单位,编撰出版了《新文科背景下专业课程思政教学指南》,系全国首部文科类课程思政教学指南;同时,编写的《新闻传播学专业课程思政教学指南》即将于2023年春由华中科技大学出版社出版,系全国首部新闻传播学类课程思政教学指南。

卓越人才培养卷以推进课程教材建设为宗旨,致力于促进新闻传播学类各专业核心课程、前沿课程、选修课程教材的编撰和出版。在我们的设计中,其既包括传统意义上的正式课堂教材,也包括各种配套教材,譬如案例选集、案例库、资料汇编等。课堂教学的教材建设是专业建设的重要构成部分,对于促进快速转型中的新闻传播领域的知识更新和理论重构,具有极其重要的意义。我们以培养全能型、高素质、复合型、创新型的新时代卓越新闻传播人才为目标,着眼于培养学生的跨领域知识融通能力和实践能力。教材是实现上述目标的重要依托和载体。我们在推进卓越人才培养卷教材编撰的过程中,特别注重将新时代中国特色社会主义伟大实践和中国媒体深度融合发展的最新成果及时进行转化并融入其中,以增强新闻传播教育教学的时代性和针对性。

学生实践创新卷以提升学生实践水平为宗旨,致力于培养学生面向媒体融合前沿、面向文化传承、面向国际传播的实践意识和能力。新闻传播学类各专业具有很强的应用性,必须面向实践和行业。"以学为中心",在某种意义上就是要注重实践。新时代的卓越新闻传播人才培养,必须建构基于实践导向的育人机制,其中包括课程、实验室与实践平台、实践指导团队、学生团队实践、实践作品、实践保障机制等诸多要素,构成一个完整的闭环。我们编撰学生实践创新卷教材,是要通过对华中科技大学新闻传播学子原创实践作品的聚沙成塔、结集成册,充分展现他们在评论、报道、策划等领域的优秀成果,展现他们的创作水平、责任意识和家国情怀。这些成果中的一部分,可能稍显稚嫩,却是学生在专业领域创造的杰作,凝聚着青年学子的思想智慧和劳动结晶。当然,这些成果也是学院教师们精心指导的结果,是教学相长的产物,对于推动专业建设具有重要的参考、借鉴和示范意义。

在我们的理解中,教材的概念相对宽泛,不仅包括传统意义上的课堂教材和辅助性教学材料,还包括专业改革创新著作和学生实践创新作品。教材是构成专业建设的基石,一流的专业必然拥有一流的课堂教材、教改成果和实践成果。虽然本系列教材名为"国家级一流专业建设精品教材",但并不仅仅服务于本科专业的建设,还囊括针对研究生各专业方向建设的教材作品。打通本科生专业建设和研究生专业建设,是本系列教材的一个重要创新。我们认为,只有在一流本科专业建设的基础上,才能建设好一流的研究生专业。

2023年将迎来华中科技大学新闻与信息传播学院四十周年华诞。四十年筚路蓝缕,以启山林;四十年创业维艰,改革前行。经过四十年的历程,学院建成了国内名列前茅的新闻传播学科,培养了数以万计具有国际视野、家国情怀的高素质复合型新闻传播人才,成为华中科技大学人文社会科学学科蓬勃发展的一张名片。值此佳期到来之际,我们隆重推出"普通高等教育新闻传播学类国家级一流专业建设精品教材",为学院四十周年华诞献礼。本系列教材是教育部首批新文科研究与改革实践项目"基于多学科融合的卓越新闻传播人才培养体系创新改革研究"的阶段性重要成果,体现了华中科技大学新闻传播学科专业建设发展的主要特色。根据规划,本系列教材将在2025年前全部出版完毕,约50部作品,可谓蔚为大观。在此,我们要感谢中共湖北省委宣传部、中共湖北省委教育工作委员会、湖北省教育厅与华中科技大学共建新闻学院的项目经费支持,同时,我们也要感谢华中科技大学本科生院在经费上的大力支持,正是有了这些经费的支持,本系列作品才能出版面世,与读者相见,接受大家的评判和检验。

本系列教材是华中科技大学新闻与信息传播学院致力于推进中国新闻传播教育转型发展的努力与尝试。我们希望这样的努力与尝试,将在中国特色新闻传播学知识体系建构过程中留下历史印记,为新时代培养造就更多具有使命担当、家国情怀和国际视野的卓越新闻传播人才贡献华中大新闻传播学科的思想、智慧和方法。

华中科技大学新闻与信息传播学院院长,教授、博士生导师

张明新

2022年12月12日

前言

作为老师,笔者常常听到有学生说自己不是一个有创意的人,担心自己无法学好与创意有关的专业知识。这让笔者也陷入了思考:我这个学了十年广告学,又教了十年广告学的老师,是个有创意的人吗?到底如何判断一个人是否有创意呢?有创意是一种天赋吗?如果不具备这种天赋,能够后天习得吗?社会在不断地进步发展,哪些工作需要创意,哪些又不大注重创意呢?

笔者带着这些疑问,一边教学科研,一边观察总结,直到2023年初,以ChatGPT为代表的人工智能的突破与不断迭代,终于残酷地揭示出我们中的绝大多数人都不太擅长创意。但我们不需要妄自菲薄,因为我们出生时的"创意水准"几乎相同,让我们和"大创意者"之间产生差距的因素是后天的,是复杂的,从某种意义上说,也是我们无法彻底改变的。人工智能的加速发展在打击我们的同时,也在提醒我们思考,人类和人类所从事的工作,是否应该更具某种区隔或竞争力?笔者认为,毋庸置疑,创意正是这条"护城河",因为创意背后的底层逻辑是创造和创新。因此,有创意不再是锦上添花,而是人类的生存必修课。也许你会觉得这种说法耸人听闻,但在可以预见的不久的将来,不具备巨大差异化竞争优势的人与人之间微小的能力差,会被人工智能磨平,社会的绝大多数价值创造都将来源于少数具有创意思维的人。

创意的应用场景是相当广泛的:艺术家的创意涤荡人们的灵魂;设计师的创意让人们体验生活的美好;科学家的创意让新发明造福人类;传播者的创意让沟通更有效。

传媒学子和行业从业者非常认同创意和创新的价值,但一些人常常认为自己没有创意天赋,从而提前放弃创造性的思考,或者即便想要努力突破,也不知从何处捕捉创意的灵感;也有人认为自己所从事的职业对创意的要求不高,认为新闻生产、教学、公共事务等不需要创意,这就说明他们对创意有一定的误解。创意绝不是灵光乍现,而是从认知方式、思维方式到行为能力的系统化的科学递推,是能够学习和训练的。只是创意思维的形成是一个复杂而长期的过程,并非一蹴而就。

当下,对于传媒行业的人来说,最直接最高效的方式就是研学已有的具有创意的传播案例,将视野打开,用创意的思维方式改造传统的传播方式。本书提到的用户视角、连接思维、组合与细分等,都是创意在具体战术层面的执行,它们将被分解在各章丰富的案例实践中,便于读者发挥主观能动性,理解和解读具体的创意传播策略。虽说是策略,但绝不是教条,毕竟将所学知识不分时间、地点进行套用本身就是程式化的、呆板的,与我们所讲的创意传播的理念背道而驰。

当你翻阅本书时,当你熟悉或不熟悉的案例跃入眼帘时,当你将它们与创意思维和创意传播联系在一起时,笔者不能保证你已经走在"成为有创意的人"的路上,但至少,你能感受到创意传播的力量和效能,你能会心一笑——原来用创意思维进行传播并不难,而这一微小的思维的撬动,就是一切的起始。

目录

第一章　从创意到创意传播　1
　第一节　从创意到创意传播　1
　第二节　技术创新下的创意传播　19
　本章小结与思考　42

第二章　广告创意传播案例分析　43
　第一节　从内容入手的创意图景　45
　第二节　从渠道入手的创意图景　57
　本章小结与思考　68

第三章　商业品牌营销创意传播案例分析　70
　第一节　品牌即战略——整合营销　73
　第二节　品牌的内容营销　78
　第三节　基于用户关系的品牌营销　84
　本章小结与思考　96

第四章　新闻创意传播案例分析　97
　第一节　基于技术的创意：让新闻更智能　100
　第二节　基于互动的创意：让新闻更有趣　110
　第三节　基于感官的创意：让新闻更多样　115
　第四节　基于付费模式的创意：有偿新闻的探索　121
　本章小结与思考　123

第五章　公共关系创意传播案例分析　124
　第一节　基于感官的创新：公众体验升级　127
　第二节　基于内容的创新：出巧力办大事　133
　第三节　基于关系的创新：打造品牌声势　137
　本章小结与思考　142

第六章　国家与城市形象的创意传播案例分析　144
　第一节　国际赛事传播：国家形象的有力踏板　146
　第二节　中国交建："一带一路"建设中形象塑造的好名片　154
　第三节　短视频传播：国家形象传播的新路径　161

第四节　特色品牌：城市形象塑造的新形式　168
　　第五节　网红经济："民选流量"扭转刻板的城市形象　172
　　本章小结与思考　176

第七章　公益项目创意传播案例分析　178
　　第一节　全球公益传播的主要议题与价值取向　181
　　第二节　"互联网＋公益"：技术驱动公益传播创新　189
　　第三节　基于新媒介渠道的公益传播内容的原生与共创　201
　　本章小结与思考　214

参考文献　215
后记　218

第一章 从创意到创意传播

第一节 从创意到创意传播

一、创意、灵感、创新等相关概念溯源

(一)创意:人类进步的动力源泉

世界著名未来学家、《第三次浪潮》的作者阿尔文·托夫勒曾预言:资本的时代已经过去,创意时代在来临;谁占领了创意的制高点谁就能控制全球! 主宰21世纪商业命脉的将是创意! 创意! 创意! 除了创意还是创意![①]

在人们的日常生活中创意的身影随处可见。创意源于生活又高于生活。某些时刻人们灵感乍现或脑海中产生某些具有洞察力的新奇想法,创意便由此出现了。具体来说,创意既是静态的,又是动态的。它既是一种突发而来、妙用无穷的思想,又是一种对实践活动具有指导作用的从无到有的思维过程。正如世界创意产业之父约翰·霍金斯所说的,创意是人类的一种才能与智慧,它代表催生某种新事物的能力,是一人或多人创意和发明的产生,这种创意与发明必须是个人的、具有原创性,且意义深远的。[②]

1. 创意的概念溯源

"创意"这个概念古已有之。《辞海》中的"创意"有"创造新意或新的意境"和"开创性的想法、构思等"两个释义。"创意"中的"创"包括创造、创作、创新,"意"包括意涵、意识、主意,因此创意从词义上可以被理解为具有创新性的主意。在中国,"创意"一词最早出现于东汉王充的《论衡·超奇篇》,其中有言"及其立义创意,褒贬赏诛,不复因史记者,眇思自出于胸中也"。这里的"创意"主要是指文章中提出的新见解、新思路,即立意、构思。而在英文中回溯"创意"概念的词源时,我们发现"创意"在英语中并没有形成统一的专用名词,人们往往使

[①] [美]阿尔文·托夫勒.第三次浪潮[M].黄明坚,译.北京:中信出版社,2006:11.
[②] [英]约翰·霍金斯.创意经济:如何点石成金[M].洪庆福,孙薇薇,刘茂玲,译.上海:上海三联书店,2006:7.

用以下几种词汇或词组来表达创意。一是 concept。该词汇原来是一种哲学术语,意为"概念、观念",后在20世纪60年代流行于美国广告界,表示广告中某种打破传统观念的新构想。二是 idea。该词一般表示"点子、主意、思想、意见"等,第一次作为创意的概念则是出现在广告大师詹姆斯·韦伯·扬关于广告创意的著作《创意》中。他以海上的环状珊瑚岛为喻引出创意:"An idea, I thought, has some of that mysterious quality which romance lends to tales of the sudden appearance of islands in the South Seas.①"(我想,这种想法有点像浪漫小说赋予南海上突然出现岛屿的故事那种神秘色彩。)在这里,这一词语更强调创意的个体性、智力性,以及创意的成果,是一种静态的创意定义。三是 creative/creation/creativity。这一系列词性不同的词语均由词根 create 衍生而来,分别代表创造性、创造力、创造物,它们在创意领域被普遍应用,例如 creative strategy 为创意策略,creation director 为创意总监。这也是最被广泛认同的中文"创意"的来源,强调创意从无到有的原创性以及创意出现的创造性思维过程,是一种动态的创意定义。四是 creative idea。这个词组将"创"与"意"结合,意为创出新意以及所创造出的意境。约翰·R.罗西特和拉里·珀西认为,"在绝大多数情况下,要找到最有效的方法往往需要一种能够制胜的创意(creative idea)"②。这里他们就运用"creative idea"指代创意。

加拿大城市创意研究学者查尔斯·兰德利曾将创意理解为创造能力,并指出创意概念被过度使用的现状。他认为创意这一概念过于宽泛模糊,使人难以定义和把握。正因如此,时至今日,人们对创意仍没有一个权威的定义,国内不同学者基于自身的创造性思维对创意的概念做出不同的解读。金定海、郑欢认为,创意在本质上是一种沟通传达,是主体在对事物之间关系的重新定义中,将人生与审美的差异体验符号化、价值化、传播化的过程。③ 余明阳、陈先红认为,静态的创意是指创造性的意念、巧妙的构思,即常说的"好点子、好主意",动态的创意是指创造性思维活动。④ 陈初友、王国英认为,创意是人们行为中产生的思想、点子、立意、想象等新的思维成果,是一种创造新事物或新形象的思维方式,其本质是一种辩证思维。⑤

贺寿昌认为,创意可分为宏观创意、个体创意和应用创意。⑥ 宏观创意泛指一切可视的创作现象,不仅包括文学艺术,而且可以概括包括日常生活在内的整个的人的生活方式,即人的文化存在的样式。宏观创意的内在含义即文化。个体创意是指个人的情感、灵感、直觉、想象、才情、智慧等在创意作品中的自由倾泻。个体创意的内在含义是审美。应用创意是指创意的目的不限于个人欣赏品鉴,而是与产业的目的相联系,使创意走向产业,实现产业化。应用创意的内在含义是产业。

---

① [美]詹姆斯·韦伯·扬.创意[M].李旭大,译.北京:中国海关出版社,2004:77.
② [澳]约翰·R.罗西特,[美]拉里·珀西.广告沟通与促销管理[M].康蓉,王玉莲,吴越,等译.北京:中国人民大学出版社,2004:227.
③ 金定海,郑欢.广告创意学[M].北京:高等教育出版社,2008:7.
④ 余明阳,陈先红.广告策划创意学[M].上海:复旦大学出版社,1999:267.
⑤ 陈初友,王国英.TOP创意学经典教程[M].北京:北京出版社,1998:10-15.
⑥ 贺寿昌.创意学概论[M].上海:上海人民出版社,2006:18-20.

2. 创意的本质与内涵

具体来说,创意的内涵主要包括以下几点。

第一,从微观角度看,创意是一种原创性思维活动。创意是人类最重要的思维,它不是凭空而来的,它源于大脑,是人特有的属性,也是人与生俱来的能力,每个人都具备先天性的创意潜能和技巧;创意是奇思妙想,是思维、直觉、灵感等多种认知方式综合运用的结果,是一个人创新能力的核心;创意是对原有状态的突破,它可以突破时间、空间、客观存在的界域;创意可以是一种理论的新内容和新角度,也可以是一种资源的新组合、一种催生的新事物、一种新事物的发明与创造、一种解决问题的新方法、一种管理和制度层面的新方式等。

对于个体而言,创意具有可习得性。目前人们普遍存在的一个认知谬误就是只有拥有特殊才能的少部分人才能拥有创意。人们希望依照范例行事,不相信自身拥有创意能力,不相信自身能够进行创造性的活动。实际上,每个人都拥有创意能力,这种能力是人类发展和适应环境的产物,但是创意的天赋只有被挖掘才能得以充分的展示。身为作家、导演,也是创意工作坊的老师茱莉娅·卡梅伦说:"创意我教不来,所以我教大家让自己有创意。"① 创意是可以学习的,创意是人生资源的积累和能量的爆发,所以一个人要想有优秀的创意,首先要学习如何创造性地生活。只有掌握生活技巧,不断丰富和提升人生的质量,才能在需要的时候,使能量瞬间迸发,从而产生优秀的创意。创意的技巧就是人生积累的技巧。② 创意的积累是人生实践的产物,许多创意生产先驱都给出了自己的创意方法,例如创意大师詹姆斯·韦伯·扬的五步创意法:收集原始资料—咀嚼资料(仔细检查这些资料)—消化资料(深思熟虑,让许多重要的事物在有意识的心智之外进行综合性的工作)—创意的产生—创意的修正(最后形成并修正此创意,使之能够实际应用)。

第二,从中观角度看,创意是产业性经济活动的生产要素。创意是一种资源,它源于人力资源又高于人力资源。创意作为一种生产要素,是经济增长的重要源泉;创意作为一种资本,更注重人力资本、技术和包容性环境的相互作用,在吸引企业集聚上具有一定的主动性;当创意经过产业化过程创造经济价值时,一方面体现为创意产业自身生成的经济价值主要通过知识产权的保护来实现,另一方面体现为创意作为整个经济中创新系统的一个元素,是经济系统运行的高阶系统,其跨界性同时带来一、二、三产业的全面增值,并由此引发经济发展方式转变、产业结构优化、社会资本与社会效应提高。

第三,从宏观角度看,创意是一种创造性的社会活动。一方面,创意是人类发展和适应环境的产物,也是人类不断突破自我、改造自我和创造自我的过程,人类生产、生活和历史发展中的所有新事物都是创意的结果。创意通常以人的幸福快乐和满意度为价值逻辑,注重文化艺术的创新和内容的创新。创意不断满足个人自我实现的需要,使人们高质量地生活和工作,实现生命的意义和人生的价值,从而成为社会活动中最有活力的单元组成。另一方面,创意产品创造了越来越多的物质和精神财富,带来一系列体验效用、审美效用、文化效应等,极大地满足和引领人民群众日益增长的物质和文化需求。创意带来社会的变革和改变,

---

① [美]朱莉娅·卡梅伦.唤醒创作力:写给被"卡"住的创作者[M].庄云路,译.杭州:浙江人民出版社,2018:10.
② 李欣频.创意与创意脑研究[J].广告大观(理论版),2011(3):41-55.

创意改变世界。

创意产业的专家佛罗里达曾说:"创意现在已经成为竞争优势的决定性来源。"① 社会是创意的原生基础,反过来,创意的发展推动着社会进步,带来了一种新的发展范式,这种发展范式涵盖经济、文化、科技和社会发展等各领域。

这是一个属于创意的时代。当一个生命开始追求新的价值时,当一个组织开始寻求新的生机时,当一个产业开始探求新的拐点时,当一个国家开始谋求新的发展时,创意都会成为首要选择。与此同时,创意也带来了一种生活方式的变化,符号价值和精神消费从传统理性开始向享乐追求转变。

 延伸阅读

"世界创意和创新日"纳入联合国纪念日系列背后的故事②

第 71 届联合国大会于 2017 年 4 月 27 日协商一致通过关于纪念"世界创新日"的第 284 号决议,确认创新对于每个国家发挥经济潜力至关重要,呼吁各国支持大众创业、万众创新,认为这将为各国实现经济增长、创造就业凝聚新动力,为包括妇女和青年在内的所有人创造新机遇。

根据这一项决议,每年的 4 月 21 日将被作为"世界创意和创新日"(World Creativity and Innovation Day)纳入联合国纪念日系列,同世界地球日、世界水日、世界人道主义日等并列。

"世界创意和创新日"是加拿大的创造力专家马西·西格尔(Marci Segal)女士于 2001 年发起设立的,她意识到加拿大面临创造力危机后,就想通过设立这样一个纪念日来提醒、激励全世界关注创造创新问题。她想告诉全世界的每一个人,人人都能利用想象力来创造新的未来。她建议将这个日期定在地球日(4 月 22 日)的前一天,以启发人们提升创造与创新的意识,应用新思维来解决地球可持续发展的问题。

2002 年 4 月,第一次"世界创意和创新日"活动成功举办,参与活动的有荷兰、泰国、巴西、美国、加拿大等国家。随后几年,新参与的国家越来越多,包括白俄罗斯、印度、澳大利亚、埃及、秘鲁、智利、马来西亚、英国、意大利、法国、萨尔瓦多、摩洛哥、阿联酋、希腊、厄瓜多尔、哥伦比亚、斯洛文尼亚等。

从 2006 年起,除了"世界创意和创新日"外,又增添了"世界创意和创新周"(每年 4 月 15—21 日),因为 4 月 15 日是大发明家、大艺术家达·芬奇的生日,所以选择这一天作为"世界创意和创新周"的起点很有象征意义。现在,参与"世界创意和创新日"和"世界创意和创

---

① [美]理查德·佛罗里达.创意阶层的崛起[M].北京:中信出版社,2010:12.
② "世界创意和创新日"纳入联合国纪念日系列背后的故事[EB/OL].(2017-05-11)[2022-12-22]. https://mp.weixin.qq.com/s/Gn_JcoL2iHfmvrsRckXf2w.

新周"纪念活动的已有50多个国家。

"世界创意和创新周"的目的是提高人们对创造力和创新重要性的认识,帮助人们做到几个"新":用新方式表达自己的想法;找到针对老问题的新解决方案;创造新机会;克服创造与创新的障碍;提供新选择;做出新决策;创造新未来。马西·西格尔希望宣传推广的一些基本理念是:创造力是个人性的,创新是社会性的;为了使创新发生,相关创意就需要获得别人的珍视;创新驱动着经济增长和机会,创造力驱动着创新,知识使得创造力和创新成为可能。

马西·西格尔特别希望,各行各业的领袖人物都重视创造力和创新。她说,领袖们可以利用"世界创意和创新周"的机会(当然不限于这一段时间)做七件事:一是就特定主题召集头脑风暴会;二是与大家分享以往的创新经历;三是要求你的团队设计一番高水平的体验活动;四是邀请客户来听一场报告;五是教会人们如何鼓舞别人发挥创造力;六是举办普及创造力理念的午餐会;七是以新颖的、不同凡响的方式放松、休息。

"世界创意和创新周"的活动方式五花八门,可以是现场活动,也可以是网络论坛之类的线上活动。如今,联合国将"世界创意和创新日"纳入联合国纪念日系列,既是对创新的重视,也是对马西·西格尔女士这些年不懈努力所推动的理念的认可。

3. 广告创意

创意的概念发轫于广告业,兴起于广告业,成熟于广告业,因此谈到创意,就不得不提其最为广泛的外延、载体——广告。创意的经济效能和产业中枢作用首先在广告行业中得到淋漓尽致的体现,使得与创意相结合的广告业率先成为创意产业的"排头兵",广告创意的发展也被称为"前创意产业阶段",广告开启了创意不同于古时的现代产业之旅。[1]

回顾梳理国内外著名广告大师对广告创意的理解,可以总结概括为以下四种观点。

(1) 好的点子

好的点子(good idea)意为创意,这一观点最初由詹姆斯·韦伯·扬提出。大卫·奥格威强调:只有好的点子才能吸引消费者的注意力,同时促使他们购买产品;除非你的广告具有很好的点子,否则就会像即将被黑暗吞噬的船只。[2]

(2) 创造新奇

国际广告人泰德·贝尔认为,创意需要为消费者创造新鲜感,创造一种看待旧问题的新方式。[3] "创造惊奇和新鲜感就是创意的诀窍。你必须在情感上吸引人,必须为人们提供信息,并使他们以一种新的方式看待你所说的东西。"[4]

---

[1] 石凤玲.从创意概念、广告创意到创意产业——"中国创意"命题的提出[J].广义虚拟经济研究,2019,10(1):69-74.
[2] [美]大卫·奥格威.一个广告人的自白[M].林桦,译.北京:中信出版社,2010:35.
[3] [美]劳伦斯·明斯基,埃米莉·桑顿·卡尔沃.如何做创意:十三位美国杰出创意指导和文案撰稿人的创意观念、方法与作品[M].钱锋,译.北京:企业管理出版社,2000:30.
[4] [美]劳伦斯·明斯基,埃米莉·桑顿·卡尔沃.如何做创意:十三位美国杰出创意指导和文案撰稿人的创意观念、方法与作品[M].钱锋,译.北京:企业管理出版社,2000:30.

（3）思维过程

这一观点从创意的思维方式层面阐释广告创意，强调创意过程中人的主体地位，认为广告创意是创造性的想法，是一种具有感染力与说服力的动态过程。广告大师李奥·贝纳曾这样论述广告创意："创意点子只能在人脑中成形。只要有创意在，人们就能生存和繁荣。若没有创意，人们还将寄居在洞穴忙着撕生肉吃。所有我们称之为财富的，称之为幸福的，事实上，所有被我们称之为文明的事物，全是创意的产物。"①

（4）创造效能

这一观点将创意视为广告的核心动力与灵魂，拔高了创意在广告中的地位。威廉·伯恩巴克曾说，创意具有为广告赋予精神和生命的功能。② 也有学者通过广告的营销过程和实效来定义创意，侧重于广告创意的行销实效层面。例如大卫·奥格威曾说，广告创意的功能是促进销售。③

随着整合营销传播时代的到来，创意不再是仅存在于广告策划的某一环节，而是贯穿品牌化战略活动的全过程。如今，"创意"概念的外延被大大拓展，从原本的战术意义转化为战略意义。正如《第三次浪潮》的作者阿尔文·托夫勒所说的，创意在今天已成为一种社会形态、一种经济存在、一种生活方式，创意与人的生活质量形成多重关联，创意对人的生活领域产生更深入的渗透，创意已经不再是广告与品牌的专利。④

 延伸阅读

我们还需要创意总监吗？⑤

移动互联网和社交媒体让世界各地连在一起，几乎所有人都获得了前所未有的信息和交流机会，但与此同时，也慢慢催生了世界的撕裂，不同身份、不同圈层、不同文化的人基于同一诉求，发生着激烈的碰撞。而这样的故事不可避免地也发生在中国的广告界。流量、数据、技术、程序正在无情冲击着广告行业从业者。但或许那根本不是冲击，而是常态。对于我们，接受这是真实的广告业，比否定要重要得多。

一、不再被需要的创意总监

这些年创意圈的震动太大了，从纠结这个创意形式好不好，到否定4A的论调，再到很多人开始探讨要不要用AI取缔权威。关于创意标准的探讨着实给了广告圈一些反思与启发。

---

① 金定海,郑欢.广告创意学[M].北京:高等教育出版社,2008:7.
② Willens D. Nobody's Perfect: Bill Bernbach and the Golden Age of Advertising[M]. New York: Create Space Independent Pub,2009.
③ [美]大卫·奥格威.一个广告人的自白[M].林桦,译.北京:中信出版社,2010:37.
④ [美]阿尔文·托夫勒.第三次浪潮[M].黄明坚,译.北京:中信出版社,2006:7.
⑤ 我们还需要创意总监吗?[EB/OL].(2020-11-09)[2023-02-23]. https://mp.weixin.qq.com/s/unWRKd1cIiu26u0l7MMJrA.

不可否认，中国广告行业曾经无比风光。香港四大才子之一的黄霑做过广告，"人头马一开，好事自然来"是他写的；因为拍广告片结缘，香港女星钟楚红嫁给了著名广告人朱家鼎；劳双恩帮郑秀文写过《舍不得你》，而传言他在上海智威汤逊广告公司的日薪高达3万；4A更是多少人梦寐以求的工作，是精英阶层的重要身份背书。

过去，广告公司曾经360度无死角地为品牌服务，承载了企业几乎全部的营销传播工作，上到品牌主张、公司业绩，下到一个创意、一个点子。那个时候，创意总监就是被捧在"神坛"的人，当时的广告大王、广告女王的故事至今仍广为传颂。

但互联网时代的象征便是草根文化，头部互联网巨头的用户数量早已过亿，每天都有上亿人使用其产品，精英文化已不再适用。中国实在太大了，一线到六线的用户需求完全不同，但偏偏他们都在使用同一个产品、浏览同一个页面，并且人们的需求变化快，甚至广告人昨天才想到的创意，今天已经不再适用了。既然消费者变了，做决策的人也不得不面临被"撕裂"的危险。

未来会有越来越少的品牌把成功建立在创意总监一觉醒来想出一句石破天惊的广告语，更不会把几千万甚至上亿的预算投放在1%的奇迹和意外上。也许资深的从业者会说，我的理论、我的经验、我的格局、我的视野依然可以帮助品牌开疆拓土，但在品牌看来，差异化打法早已变得再寻常不过。这不是微博、微信、抖音、小红书、快手的问题，品牌会根据自己的诉求和不同平台的属性，去呈现不一样的营销和内容。

历史的进程不会倒退，网红、段子手、博主、主播等都是品牌的"创意总监"，而那些石破天惊的创意必然不可能只来自创意公司或者广告公司。

或许"网红取代广告公司"的论断过于绝对，但在新的时代，一个互联网程序员"干掉"一个执行创意总监的事的确有可能发生。曾经的精英阶层正在面临难以想象的压力。

二、消失的爆款创意

如果一个人的创意公司产生发展于2012到2018年，那么他赶上了移动互联网营销的红利期，也应该赚到了不少钱。

有人认为，一代广告人毁于追热点。这也从侧面证明那个时期追热点到底有多"香"，一个段子、几句文案，再加点设计，就能打造一个让甲方满意的创意作品。

再说说H5，有多少公司单靠H5就成为圈里顶尖的存在。最夸张时，一个头部公司一个月要做几十个H5，而所有品牌的诉求只有一个：帮我做一个可以刷屏的H5。但很快，审美疲劳、玩法缺失，H5走下神坛。

"如果没有技术创新，我们可能什么都做不了。"上海一个创意总监在2017年如此说道。

类似的情况，在大长图和条漫上都有出现——某排名前20的条漫大号已经有超过一个月没有接到广告，大长图更是直接沦为普通工具，无人喝彩。

原因到底出在哪儿？一方面，在浮躁的野蛮生长时期过后，部分传统广告形式开始回归，比如TVC（商业电视广告）；而更重要的是，传播渠道已经发生了不可逆的变化，有些东西即使回来，前文提到的不同圈层间的碎片化的环境，也会让现在的创意公司和甲方难上加难。

而在这之前，我们得接受一个事实：现在的数字营销才是真正的数字营销，且数字营销是不可逆的趋势。

之前的数字营销虽然喊了很多年,但更多的是在新鲜载体和渠道上做创意,即便有技术加持,但还是精英主义的创意逻辑,只是媒介变了。而现在的数字营销,不仅补充了像短视频这样的内容形态,内容生态和商业生态也逐步完善。适宜的"土壤"让真正被技术武装的数字营销开始显出威力——在这种体系化、规模化、生态化的数字营销环境中,营销和创意早已被纳入更大的营销范畴和更长的营销周期中衡量,更多数据、更多技术的加入,以及更多效果思维的参考,让创意和数字营销乃至整个品牌营销过程变得更加全能,更能解决问题。这才是刷屏创意消失背后整个行业更大的思考和收获。

甲方可能需要组织革新才能应对过去从来不曾出现的局面,乙方甚至需要直接迭代才能活下去,而对于平台,谁能给予最大的帮助,谁就能占得先机。又一个创意红利期,谁将是赢家?

回顾这些年来中国广告行业的震荡与颠覆,它或许是充满矛盾的,但是,对于它的探讨是十分必要的。在技术的变革之下,它让我们有些惶恐、有些不安,但所有的创意人、广告人、营销者都必须面对它。当人们无比怀念那个创意人的黄金时代时,并不意味着创意的停滞不前,我们可以给予创意一个更有前途的未来。

(二) 灵感:必然与偶然的统一

我们来看这样一个问题:已知在饱和状态下,每个碳原子应该与 2 个(在碳链中间)或 3 个(在碳链两端)氢原子化合,而一个苯分子含有 6 个碳原子和 6 个氢原子,说明它的碳原子处于极不饱和状态,化学性质应该很活泼,但是苯的化学性质却非常稳定,这说明它和不饱和有机物的分子结构不一样。那么,苯究竟有怎样特殊的分子结构呢? 这个问题把当时的化学家难住了。德国化学家凯库勒也对此百思不得其解,长期以来潜心研究这一课题。当时凯库勒在比利时的根特大学任教,一天晚上他坐马车回家,在车上昏昏欲睡。半梦半醒之间,他看到碳链似乎活了,变成了一条蛇,在他眼前不断翻腾。突然,这条长蛇咬住了自己的尾巴,形成了首尾相连的一个环……凯库勒像触电般猛然惊醒,他仔细回想梦中那个衔尾蛇的形状,并连夜整理苯环结构的假说,终于提出苯分子是一个六角形环状结构的论断。

在人类创造史上,许多重大的科学发现都是灵感这种"智慧之花"闪现的结果,灵感与创造发明息息相关。古今中外,人们对灵感这种奇妙心理现象的探索由来已久。"灵感"一词来源于古希腊,意为"神灵之气"。在历史上,最早使用"灵感"一词的是古希腊唯物主义辩证法大师德谟克里特:"没有心灵的火焰,就没有一种疯狂的灵感,就不能成为大诗人"。[1] 英国当代美学家、《英国美学杂志》主编奥斯本在 1979 年发表的论文《论灵感》中对灵感进行了如下定义:一个人在他自己或者别人看来,仿佛从他自身之外的源泉中感受到一种助力和引导,并明显地提高了效能或增进了成就,这时候我们通常会说这个人获得了灵感。[2]

在历史发展的早期阶段,由于科学技术的限制,许多诗人、作家甚至科学家虽然频频从梦境、日常生活等自身之外的源泉中获得灵感,却并不能科学地解释灵感产生的来龙去脉,

---

[1] 马新国.西方文论史[M].北京:高等教育出版社,2002:20.
[2] H.奥斯本,朱狄.论灵感[J].国外社会科学,1979(2):83-96.

也无法总结规律,于是无可奈何地把灵感与神灵混为一谈,认为灵光一闪而产生的思维火花是神灵的恩赐,由此产生了灵感"神赐论"。还有一些学者认为灵感恍惚莫测,是一种只可意会不可言传的奇妙的精神现象,由此产生了灵感"不可知论"。

在我国,人们对灵感的认识也经历了类似的过程:从先秦时期的"感兴说",到魏晋南北朝时期的"神思说"、唐宋时期的"妙悟说",再到元明清时期的"意境说"。① 陆机在《文赋》中对灵感的描述为:"若夫应感之会,通塞之纪,来不可遏,去不可止,藏若景灭,行犹响起。方天机之骏利,夫何纷而不理？思风发于胸臆,言泉流于唇齿。"尽管长久以来,文人墨客、能人智者矢志不渝地追求着"灵感缪斯",但始终无法凭借主观意愿支配灵感的来去。从古今中外许多关于灵感的描述中,我们可以得知灵感具有以下特征。

1. 突发性

灵感的到来往往是不期而至、突如其来的。数学家高斯解决了一个困扰他多年的问题之后,写信给友人说:"最后只是几天以前,成功了(我想说,不是由于我苦苦的探索,而是由于上帝的恩惠),就像是闪电轰击的一刹那,这个谜解开了;我以前的知识、我最后一次尝试的方法以及成功的原因,这三者究竟是如何联系起来的,我自己也未能理出头绪来。"正如高斯所说的那样,灵感的到来仿佛闪电轰击。当人处于散步、洗澡、观光等放松状态,甚至是睡梦的无意识状态的不知不觉中,曾经冥思苦想的问题突然迎刃而解,一个美妙的画面出现在脑海中,精巧的构思突然闪现——灵感之花绽放了。

2. 偶然性

灵感往往受某些东西启迪而一触即发,且持续时间非常短暂,带有很大的偶然性。魏格纳在查阅世界地图时偶然发现,南大西洋两岸具有对应的轮廓,巴西海岸与非洲海岸彼此间的每一处突出部分几乎都对应着对方的凹陷处,从而提出了"大陆漂移说"。其实,偶然之中有必然。灵感的发生从开始到结束都是在意识和无意识的积极活动下进行的。有意识和无意识的积极活动为人们所思索的课题提供了许多相关的信息,只是启发灵感的信息从时间、地点、条件、机缘来看都表现出某种偶然性。

正如马克思主义哲学所阐释的,偶然性和必然性之间存在着对立统一的关系。偶然之中有必然,必然之中有偶然,它们相互依赖、相互渗透、相互转化。灵感的偶然性隐含着一种必然性,即灵感的产生必定建立在理论积累的基础之上。正所谓"机遇往往偏爱有准备的头脑",长期的感性积累和潜意识中的内容沉淀体现着灵感出现的必然性。

3. 非逻辑性②

灵感不依赖于某种固定的逻辑形式,它是对逻辑思维灵活的、综合的、简略式的运用。

---

① 刘奎林.灵感:创新的非逻辑思维艺术[M].哈尔滨:黑龙江人民出版社,2003:24-48.
② 周治金,陈永明.灵感及其实质[J].心理学探新,2000(1):12-16.

所以一般灵感出现时,虽然人们得到的是一些重要的信息,但这些信息往往表现为模糊的、零碎的形式。

灵感的突发性和偶然性的特点使得人们很难对其进行直接研究,导致过去人们对灵感本质的认识普遍停留在肤浅的"浑浑噩噩"状态。经过人类多年来孜孜不倦的探索,目前人们对灵感的认识已经从混沌、不可控、不可知中解脱出来,灵感也成为心理学一个重要的科学现象,即灵感的"心理现象论"。这种观点认为,灵感是人脑的机能,是对客观现实的反映,是一种创造性思维。具体来说,灵感是指长期思考着的问题受到某些事物的启发,忽然得到解决的心理过程,是艰苦探索和创造性思维活动的结果,是必然与偶然的统一,是创造性思维过程中的认知飞跃。钱学森教授指出,人们不仅要有抽象思维和形象思维,还要有灵感思维,并提出创立"灵感学"作为一门独立的学科。①

目前,随着认知心理学的发展,特别是内隐认知研究的深入,人们对灵感本质的认识已取得了长足的进步。灵感思维已经成为脑科学、人工智能、心理学、文学、哲学、美学等众多学科综合研究的典型对象。

 延伸阅读

学术研究更加需要灵感②

无论是文学创作还是艺术创作,都需要灵感,没有灵感就没有创新。学术研究虽然不像文学和艺术创作那样,需要有打动人的故事情节和巨大的视觉冲击力,但它更加需要创新;而要实现学术创新,灵感的重要性不亚于其对于文学和艺术创作的重要性。马克斯·韦伯在《学术作为一种志业》的演讲中就指出,学术研究需要有真挚而深邃的热情,但有热情并不能保证必然产生学术上的成果,灵感在其中具有决定性作用。

灵感来自何处?它主要不是一种天赋,更多的是源自后天的培育。

一是来自广泛的阅读。阅读使阅读者的内心接受思想的刺激,使阅读者借助别人的思想来观察社会、体验生活。阅读就是用心去聆听大师先哲的思想。人类知识的代际传播不是一种简单的复制,而是人们在不同时代不断承继与创新的传播过程。承继首先就要通过阅读把先哲的思想内化,并能够用内化了的思想来点燃自己的思想火花。

二是来自辛勤的社会实践。韦伯在演讲中指出,在正常情况下,灵感唯有经过辛勤的社会实践才会出现。社会实践对人们内心会产生最直接的刺激,这种刺激往往是深刻且持久的,因而在这种情况下产生的灵感也是刻骨铭心的。一个客观事实是,众多年轻学者的学术论文,无论理论研究做得多么精致,读起来总给人空洞的感觉,也就是没有现实关怀和人文情怀,其根本原因就是缺乏实践的底蕴,从而使得学术论文有"骨架"却缺乏鲜活的"血肉"。

---

① 钱学森.关于思维科学[M].上海:上海人民出版社,1986.
② 学术研究更加需要灵感[EB/OL].(2021-02-10)[2023-04-05]. https://mp.weixin.qq.com/s/9tI3OdhxGaLuPjC5didhrg.

苏格拉底提出"德性即知识",认为若无关人的德性,知识就是没有价值的。同样的道理,若无社会关怀和人文情怀,学术研究也是没有价值的。

灵感就是把既有的思想成果与现实实践结合起来而产生的新体验和新认识。学术研究的创新不仅在于方法创新,更在于思想创新,这就离不开灵感的迸发。没有灵感,学术研究就只是文字的游戏。

(三)创新:在颠覆中谋发展

英国作家王尔德曾说:第一个用花比喻美女的是天才,第二个用花比喻美女的是庸才,第三个用花比喻美女的是蠢材。① 这句话强调了艺术领域精神生产过程中创新的重要性。人类社会的进步史就是一部不断创造和创新的历史。

创新是一个舶来词,英文 innovation 一词的词根"nov"来自拉丁语 novus,即"新"的意思。创新具备三层含义:一是更新;二是创造新的东西;三是改变。② 创新学说的鼻祖是美籍奥地利经济学家熊彼特,早在 20 世纪初,他就敏锐地意识到,现代经济发展的根本动力已经由资本和劳动力转向了创新。在其著作《经济发展理论——对利润、资本、信贷、利息和经济周期的探究》中,熊彼特对创新理论进行了如下阐释。

所谓创新,就是建立一种新的生产函数,也就是说,把一种从没有过的关于生产要素和生产条件的新组合引入生产体系。这种新组合包括以下内容:引入新产品;引入新技术,即新的生产方式;开辟新的市场;开拓并应用新的原材料;实现工业的新组织。③ 一项创新是被个人或团体视为全新的一个方法或者一个物体等。对于个体来说,一个方法客观上是否真的是新的并不重要,重要的是个体是否认为这个方法新颖,这决定了他或她对一项创新的反应。创新性是指系统内的个体或单位相对于系统内的其他成员,较早地采纳某种新观念、新方案的程度。④

人类所做的一切事物都存在创新,创新涉及人类生活的方方面面,如观念、知识、技术的创新,政治、经济、商业、艺术的创新,工作、生活、学习等领域的创新,而不仅仅是技术领域,尽管技术创新对人类的生产生活有着决定性意义。

创新与创意紧密相连,其内涵具有许多互通之处,但各有侧重。创新的关键就是知识和信息的生产、传播和使用,而创意的产生为过去没有纳入经济增长系统的人类知识打开了一个价值升值的通道,创意可以被认为是人本价值导向的创新,因为以前的创新大都强调工具理性层次的创新。通过创新内涵的人文化,创意可以成为创新内在活力的源泉。

---

① 王宏建.艺术概论[M].北京:文化艺术出版社,2000:286.
② 吴晓义.创新思维[M].北京:清华大学出版社,2016:7.
③ [美]约瑟夫·阿洛伊斯·熊彼特.经济发展理论——对利润、资本、信贷、利息和经济周期的探究[M].贾拥民,译.北京:中国人民大学出版社,2019:89.
④ [美]埃弗雷特·M.罗杰斯.创新的扩散[M].辛欣,译.北京:中央编译出版,2002:262.

延伸阅读

未来趋势：颠覆式创新——互联网思维系列谈之三[①]

任何企业都可以找最强的竞争对手打，但有一个对手是企业永远打不过的，那就是趋势。趋势一旦爆发，就不会是一种线性的发展。它会积蓄力量于无形，最后突然带来雪崩效应。任何不愿意改变的力量都会在雪崩效应面前被毁灭、被边缘化。而颠覆式创新正是这样一种代表未来趋势的信号。

创新有三种形式：第一种很难发生，那就是发明；第二种是商业模式上的创新，就是把贵的东西做成便宜的，收费的做成免费的；第三种是从体验上创新，就是把复杂难用的东西变简单，把笨重的东西变便捷。我们可以发现，商业史上对市场格局的颠覆，绝大多数都是商业模式上的创新和用户体验上的创新，而不是像发现了可口可乐那样的秘方，或是像发明了电灯轰动世界。

商业模式上的创新（免费）具有一种颠覆性力量，它会破坏传统的商业模式，同时建立新的价值体系。互联网发展多年，许多互联网公司的实践已经证明了一点：如果一个公司能把免费服务做得很好，比如谷歌把搜索做得很好、腾讯把聊天做得很好等，那么在以这种免费服务汇聚巨大的用户量之后，企业总有办法在海量用户基础上构建一种新的商业模式。可以说，免费既是商业模式，也是一种营销手段，更是互联网的一种精神。

用户体验上的创新就是尊重用户体验。所谓用户体验其实就是一种心理感觉。但这种体验肯定是特殊的，在用户的预期之外。颠覆式创新来自对用户体验的不懈追求。例如，苹果为什么会有那么多忠实用户？很大程度在于其始终将对用户体验的追求贯穿于每一种产品。苹果的成长正是一步一个脚印从用户角度出发不断改进的过程。

颠覆式创新强调打破原有的平衡，建立新秩序。它就像自然界的新陈代谢一样，不断把老的、旧的企业从行业中挤出去。颠覆式创新刚出生时不一定是完美的，更不一定是先进的，但它一定在某个点上做到了极致。

今天，几乎人人都能感觉到互联网的革命性力量，每个人都在谈论互联网思维。但是，今天互联网排山倒海、颠覆一切的力量是一夜之间发生的吗？不是。颠覆式创新都不是敲锣打鼓来的，而是隐藏在一片噪声里。它是代表未来趋势的一个信号，但常让人看不到、看不懂、看不清。所以，我们绝不能以蔑视的态度看待新生事物。也许它不是十项全能，甚至满身缺点，但只要在一个点上表现足够优秀，就够了。

[①] 周鸿祎.未来趋势：颠覆式创新——互联网思维系列谈之三[N].人民日报,2014-10-30(14).

二、创意的价值及拓展

在中国的学术研究中,"创意"一词最早出现在广告学范畴,以广告的特质得以命名与传播。20 世纪 90 年代末,跨国广告公司进入中国,带来了它们的制度体系与新颖的广告理念。自此,"创意"得到了广泛传播,成为当时无数广告人与企业主追捧的概念。这主要是因为"创意"在汉语词义功用中有"超越、变革、全新、有趣"的意味,人们希望通过借用创意来改变既有的观念、定义与形象,以聚拢人们的价值想象,使产品、品牌的附加值得到大幅提升。[①]

现在,创意的外延被大大拓展了。在中国产业转型的大背景下,"创意经济""创意产业"等概念应时而生,这说明已经有越来越多的产业领域意识到创意的"魔力",并积极将创意作为自身产业产品的价值化路径,以达成产业结构的优化升级。"创意"概念的广泛运用表明了整个社会智慧化的精神取向。

(一)传播与创意的关系

假设已存在一项创新,如果该创新要扩散,则必然发生传播。[②] 这说明"好酒也怕巷子深",在当下互联网技术高速发展的信息时代,没有传播力就意味着没有关注度。只有传播出去的信息,才可能具有价值,而个体的创意是有限的,因此传播发挥着重要的作用。

从知识管理的角度来看,创意是创意生产者与创意消费者之间的知识传递与交换的过程,并在彼此之间形成影响关系。[③] 因此传播是创意的内在逻辑,媒介本身就是创意的一部分,绝不能买椟还珠,抛开传播媒介谈创意。回顾近些年的创意演变史,我们可以发现不同的创意理念都是为了适应当时的媒介环境而生的。

1. 大创意

大创意的概念出现在媒体融合的新环境中。虽然学界、业界对于大创意有着不同的理解,但正是由于当时传统媒体与新媒体的相互依托与融合,大创意首先重点关注的就是媒介整合的问题,并试图以一种宏观的创意方法、创意思维来整合营销活动中的各个环节[④],即用创意统合所有媒介。

2. 社会化创意

社会化创意崛起于社交媒体平台普及的背景下,是一种强调与受众通过互动形成关联的创意。在以社交为核心的时代,社群的出现成为推动营销传播的关键因素,品牌与企业往

---

① 金定海,郑欢. 广告创意学[M]. 北京:高等教育出版社,2008:i.
② [美]埃弗雷特·M. 罗杰斯. 创新的扩散[M]. 辛欣,译. 北京:中央编译出版,2002:16.
③ 钱磊. 试论创意的基本命题及其逻辑关系[D]. 武汉:武汉理工大学,2009.
④ 魏东. 媒体融合背景下的广告"大创意"[J]. 现代传播(中国传媒大学学报),2010(6):154-155.

往希望通过口碑传播形成高效的产品推荐机制。例如,微信与微博的分享、点赞、转发功能,让创意有了"自传播"的可能。"刷屏""病毒式营销"等词,就是诞生于这个时期。

3. 程序化创意

在数据"爆炸式"呈现的大数据时代,程序化创意因其规模化、个性化、即时性、内容生产的智能化,创意表现和制作技术取得了较为迅速的发展,且商业化势头良好。① 程序化创意带来了大数据时代的创意思维,使得创意也可以像数据一样被海量积累,再通过分布式存储和处理实现创意的生产和优化。② 量产后的创意更强调一个核心问题的解决,即如何通过媒介来进行用户识别,从而完成精准匹配、分发。

(二)创意的集聚效应——从创意产业到创意社会

1943 年,美国心理学家马斯洛在《人类动机理论》(A Theory of Human Motivation)一文中将人的基本需要分为五个类型:生存需要,安全需要,情感需要,自尊需要和自我实现需要,并形成了广为人知的"马斯洛需要层次论"。在此基础上,马斯洛觉察到在更高的精神维度层面,人类对美、规律和感官经验具有高度的直觉性,并在《动机与人格》中明确指出"最不为人知的是人类对于美丽、对称,也许还包括对于简洁、完满、秩序等的冲动,我们可以把它们称为审美的需要",正是对美的追求引导着我们去表达、去行动,从而"使某事趋向于完满"③。如今,人们的物质生活水平不断提高,人们的注意力已经开始转向归属、自尊和审美,追求精神维度的幸福美好,而创意作为文化与艺术领域的结晶,能够最大限度地满足当代大众对于心灵领域的探索与触碰,因此我们有理由相信,创意的发展和繁荣将成为新的经济增长点。

在如今的经济社会,创意力与竞争力是密切相连的。联合国将 2021 年设立为"国际创意经济促进可持续发展年",旨在推动创意经济这一常被误解和曲解的领域,彰显创意经济在可持续发展方面的关键作用。联合国贸易和发展会议(UNCTAD)认为,疫情后创意经济将迎来"辉煌的一年",对于重振世界经济具有重要意义。

创意在与经济、文化等学科及发展领域交叉的过程中形成了许多不同的术语,并在世界范围内被学术界广泛使用,比如创意经济、创意产业、文化产业、内容产业、文化经济等。其中,创意经济与创意产业均表示创意与经济的融合所创造出的巨大商业价值,但两者反映了不同的研究领域与价值导向,因此有必要进行概念上的厘清。

1. 创意经济

英国的约翰·霍金斯是全球创意产业概念和理论的开创者之一,也是最早提出"创意经济"概念的学者。2001 年,霍金斯将"创意经济"一词推广到涵盖从艺术到科学技术的十五

---

① 韩霜.程序化创意的现状和发展路径分析[J].广告大观(理论版),2017(3):77-87.
② 张景宇.突破对程序化创意的认识局限[J].传播与版权,2016(12):60-62.
③ [美]马斯洛.动机与人格[M].许金声,等译.北京:华夏出版社,1987:2.

个行业门类,不仅包括文化产品和服务,还包括玩具和游戏,以及整个科学技术的研发系统。他认为一切具有创造性元素的社会活动均应属于创意经济的概念领域。在知识经济时代,创意经济是以人的创造力即创意为核心要素、以知识产权保护为核心内容、以现代科技为主要手段,将文化、知识和创意等无形资源物化,形成高文化附加值和高技术含量的创意产品和服务,实现在市场经济条件下的生产、分配、交换和消费,并通过有效的资源整合力和产业渗透扩张力,达到推动财富创造、提高生活质量、提升经济综合竞争力目的的经济形态。[①]

目前,创意经济已经超越了文化产业、创意产业,扩展到整个经济领域,甚至超越了单纯的经济发展范畴,成为一种新的发展范式、一种社会和文化发展的综合范畴,具有枢纽性的意义。[②]联合国教科文组织在《中期教育战略(2014—2021)》中明确提出创意经济是一种可行的全新发展方式:"创意经济的出现证明了其对国家经济和社会福利的重要性……事实证明,创意经济是一种可行的发展选择。它依赖于把作为原材料的创意变成资产,这往往是在小规模进行,并且在地方一级提供新的就业机会和收入形式,从而为更均衡和更包容的经济增长做出贡献。教科文组织将支持出现拥有活力的文化创意产业和市场。通过这些,它将支持鼓励对发展中国家个人和机构的艺术和创作潜力进行投资,确保所有人进入并充分参与创意经济,特别是来自南方国家的中小型文化企业和创造者。"[③]

以霍金斯为代表的大部分学者将创意经济直接等同于创意产业,认为创意经济就是一种新兴产业,在对创意经济或创意产业进行界定时并没有加以辨析;但是这种理解忽视了创意作为一种全新的生产方式在国民经济中所具有的普遍价值,仅将创意看作特殊的产业形式。创意经济与创意产业应该是相互联系又相互区别的两个概念。创意催生创意产业,创意产业构成整个创意经济的核心。创意经济是一种新型的经济形态,创意产业作为一种新兴的产业形态,是创意经济的主要表现形式。因此,相对创意产业而言,创意经济是一个更偏向于宏观层面的概念。

2. 创意产业

20世纪八九十年代,针对新的社会消费特征,西方社会在文化产业的基础上催生出新的创意产业。创意产业作为一个专有名词正式出现在文献中最早可追溯到1998年,英国文化、媒体和体育部于当年11月发布的《创意产业路径文件》(Creative Industries Mapping Documents,CIMD)中正式提出并界定了"创意产业"和具体的产业部门,认为创意产业是从个人创意、技能和才华获取发展动力,通过知识产权的开发和运用创造财富和就业机会的企业与行业,包括广告、建筑、艺术及古董市场、工艺、设计、流行设计与时尚、电影与录像、休闲软件与游戏、音乐、表演艺术、出版、电脑软件、广播电视等。

联合国贸发会议(UNCTAD)埃德娜·多斯桑托斯主编的《2008创意经济报告——创意经济评估的挑战　面向科学合理的决策》中对创意产业有较为明确和细致的论述:"'创意产业'可以被定义为,将创意与知识资本作为初期投入,包含产品与服务的创作、生产和销售的

[①] 陈伟雄.中国创意经济竞争力研究[D].福州:福建师范大学,2013.
[②] 关于约翰·霍金斯[EB/OL].[2022-12-23].http://creco.cn/? page_id=21.
[③] UNCTAD.创意经济报告2010[M].中国社会科学院文化研究中心,译.北京:三辰影库音像出版社,2011:3.

循环过程。创意产业由一套以知识为基础的经济活动构成,生产有形产品,还生产包含创意内容、经济价值与市场目标的智力或艺术服务。创意产业构建了一个大而杂的领域来处理不同创意活动之间的关系,包括从传统工艺、出版、音乐、视觉与表演艺术到更加技术密集型与服务导向型的经济类型,例如电影、广播电视、新媒体与设计。创意部门拥有灵活而标准的市场结构,包括小到独立艺术家、小型商业企业,大到世界最大的企业。如今,创意产业在世界贸易中是最有活力的部门之一。"①

这段论述对创意产业的内涵、概念范围进行了概括,也反映了当今世界人们对于创意产业的基本看法。美国经济学家凯夫斯提出,创意产业为我们提供宽泛的,与文化、艺术或者娱乐的价值相联系的产品和服务。作为一项特殊的产业门类,创意产业并不拘泥于文化产业的某个领域,而是涉及所有具备高科技含量、高文化附加值和丰富创新度的产业活动②,是文化产业与高新技术结合在一起形成的一种全新的产业形态,它利用创意为产品或者服务提供了实用价值之外的文化附加值,从而提升了产品的经济价值。

霍金斯将创意产业界定为其产品都在知识产权法保护范围的经济部门,他认为版权、专利、商标和设计产业四个部门共同构建了创意产业和创意经济。这一定义拓展了创意产业的内涵,把属于自然科学中各个部门的专利研发活动也纳入创意产业的范畴,将创意活动中的科学与文化艺术进行了紧密的结合。

因此,创意产业的根本观念是通过文化创新"跨界"促成不同领域的重组与合作。与创意经济、文化产业等概念相比,创意产业具有更广阔的外延与内涵,它不仅包括所有与文化生产、消费相关的行业,也关注创新思想、创造力思维所驱动的关联行业,即创意产业的视角更为宏观,它关注创意经济所驱动的创意观念、创意行为、创意政策、创意阶层、创意区域等新事物将会对社会整体生态产生哪些正面效应和负面影响。

实际上,几乎所有的产业都需要创造力,那为什么还要提出创意产业呢?在一些传统的行业或领域,创造性只是一种附属品而不具有产品的核心价值,同时这种创造性或创意还是相当泛化的一般概念,如过去我们熟悉的特指艺术创作中的艺术家的独创性。而按照后标准化时代的创意理念,创意或创造性成了特指的市场趋向的产业方式的核心。也就是说,制造业卖产品、卖机器,创意产业卖设计、卖理念、卖精神、卖心理享受、卖增值服务。总之,创意产业是在全球化条件下,以消费时代人们的精神文化娱乐需求为基础,以高科技技术手段为支撑,以网络等新的传播方式为主导,以文化艺术与经济的全面结合为自身特征的跨国跨行业跨部门跨领域重组或创建的新型产业集群。它是以创意为核心,向大众提供文化、艺术、精神、心理、娱乐产品的新兴产业。它改变了过去时代产业发展的静态平衡,而趋向于追求一种发展的动态的平衡。

在全球经济进入以知识为核心竞争力的时代背景下,创意产业蓬勃兴起。美国、英国等创意产业发达国家递增速度已经超过 10%。创意产业的迅速崛起,标志着创意经济时代的到来。正如联合国贸发会议代理秘书长伊莎贝尔·杜兰特在联合国通过将 2021 年设立为"国际创意经济促进可持续发展年"决议时所说的,"创意产业对可持续发展议程至关重要。

---

① [美]联合国贸发会议(UNCTAD)埃德娜·多斯桑托斯. 2008 创意经济报告——创意经济评估的挑战 面向科学合理的决策[M]. 张晓明,周建钢,等译. 北京:三辰影库音像出版社,2008:4.
② 贺寿昌. 创意学概论[M]. 上海:世纪出版集团,2006:7.

它们激发了创新和多元化,是振兴服务业、支持企业家精神并促进文化多样性的重要因素"①。与此同时,西方理论界也掀起了一股研究创意经济的热潮,从研究创意本身逐渐延伸到以创意为核心的产业组织和生产活动,即创意产业、创意资本,接着拓展到以创意为基本动力的经济形态和社会组织,即创意经济,最后聚焦于具有创意的人力资本,即创意阶层。

3. 创意与数字经济的融合共生

科技更迭与技术创新在推动创意落地成为商品和服务的同时,强化了科技在创意产业发展中的核心驱动力。随着互联网技术的快速革新,创意产业逐渐进入数字化与网络化进程,使得以科技和创意融合为核心效用的数字创意产业应运而生,并立刻成为新产业升级和文化生态发展的新风口。

在微观层面,创意的数字化对创意的生产与传播产生了如下几个方面的影响。② 第一,产品的丰富性和多样性。数字经济时代,消费者注重产品内容的丰富性和多样性,而且这种丰富多样不仅体现在文化产业上,还体现在其他融合文化创意的产业上,生产者通过文化创意的创新,以产品外观、功能、体验感、趣味性等多方面影响消费者选择。第二,个性化。创意在很大程度上体现着我们对个性化内容的需求,并根据时间、地点和人群或个人需求进行设计;其他制造业或服务业也能通过创意的数字化展现个性化需求。第三,聚合与推荐。不同类型互联网平台均有用户数据分析和推荐的功能,因此形成了更贴近用户和更具相关性的市场细分。日趋完善的大数据分析引导最终用户进入"超选择"的世界,在传媒、社交、娱乐甚至零售等领域,生产者能够追踪少数群体受众感兴趣的专业内容,而创意成为这一部分新需求的切入口。第四,社群与参与性。为了维持消费者关系,创意内容需要从提供转变为参与。网络社交的繁荣建立了以社群为基础的数字经济,其中朋友永远比传统品牌和媒体更受信任,网络社交的参与性有助于创意内容的创造、传播和营销。第五,平台与内容竞争。企业会减少花在平台上的心思,而专注于内容的营造以及与客户的交互性,使创意内容在平台间无缝传递,并且通过内容发展与客户的直接关系增强对价值链上关键活动的控制。

在宏观层面,数字创意产业在路径发展中呈现一些崭新的态势。作为核心科技和文化创意驱动的跨界产业,数字创意产业是社会文化发展的科技标识、城市精神的文化符号、国家经济繁荣的发展基石。在全新场域,各个国家正不遗余力地进行着新一轮的经济硬实力与文化软实力的比拼,各地区掀起了发展热潮。数字创意产业以高新技术为驱动,逐步实现了资源优化再生和生产要素的协同创新,企业模式革新和产业结构升级,以及产品文化附加值提升,从而全方位促进社会文化生活的优化,带来全新的文化与科技体验。数字创意产业已然成为当前驱动各国经济增长方式转变的本源动力之一。

在中国,数字创意产业已然成为我国重点培育的5个产值规模达10万亿元的新支柱产业之一,对推动我国经济产业结构调整、促进产业升级转型、提升文化软实力和文化话语权

---

① 联合国新闻.走出疫情阴霾"创意经济"在2021年大有可为[EB/OL].(2021-01-14)[2023-07-15]. https://news.un.org/zh/story/2021/01/1075712.
② 潘道远.数字经济时代文化创意与经济增长的关系研究[D].深圳:深圳大学,2019.

具有重要的意义。数字创意产业属于现代服务业中的新兴服务业,随着社会主义现代化建设的不断推进,我国的现代服务业也得到了长足的发展。2016—2020年文化创意和设计服务业增速平稳,2020年我国规模以上文化及相关产业实现营业收入98514亿元,其中文化创意和设计服务实现营业收入15645亿元,同比增长27.4%。2020年受疫情影响,全年规模以上服务业企业营业收入比上年增长1.9%。2020年服务业增加值为55.40万亿元,较去年增长3.5%。①

数字创意产业的发展不仅为文化创新提供了新载体,也为我国传统文化资源活化开发注入了新的动力。一方面,以数字音乐、网络文学、动漫、影视、游戏、直播等为代表的一大批新兴数字文化行业快速崛起,出现了一批极具爆发力的产业发展热点;另一方面,消费需求升级和创新发展驱动数字创意装备和创意设计产业实现高速增长。智能手机、智能电视市场渗透率超过80%,智能可穿戴设备、智能家居产品、虚拟现实设备等新兴数字创意装备产品种类不断丰富。近年来,我国数字创意产业实现了快速发展,在宏观经济新常态的背景下实现逆势增长。尽管数字创意表现手法"多点开花",但行业内数字创意原创内容能力仍显不足,在故事性和价值体现上亟待进一步深化创新,还要提升优秀文化资源转化率。

有人认为,创意产业正在试图描绘出一个历史性的变化,即从被资助的"公共艺术"和广播时代的媒体转变为对创意的新的更广泛的应用,即创意打破了过去各个行业与领域之间的隔阂,通过"产业越界"寻求新的融合与经济发展点。

 延伸阅读

创意者经济再创新②

今天,如果要问大家在哪儿花的时间最多,我估计大部分人的回答是手机。在手机上看什么呢?相关统计显示,我国近8.3亿网民使用的449万款APP(移动应用程序)中,产品最多的是游戏类APP,使用最长的是即时通信,然后依次是网络视频、音乐、短视频、音频、文学、新闻、直播、游戏……几乎全都是数字文化产品!

怎么会有这么多数字文化内容让人如此着迷?这正得益于近些年来创新发展推动的我国数字文化产业竞争力的提升。

互联网诞生初期,最先成熟的商业模式是网络和文化产业的结合。我国第一批互联网龙头企业受一些门户网站模式影响,喊出"渠道为王"的口号,但它们很快就发现优质内容供给不上,开始转向"内容为王",然后转向生态构建。我国数字文化领域的第一次创新就在这

---

① 全国各省市数字创意产业"十四五"发展思路汇总分析[EB/OL]. (2021-06-09)[2023-05-21]. https://baijiahao.baidu.com/s?id=1702076845866960639&wfr=spider&for=pc.

② 黄斌. 创意者经济再创新[N/OL]. 人民日报海外版, 2019-08-27(5). http://paper.people.com.cn/rmrbhwb/html/2019-08/27/content_1943387.htm.

一过程中出现了,业界普遍认为这一阶段是"跟跑"之后的商业模式创新,但忽视了背后影响更为深远的创意组织方式创新。依托于平台分工的创意生产方式崛起,UGC(用户生成内容)大量涌现,一个以用户和创意者的互动和互换为核心,以专业人士和内容生产商为节点的人人连接、相互赋能的创意者网络逐渐形成。创意领域涌入的数百万年轻人,催生了网络文学等数字文化内容形式,推动了创意数量大爆发。

数量爆发带动了大众创新创意热情,也引发了人们对数字文化质量的担忧。中共十八大以来,在政策引导、行业自律、产业发展、大众觉醒等共同作用下,数字文化产业迎来了创意者经济的新一轮创新。一方面,以故宫、敦煌等为代表的传统文化机构逐步开放数字文化资源,数字化的中华优秀传统文化和世界各国文明精华为创意者提供了更加丰富的创意素材和创意场景;另一方面,数字文化产业体系不断完善,大数据和人工智能技术日趋成熟,为创意者带来了更细的产业分工,提供了更多的数字创意助手,数字技术真正融入创意、生产、分发的全过程,帮助数字文化内容从数量爆发向质量提升转变。我国数字文化内容在全球初具竞争力,在不少领域实现了"并跑"甚至"领跑"。

随着5G商用、人工智能等技术进一步成熟,未来创意者经济的创新在哪里?笔者认为可能来自产业互联网,来自全球最全产业体系带来的创新创意需求,来自以文化创意推动的相关产业转型升级。

我国最有优势的电商大数据,已经在服装、生活用品等领域帮助提高了创意设计水平,助推传统产业转型升级;不断增长的设备物联网数据,开始帮助提高机械工业设计水平进而极大地提升工业品质量。相较于文化及相关产业,工业增加值市场无疑是更深的蓝海、更大的战场。

创新、创新、再创新!我国数字文化产业正处于从消费互联网向产业互联网转进的黎明时期,只要施政有为、应对得当,我国数字文化产业可能会进入新一轮爆发性增长期,不仅能够显著提升我国文化的竞争力和影响力,也会对我国经济社会全面高质量发展产生更加积极重要的影响。

第二节 技术创新下的创意传播

一、技术对创意的革新:科技赋能想象力

技术革命与技术革新是影响传播实践与传播学科发展的最为重要的变量之一。近20年来,以互联网为代表的数字技术(包括大数据、5G、人工智能、区块链等)的崛起和社会化

进程无疑是传播领域革命性改变的主要推动者、参与者甚至是某种意义上的设计者。① 因此,我们需要从技术革命的角度入手,分析、把握与思考其对于创意传播整体生态的改变。技术与内容,如同车之两轮、鸟之双翼,只有两者相结合,两轮并驱、双翼齐飞,才能真正使得创意成果永续留存,创意价值空前放大。

(一) 数字创意技术的分类

在当下的创意生产与传播过程中,数字创意技术提供了基础支撑,包含数字化环境中产生的信息与传播的所有形式,同时代表着新一代信息技术和创意产业深度融合与应用的所有形式。一般来说,数字创意技术分为使能技术、应用技术和终端设备技术。②

1. 使能技术

使能技术是指通用的基础信息技术,包括人工智能(AI)、大数据、云计算、人机交互、类人视听觉技术、空间及情感等感知技术、物联网与第五代移动通信(5G)技术等网络技术。③ 这些技术为创意的实施与落地提供支撑。下面简单介绍其中的四种。

(1) 人工智能

人工智能是研究、开发用于模拟和延伸扩展人类智能的理论、方法、技术以及应用系统的技术科学。人工智能的最终目标是了解人脑智能的实质,研制出一种新的能以与人类智能相似的方式做出反应的智能机器。人工智能的主要发展阶段分为运算智能、感知智能和认知智能,目前处于由感知智能向认知智能突破的阶段。人工智能已经成为国际竞争的新领域,是引领未来的战略性技术。越来越多的国家将发展人工智能作为提升国家竞争力、维护国家利益的重大战略。目前,我国的人工智能技术已经广泛运用于决定企业经济效益的各个环节,以人机协同模式为主导,推动传统行业启动效率变革、动能转换之路。人工智能作为创业企业标签的属性在变弱,而越来越成为各行业经营主体都在积极尝试和运用的生产要素。④

(2) 大数据

大数据是一种凭借强大的存储和运算能力对大量数据进行计算分析从而进行指导和预测的技术,它具有"4V"特征,即规模(volume)、类型(variety)、速度(velocity)、价值(value)。大数据涉及的热门领域应用研究包括电子商务大数据、社交网络大数据、交通大数据和视频大数据等。目前,大数据已在行业解决方案、计算分析服务、存储服务等领域发挥着重大作用,同时在工业应用层面保持高速发展。例如,在广告业中,基于大数据技术的精准广告能够精确到个体消费者,利用市场化竞争机制、程序化技术与算法减少人在广告投放中的主观作用,做到"有的放矢"。

---

① 喻国明.未来传播学研究的三个关键性课题[J].教育传媒研究,2021(2):6-8.
② 潘云鹤,丁文华,孙守迁,等.数字创意产业发展重大行动计划研究[M].北京:科学出版社,2019:11.
③ 邓磊,王妙辉,范雷东,等.我国数字创意技术发展现状与展望[J].中国工程科学,2020(2):63-70.
④ 中国人工智能产业研究报告:2020 年[EB/OL].[2023-05-07]. http://ecoappimg.qianzhan.com/files/202101/25/20210125-1b3f4b2e0cdc09b3.pdf.

(3) 云计算

云计算是一种资源交付和使用模式,通过网络以按需、易扩展的方式获得所需的资源(硬件、平台、软件等)。"云"指提供资源的网络,对于使用者来说,"云"中的资源是可以无限扩展、随时获取的。云计算并非一种工具、平台或者架构,而是一种计算方式。云计算的服务模式分为基础设施即服务(IaaS)、软件即服务(SaaS)和平台即服务(PaaS),它们在不同方面为构建企业虚拟社区平台提供帮助。云计算是数字创意的计算和存储基础平台,目前,我国已经出现了基于云计算的数字创意产品和服务,如阿里云提供的云剪辑功能,可在云端进行剪切拼接、混音、字幕、图片叠加、遮标、转场特效等一系列操作,解决了视频创作者本地计算能力不足的问题。

(4) 第五代移动通信(5G)技术

5G技术是边缘计算的最终未来。5G技术凭借其超大容量、超高速率与超宽带宽,为各个行业领域的大数据采集与分析提供强劲支持。在5G标准的核心专利声明数量方面,我国3家主要企业的专利声明总量为3542件,占世界总声明量的30.3%。这表明我国5G技术研发处于全球领先水平。5G技术丰富了视频传输手段,为超高清产业、VR产业发展提供了重要的传输能力支撑;另外,5G技术加持下的用户识别正在从群体性定向走向个性化识别,从行为追踪走向心理洞察。除了传统的语言文字、声音影像、生活消费、地理位置等信息以外,5G技术驱动下的超强算法与算力还能够对用户的社交关系、生活经历、情感与情绪等"质性数据"进行收集与分类。[1]

2. 应用技术

应用技术是指各专业技术领域实现层面的技术,如综合广播宽带技术、数字内容加工处理技术、动漫游戏引擎技术、交互娱乐引擎开发、数字艺术呈现技术、广播影视融合媒体直播技术以及文化资源数字化处理技术等。应用技术是创意相关行业领域提升内容质量和创新服务模式的核心工具,只有在应用技术层面形成突破,才能实现内容产品的质量提升。下面简单介绍其中的几种。

(1) 综合广播宽带技术

综合广播宽带技术(Integrated Broadcast-Broadband,IBB)综合了广播与宽带两种网络技术的优势,将电视节目和应用通过广播网和互联网两条传输通道下发,在用户的电视和移动终端上以一体化的方式进行呈现,从而为观众提供广播和交互的综合体验。综合广播宽带技术的核心理念是利用广播通道和互联网通道来展现同一个电视节目,在观众通过广电网络收看传统电视节目的同时,由电视台或第三方应用服务提供商制作业务相关类应用,并经由宽带网通道传递给用户,以页面的形式与电视节目视频画面共同呈现给观众;还可通过设备关联来将应用推送至手机、平板电脑、笔记本电脑等移动终端。目前,全球多个国家和地区正在部署综合广播宽带系统的标准化工作以及应用产品。

---

[1] 鞠宏磊,黄琦翔,王宇婷.大数据精准广告的产业重构效应研究[J].新闻与传播研究,2015(8):98-106,128.

(2) 数字内容加工处理技术

数字内容加工处理技术是指将图片、文字、视频、音频等信息内容运用数字化技术进行加工处理并整合应用的服务技术,主要分为两个层次的关键技术。第一个层次是数字内容增强技术。例如,百度 AI 开发平台基于深度学习图像处理技术,能对质量较低的图片进行去雾、无损放大、对比度增强等多种处理;北京市商汤科技开发有限公司发布的 SenseAR 软件产品,与 AR 技术结合可实现相机成像的美体塑形功能。第二个层次是数字内容认知技术,主要是指通过 AI 技术对图片和音视频等数字内容进行初步理解,通过适配文字解读或说明的方式来帮助用户进行信息的智能检索或检测,从而显著节省人力、物力。例如,科大讯飞股份有限公司发布的讯飞听见软件,利用语音识别技术实现将音频转为文字的功能,还支持多国语言的音频转换。

(3) 动漫游戏引擎技术

在动漫和游戏领域,引擎是指可编辑动漫游戏系统或者交互式实时图像应用程序的核心组件。相关系统或组件为动漫游戏设计者提供编写动漫游戏所需的各种工具,旨在便捷快速地开发动漫游戏产品,而不必从底层算法开始进行产品设计。引擎技术包括渲染引擎(即"渲染器",分为二维图像引擎和三维图像引擎)、物理引擎、碰撞检测系统、音效、脚本引擎、电脑动画、AI、网络引擎以及场景管理等基本模块。目前在动漫游戏引擎软件方面,国内企业主要还是使用国外产品,如新加坡 Unity 技术公司的 Unity 实时内容开发平台。

(4) 文化资源数字化处理技术

我国拥有丰富的文化资源,这是我国进行创意生产的活力源泉,我们要对这些文化资源进行数字化处理,以更好地借助互联网技术来进行广泛传播。1998 年河南博物院首次建立互联网网站,之后,各地博物馆开始建设互联网网站,数字技术应用于文化资源的范围逐渐扩展。故宫借助《每日故宫》移动客户端,以日历的形式推出"每天一件故宫藏品",让全国观众随时随地欣赏故宫藏品,并推出了"故宫博物院数字文物库""全景故宫""故宫名画记""数字多宝阁"等众多数字化产品来拓展故宫文物的影响力。

3. 终端设备技术

终端设备是用户进行内容消费的承载对象,包括硬件及装载的应用软件,如 4K/8K 超高清电视机、裸眼 3D 电视机、支持三维声(3D Audio)的沉浸式音频设备、VR/AR 设备、数据手套及游戏控制器等感知终端、影视摄录设备、激光放映设备、全息投影设备等。终端设备技术是改善用户体验的直接手段,其先进程度直接决定数字内容的呈现方式和受众的使用感受。下面我们来简单介绍几种常见的终端设备技术。

(1) 超高清技术

视频是信息呈现和传播的主要载体,也是数字创意的主要内容形式。当前,视频技术正经历从高清到 4K 超高清,再到 8K 超高清的演进。4K 超高清视频的分辨率为 3840×2160,是全高清视频 1920×1080 分辨率的 4 倍;8K 超高清视频的分辨率为 7680×4320,是全高清视频分辨率的 16 倍。超高清技术已经成为全球广播电视领域最为热门的技术话题之一,众多国家都在积极部署推进超高清技术。目前,我国企业在液晶面板和有机电激光显示(OLED)面板方面已经拥有较多数量的自主知识产权。

(2) 三维声技术

音频技术经历了单声道音频、双声道立体声音频、5.1环绕声、7.1环绕声、三维声(3D Audio)的发展历程。三维声是具有三维空间感、方位感的声音,它引入了新一代空间音频技术,架设高矮不同的扬声器,使得听众在听音过程中定位到声源的位置和方向、听出声源的移动轨迹,从而在听众沉浸度和空间真实感上超越了过去的环绕声技术[①],让听众获得身临其境的体验感。目前,三维声技术以国外方案为主,如MPEG-H、Dolby等。我国的三维声技术仍处于研发阶段,三维声的编解码技术和前后处理技术有待突破,三维声的制作技术标准、音频质量评审制度仍需进一步完善。

(3) VR/AR技术

虚拟现实技术(virtual reality,VR)是一种基于多媒体计算机技术、传感技术和仿真技术的沉浸式交互环境,它具有沉浸性、交互性、构想性,能够为用户提供关于视觉、听觉、触觉等感官的模拟感受。[②] 一般认为,VR技术只展示虚拟世界,而AR是将真实世界信息和虚拟世界信息无缝集成,将原本在现实世界一定的时间和空间范围内很难体验到的实体信息(如视觉信息、声音、味道、触觉等)进行模拟仿真后再叠加,从而将虚拟信息应用到真实世界;这种信息可被人类感官感知,让人们获得超越现实的感官体验。目前,VR、AR技术在数字创意消费服务上应用广泛,在教育图书、影视、游戏娱乐、政务展览等方向发展迅速。例如,支付宝于2016年首次推出,之后每年春节期间都准时上线的"集五福"活动就是以AR技术为基础的,用户只要打开"AR扫一扫"扫描镜头前的"福"字、五福手势,集齐五福,就能瓜分红包。从2017年开始,参与"集五福"活动的用户突破亿级大关,2019年、2020年"集五福"活动的用户规模分别达到3.27亿和3.18亿。2022年支付宝"集五福"活动页面如图1-1所示。

(4) 全息投影技术

全息投影技术又称虚拟成像技术,它利用光干涉和衍射原理,记录并重构物体的三维图像,观众无须佩戴眼镜就可以看到立体的虚拟人物或物品。通过全息投影技术再现的图像立体感强,在给人真假难辨的立体视觉享受的同时,提供了从不同角度来直观地观察物体的功能。全息投影技术所构建的舞台立体投影效果能够使观众得到身临其境、亦真亦幻、穿越时空的神奇体验,使得内容表现形式更加丰富和新颖。例如,2017年5月,日本TBS电视台《金SMA》为纪念邓丽君逝世22周年制作了一期特别节目,节目组使用5D全息投影技术,让邓丽君在舞台重现1986年演唱《我只在乎你》日文版时的经典画面(见图1-2),现场效果之逼真让观众感动不已、潸然泪下。

(二) 数字技术对创意的革新

数字技术正在进入内容行业,并促使创意生产、分发、消费等全面升级,其主要表现为智能化的创意内容生产、以算法为核心的创意分发以及个性化与社交化交织、消费与生产一体

---

① Herre J,Hilpert J,Kuntz A,et al. MPEG-H 3D audio—The new standard for coding of immersive spatial audio[J]. IEEE Journal of Selected Topics in Signal Processing,2015(5):770-779.

② 王同聚.虚拟和增强现实(VR/AR)技术在教学中的应用与前景展望[J].数字教育,2017(1):1-10.

图 1-1　2022 年支付宝"集五福"活动页面
（图片来源：支付宝微博 https://weibo.com/u/1891502860）

图 1-2　日本节目《金 SMA》用全息投影技术重现邓丽君演唱片段
（图片来源：截图自 https://www.sohu.com/a/273996446_157309）

的创意消费。[①] 另外，创意生产、分发与消费三者之间的界限日益模糊，三者相互渗透、相互驱动，共同推动着创意生态的革新。

1. 智能化的创意内容生产

今天的技术可以让人们站在数据的肩膀上，获得"精确制导"的能力。在技术驱动背景下，用户的各项实时数据分析将真正进入信息的集成及反馈体系。[②] 除了大数据对于传统的

---

① 彭兰.智能时代的新内容革命[J].国际新闻界,2018(6):88-109.
② 强月新,陈志鹏.未来媒体的内容生产与叙事变革[J].新闻与写作,2017(4):22-26.

用户身份、兴趣爱好、地理定位等信息的收集以外,智能语音识别技术、图像智能识别系统能够在面对多种信息素材时发挥极大的作用;另外,基于物联网传感器的信息采集与应用将采集以场景为划分的用户标签信息,助力于构建精准即时的用户画像,创意生产的准确度、定向性以及多样选择性将得到实质性优化。信息自动筛选与审核、智能化写作、动态创意优化、动态商品广告等技术以人机协同把关为原则,大大提高了创意生产的效率,实现创意批量化生产,满足市场日益膨胀的创意需求。

2. 以算法为核心的创意分发

现在,用户获取信息的渠道不计其数,短视频、长视频和信息流是主流创意内容形态。以算法为核心的智能推荐系统彻底改变了创意内容分发的模式。一方面,智能推荐系统基于大量的用户行为数据来分析挖掘用户的偏好,通过对用户画像的精准分析,从海量内容中过滤出用户喜欢的内容;另一方面,智能推荐系统基于内容数据及内容自身的特点,把内容和用户的兴趣进行匹配,从而达到个性化推荐,实现用户与信息的高效连接,满足用户的多元化、个性化需求。[①]

创意与用户的匹配度,不只依赖于算法推荐系统所带来的落点准确性,还依赖于分发界面与用户环境及需求的匹配度。语音对话、VR/AR、投影是正在到来的新创意界面,它们可以适应不同的情境,为用户提供更便捷、人性化的服务。另外,未来的创意分发将更多地依赖场景,面向场景提供"内容+社交+服务"的整合式创意。新场景将成为通向未来的全新内容入口。

3. 个性化与社交化交织、消费与生产一体的创意消费

社会化媒体的普及使得移动用户的创意内容消费被频繁置于社交环境之中,而前文提到,算法分发以个性化匹配为卖点。因此,在技术驱动下的创意消费生态中,个性化与社交化正在逐渐融合。个性化消费更侧重个人内心,注重展现用户的独特需求,而社交化消费更重用户的社会交往需求,如表达存在感、维持社交形象、保持社交活跃度、维系与发展社会关系等。理论上,当创意消费在其中任何一个坐标维度发挥到极致时,用户都有可能产生抵触情绪。例如,在社交化维度上,当创意消费过度强调社交连接时,可能会造成用户的强社交疲惫。而在数字技术的推动下,社交化平台引入智能分发技术、个性化分发平台强化社交元素使得个性化内容平台与社交化平台融合、个性分发与社交分发融合。

另外,技术创新下的创意生产更是意味着用户的内容消费与内容生产渐成一体,彼此激发、随时互换。例如,附着在消费中的内容生产方式(如转发、评论等行为),以及以自媒体形式进行制度化的创意制作。从未来发展看,算法分发与社交分发的结合,有助于帮助自媒体作者精确实现内容匹配,提高内容到达率,降低粉丝获取成本,也有助于缩短内容变现渠道。

---

① 周开拓,罗梅,苏璐.智能推荐在新媒体内容分发中的应用[J].人工智能,2020(2):105-115.

延伸阅读

技术赋能传播　创意引发共鸣[①]

围绕改革开放40周年,新华社新媒体中心推出了一系列充满创意与情怀的创新报道产品。这些产品运用AI图像处理、人脸识别、手势识别、AR和文字视频等多种前沿技术手段和报道方式,在改革开放40周年的海量新媒体创新报道产品中脱颖而出,为受众带来了独特的视觉观感和阅读体验。

H5互动产品《好玩的AI来了!给旧时光上色　重拾多彩40年》由新华社新媒体中心与百度联合推出,通过AI图像处理技术将黑白老照片在短短几秒钟内变身"彩照",让人们穿越时光,找回当年记忆中的色彩(见图1-3)。该产品创意奇巧、情怀浓厚,将冰冷的AI技术变成了充满温度的创意互动产品。改革开放40年,是属于所有中国人的共同记忆,用这样一种充满人文情怀与历史敬意的产品形式纪念过往岁月,无疑会充分唤起人们的共鸣,提升用户的参与度与分享欲。该产品一经发布,便在朋友圈刷屏,不到两天时间全网传播量突破1.5亿,可谓真正的刷屏大作。

图1-3　《好玩的AI来了!给旧时光上色　重拾多彩40年》

(图片来源:https://www.digitaling.com/projects/49006.html)

新华社"增强现实"AR新闻自2018年两会正式发布以来,经过3次探索和革新,在《AR新闻2.0|天地工程》中正式跨入了2.0版本。截至目前,新华社客户端仍是国内新闻媒体中唯一支持原生AR报道的新闻客户端。作为新华社改革开放40周年的重点报道,《AR新闻

[①] 李瑜.新华社新媒体中心:技术赋能传播　创意引发共鸣[J].网络传播,2019(1):20.

2.0|天地工程》以航空航天火箭发射为切口,以"腾飞"为主要意向,充分利用 AR 技术,打造出一个逼真的火箭发射场模型。该报道不仅模型精细逼真,还具有多项互动设置:用户可以为火箭命名,可以控制发射架,控制点火,并首次实现了"平面识别"和"震动反馈"两个重要功能。该产品在新华社客户端的浏览量达 154 万,新华社微信公众号阅读量达 22 万。

新华社客户端联合网易云音乐推出了"留声 40 年系列报道",采用线上线下相结合的方式进行推广与传播。比如,通过中国照片档案馆珍贵的历史照片,展示改革开放 40 年来中国音乐的发展历程以及音乐给人们生活带来的改变;精心设计了 6 个时代音乐沉浸式场景车厢;运用增强现实技术打造 AR 产品"心灯世界";邀请十余位明星讲述自己的音乐故事等。该报道方式新颖、手段多样,充分调动了各类媒介资源进行整合式传播,引发了用户的强烈共鸣。"留声 40 年系列报道"在新华社客户端浏览量超 1300 万,微信公众号阅读量为 10 万+,微博话题量超过 4000 万。

(三) 元宇宙:以创新创造为驱动导向的时代

从 Web1.0 到 Web2.0 再到移动互联网,技术的不断演进深刻改变着人们的互动交流、生产生活方式。当互联网发展的"上半场"完成了随时随地与任何人连接的任务之后,互联网的"下半场"随即到来。其中,一个关键问题是人们希望实现在任何场景下"做事"。[1] 面对技术发展的长期驱动、疫情"无接触时代"的背景潮流、互联网拐点关键问题的倒逼,"元宇宙"(metaverse)这一新概念横空出世。"metaverse"由前缀"meta"(超越)与后缀"verse"(宇宙)组合而成,在中国本土语境下,该词除了"元宇宙"外,还有"超元域""后设宇宙""形上宇宙""元界""超感空间"和"虚拟实境"等译法。在维基百科,元宇宙被定义为"一种对互联网的未来的设想和概念,于共享、持久的 3D 虚拟空间组成一个可感知的虚拟宇宙"[2]。

这一概念最早由美国科幻小说家尼尔·斯蒂芬森于 20 世纪 90 年代写作的赛博朋克主题的小说《雪崩》(*Snow Crash*)提出——在一个被科学不可逆转地改变、实体生活近乎崩溃的世界中,"metaverse"作为一个线上的超现实主义数字空间在故事中呈现。[3] 人们可通过虚拟现实眼镜进入其中,将自己变为虚拟"化身"(avatar)在 metaverse 支配收入、与他人沟通。正如电影《头号玩家》中对于"绿洲"的介绍,创作者笔下的元宇宙大多是"一个所想即所见的完美虚拟世界"。而当"元宇宙"从科幻作品中脱胎而出,从一个概念、幻想变为现实时,它成为扩展现实(XR)、区块链、云计算、数字孪生等新技术加持下的具化形态。

2021 年 10 月 28 日,马克·扎克伯格宣布将 Facebook 更名为 Meta——这支"穿云箭"彻底引爆了元宇宙能量,Microsoft、字节跳动、腾讯等世界各大巨头企业明显提速布局元宇宙:Meta 上线 Quest 头显社交 VR 平台 Horizon Worlds;百度推出元宇宙社交平台"希壤";网易助力"AI+会议",发布伏羲沉浸式活动系统"瑶台";微软则将切入口放在"办公",落地

---

[1] 喻国明. 未来媒介的进化逻辑:"人的连接"的迭代、重组与升维——从"场景时代"到"元宇宙"再到"心世界"的未来[J]. 新闻界,2021(10):54-60.
[2] 转引自维基词典:https://zh.wiktionary.org/wiki/元宇宙
[3] 《雪崩》相关译文:"名片背面是一堆杂乱的联系方式:电话号码、全球语音电话定位码、邮政信箱号码、六个电子通信网络上的网址,还有一个:'元宇宙'中的地址。"在有的中文译本(郭泽译,四川科学技术出版社 2018 版)中,"metaverse"被翻译为"超元域"。

沉浸式办公虚拟平台 Mesh for Teams①……元宇宙开始成为业界的投资热词、学界的学术热点、社会生活中的话题焦点。元宇宙代表的是互联网技术演进的未来趋向,成为当前互联网产业发展的新突破口、新增长点。② Meta首席执行官马克·扎克伯格强调,下一个平台和媒介将是更加身临其境和具体化的互联网,在元宇宙人们将置身于体验之中,而不仅仅是作为旁观者;腾讯公司创始人马化腾也提出了"全真互联网"概念,"一个令人兴奋的机会正在到来,移动互联网十年发展,即将迎来下一波升级,我们称之为'全真互联网'……这是一个从量变到质变的过程,它意味着线上线下的一体化,实体和电子方式的融合。虚拟世界和真实世界的大门已经打开,无论是从虚到实,还是由实入虚,都在致力于帮助用户实现更真实的体验。随着VR等新技术、新的硬件和软件在各种不同场景的推动,我相信又一场大洗牌即将开始。就像移动互联网转型一样,上不了船的人将逐渐落伍"。③ 美国国家科学基金会资助下的一项计算机研究认为,元宇宙的本质是一种网络集合,其特征是低成本、自我配置和沉浸式环境。④ 2013年发表在《美国计算机协会期刊》上的一篇研究论文也将元宇宙定义为一种网络集合,即"虚拟现实应用程序的一个子集,所谓虚拟现实应用程序是指计算机生成的三维对象或模拟环境,其具有看似真实的或者直接的、物理的用户交互"⑤。接下来,本文将以"元宇宙第一股"——Roblox为例来具体介绍元宇宙的核心属性与特征。

Roblox是目前世界最大的多人在线创作游戏平台,它既提供游戏,又提供创作游戏的工具(创造者开发工具 Roblox Studio)。Roblox兼具游戏、开发和教育属性,截至2020年底,Roblox用户已经创建了2000万种体验,2021年第2季的DAU(Daily Active User,单日活跃用户)已达4320万人,每人每天在平台上活跃时长为2小时左右,超过半数的活跃玩家为12岁以下的小学生。作为首个将"元宇宙"写进招股说明书的公司,被称为"元宇宙"概念股的Roblox已然初现元宇宙雏形。

1. 与现实社会的同步性与高拟真度

元宇宙虚拟空间与现实社会保持高度同步和互通,交互效果力求真实,这是元宇宙存在的基础。现实社会中发生的一切事件将同步于元宇宙的虚拟世界中,同时用户在元宇宙中进行交互时也能得到近乎真实的反馈信息。尽管Roblox让人第一眼会以为这仅仅是一个乐高风格的沙盒游戏,但是这种像素级别的人物场景精细程度正是为了减少计算量、降低延迟,以更高的质量实现3D和VR社交等功能。玩家所创立的虚拟人物可以在各种线上场景与世界各地的游戏爱好者交流、合作以及竞技,所搭载的具有头部追踪功能的VR技术也使得这种体验感更加真实。9—12岁的美国儿童中有三分之二的人使用Roblox平台举办虚

---

① 魏玮,焦娟,冯静静,等.元宇宙2022——蓄积的力量[R].北京大学汇丰商学院商业模式研究中心、安信证券元宇宙研究院,2022.
② 黄楚新,陈智睿."元宇宙"探源与寻径:概念界定、发展逻辑与风险隐忧[J].中国传媒科技,2022(1):7-10.
③ 元宇宙这盘大棋[EB/OL].(2022-02-22)[2023-05-01]. https://mp.weixin.qq.com/s/0apMuUrZhMYxgLMYXHXj6g.
④ Jaynes C, Seales W B, Calvert K, et al. The Metaverse: A networked collection of inexpensive, self-configuring, immersive environments[J]. Proceedings of the Workshop on Virtual Environments, 2003, pp. 115-124.
⑤ Dionisio J D, Burns III W G. Gilbert R. 3D virtual worlds and the metaverse: Current status and future possibilities[J]. ACM Computing Surveys, 2013, 45(3), pp. 1-38.

拟毕业典礼、庆生会等，相较于 Facebook、Twitter、IG，Roblox 的无限创造、奇幻体验的特色更能满足孩子们的网络社交需求。"在全球用户数、使用时间、玩家和内容的数量方面来看，Roblox 是全球最大的社交 VR 平台，"Roblox 公司董事长大卫·巴祖基说道，"玩家与我们共同创造了 UGC 平台有史以来最具沉浸式社交体验感的游戏。而借助 VR，我们让想象照进现实，从而开创游戏和娱乐的新纪元。"①Roblox 体验画面如图 1-4 所示。

图 1-4　Roblox 体验画面

（图片来源：https://www.sohu.com/a/70209441_361277）

2. 去中心化：开源开放与创新创造

开源开放中的开源包括技术开源和平台开源。宇宙包罗万象，而超越宇宙的元宇宙自然不能局限于某一种技术、某一家公司或某一个产业，元宇宙的核心是去中心化，它通过制定标准和协议将代码进行不同程度的封装和模块化。元宇宙囊括网络、硬件终端和用户，为用户提供海量可供开展虚拟创造活动的数字资源，具有不同需求的用户可以在元宇宙进行自主创新和创造，为不断拓展元宇宙边界扫除障碍，最终实现跨链互通、身份互认、价值共享。Roblox 产品线包含 Roblox Client、Roblox Studio 和 Roblox Cloud（见图 1-5），其中，Roblox Client 是用户体验 3D 数字世界的主要应用程序；Roblox Studio 是允许游戏开发者和虚拟物品创作者构建、发行和运营 3D 体验和其他内容的工具平台，其主体的本质是一个开放的游戏引擎，它在使用上完全免费，并且能够使用户以极低的学习成本获得开发者中心、新手教程、社区论坛、教育者中心和数据分析工具等多方面的开发支持，并为开发者提供发行、渠道等全套服务；Roblox Cloud 是一个基于既有数据的云架构，它储存着 Roblox 客户

---

① ROBLOX 欲打造最大的 VR 社交游戏平台［EB/OL］.（2016-04-19）［2023-07-15］. https://www.sohu.com/a/70209441_361277.

端上的游戏、社交数据,为用户共同体验平台提供支持的服务和基础设施,使用户能够实现统一身份 ID 的即点即玩,并在未来有望实现更大范围的全球同服游玩。在内容激励机制与社交裂变的碰撞下,Roblox 打通了"身份系统+内容创造+社交网络的闭环,爆发出强大的内容创造力和获客能力"[①],这种持久强劲的去中心化开源创新机制正是 Roblox 获取超强用户黏性的魔力所在。

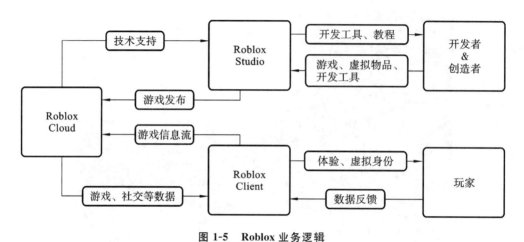

图 1-5　Roblox 业务逻辑

(图片来源:公众号 RockFlow Universe,https://mp.weixin.qq.com/s/GEMYIQXXwR5NhuhAtxSFEg)

虽然现在许多平台和 Roblox 一样被冠以"用户生产内容"之名,但相较而言,Roblox 呈现出对这一概念进行新的阐释的可能性。原因在于,UGC 之于如今许多平台,更多的是一种区别于 PGC(专业生产内容)的产业发展模式,而对于 Roblox 来说,更多的是成为其底层逻辑和游戏秩序。在未来的元宇宙社会中,用户生产内容将升级为用户共创内容,从"生产"到"共创",多了一层生产创作共同体的意涵。在开源和 5G 技术支持下,生产者彼此的创作行为和创作内容将不再互相独立、互相竞争,而是有望实现一种以共创性和共生性为特征的新的社会秩序。[②]

3. 永续发展

元宇宙平台的建设和发展不会"暂停"或"结束",而是以开源开放的方式运行并无限期地持续发展。当然,现在的 Roblox 无法给出自己将永远不会消失的保证,因为它平台化的本质使得它永远不可能拥有形成全新社会形态、社会规则、社会系统的力量,这也是 Roblox 具备元宇宙的雏形,却远远不足以称为元宇宙的原因。实际上,Roblox 目前已经开始出现经济亏损的问题。

---

① Roblox:只有元宇宙一半的模样[EB/OL].(2021-10-25)[2023-05-03]..https://mp.weixin.qq.com/s/GEMYIQXXwR5NhuhAtxSFEg.

② 胡泳,刘纯懿."元宇宙社会":话语之外的内在潜能与变革影响[J].南京社会科学,2022(1):106-116.

4. 闭环运行的经济系统

在元宇宙中,用户的生产和工作活动的价值将以平台统一的货币形式被确认和确权,用户可以使用这一货币在元宇宙平台内进行消费,也可以通过一定比例"兑换"成现实生活中的法定货币,经济系统的闭环运行是驱动和保障元宇宙不断变化和发展的动力引擎。Roblox 具有自己的原生货币 Robux,它与 QQ 币之类的游戏币最大的不同在于 QQ 币只在平台和玩家之间流通,是一种消耗型虚拟货币,玩家只是单纯的消费者,无法通过平台获得游戏币。而 Robux 则是在平台、开发者和创作者之间流通,开发者和创造者可通过出售自己开发的游戏、虚拟物品和开发工具获取 Robux。通过创作或者充值获得 Robux 的用户,可以在平台内购买虚拟物品、订阅会员、为开发工具付费、在平台上投放广告等。同时,创作者也可以将 Robux 兑换成美元,从而在一定程度上连接起虚拟与现实。

在全球元宇宙竞争格局不断演进的当下,我们不难发现,建立元宇宙的基础是掌握包括区块链、交互技术、游戏引擎、人工智能、网络和算力以及物联网在内的核心技术,但掌握技术以后最根本、最难以拉开差距的还是内容生产板块。正如 Roblox 不断探索内容生产的新形式,内容生产也已经成为当下科技巨头布局的主赛道及角逐的主战场。不同于当下的流量导向,元宇宙以创意为驱动导向,即元宇宙时代的关键特征是创意驱动内容生产。因此,品牌抓住元宇宙这一技术革命的战略机遇,以创意抢占元宇宙的战略制高点和内容市场空白点,实现现实世界在数字时代的升级和延展,成为全球互联网变局的破局关键点所在。

元宇宙本身所具备的潜能足以撼动互联网时代所形成的人与信息链接规律,将物质世界"柳暗花明"地赋予新的想象空间,实现类似约翰·杜翰姆·彼得斯在《对空言说:传播的观念史》中提及的真正跨越鸿沟的交流,并由此形成经济、文化、交互体系。① 因此我们不能简单地将元宇宙看作一项技术或者一个行业,元宇宙应当是一个时代,是一个社会信息化和虚拟化纵深发展的新时代。面对时代浪潮,我们要理性应对、时刻反思。著名科普作家刘慈欣曾在公开演讲中严厉批评元宇宙:"人类的未来,要么是走向星际文明,要么就是常年沉迷在 VR 的虚拟世界中。如果人类在走向太空文明以前就实现了高度逼真的 VR 世界,这将是一场灾难。"②

 延伸阅读

元宇宙究竟是"未来"还是"骗局"?③

2021 年,元宇宙火了。"风口"之下,处于争议旋涡的元宇宙在追捧者看来有着不可限

---

① 黄楚新,陈智睿."元宇宙"探源与寻径:概念界定、发展逻辑与风险隐忧[J].中国传媒科技,2022(1):7-10.
② 刘慈欣演讲[EB/OL].(2021-11-09)[2023-07-17].https://new.qq.com/rain/a/20211109V01FLI00
③ 元宇宙究竟是"未来"还是"骗局"?(2022-02-24)[2023-05-09].https://news.cctv.com/2022/02/24/ARTIMquAM3dKj5VYT8pbnS23220224.shtml.

量的未来,而在质疑者眼中却是难以预测的陷阱。究竟什么是"元宇宙"？答案尚无定论,或许还要经历几轮"百家争鸣"才能显现雏形。为了尽可能理性、辩证地看待处于互联网变革之中的元宇宙,央视网《新闻＋》推出系列视频《聊聊元宇宙》,帮助大家在繁多的信息中梳理要点。

元宇宙的浪潮汹涌而来,全球各行业先后入局。本期节目邀请清华大学新闻与传播学院教授沈阳及其团队科研助理尹健,从根本上解读元宇宙为何成为一种新的趋势。

央视网记者：为什么全球会陷入元宇宙狂热？

沈阳：在移动互联网领域,至少中国市场基本上接近于到顶了,包括Facebook（现称Meta）用户也没有增长了。此外,2020年全球的手机销量比2019年下降了。从这些角度来看,移动互联网的发展减慢已经成为一种趋势,移动互联网的发展也逐步见顶,这就意味着即便它再发展,也只会是一种内卷的形式。所以,现在各行业就会去探索新的发展空间,换言之,人类到了从二维交互升级成三维交互的一个时间节点。此外,当大家认为一个平台有可能成为下一代的主计算或者主交互平台的时候,方方面面的优秀技术就会自然而然地涌向这个平台。我们明显看到,元宇宙的概念从2021年"出圈"后,VR、AR、脑机接口等领域的发展都是在加速的,包括人员的投入、技术的突破。

尹健：我们会发现最近几年的互联网,除了短视频平台,似乎没有能够让人们感到新奇的体验了。再加上疫情使得人类在很多时候迫不得已要在虚拟化的环境下进行办公、交流,我们称之为人类虚拟化的临界点。在这种情况下,第一,技术需要有一个新的出口,也就是说,技术发展的同时还需要找到能够与之契合的新产品;第二,资本在投资的时候也要去选择一些新的方向;第三,产品迭代的同时还要满足广大群众的"新鲜感"。基于这三个要素,元宇宙的出现也就比较合理了。

央视网记者：为什么人们对元宇宙态度褒贬不一,甚至两极分化？

沈阳：人们使用手机这么多年,其实对技术的要求也是越来越高的。所以,如果用手机发展的成熟度和体验去要求VR、AR,自然就会感觉它们很简陋。但如果回到像素级别的时代去看今天的VR、AR,可能大家也会觉得还不错。也就是说,这些技术还需要一些发展时间和空间。不管元宇宙叫什么,它所代表的内涵在未来确实是我们的发展方向。其实也可以把"元宇宙"换成"下一代互联网",大家也许就没有这么多争议了,但它也就不会像现在这样普及如此之快。这个名字具有集聚关注度的正向作用,也有产生泡沫的不好的一面。"宇宙"这个词包罗万象,它不可能只有正面没有负面,我们要辩证地去看待。要注意的是,当人们过于沉迷于"名"的争议的时候,我们更要看到它的"实"。元宇宙的"实",是二维升三维,是人从单独的、孤立的人机交互转向人与虚拟人和机器人的三人联动,然后就是经济增值,也就是从现在相对来说比较中心化的、平台化的移动互联网经济转向对普通人更加有利的元宇宙经济。当然,这个过程中有人浑水摸鱼,利用元宇宙的"名"来实施一些不当的行为。这里面要警惕的是什么呢？打着元宇宙的旗号,基于区块链去发行空气币是我们要坚决反对的。

二、创意传播的历史机遇

航空工程师乔治·考克斯曾指出:"创意,若能被妥善地使用、细致地评估、巧妙地管理和稳健地实施,将会成为未来企业成功的关键,更能作为促进国家繁荣的关键。"[1]在目前,我国强调必须实现创新成为第一动力、协调成为内生特点、绿色成为普遍形态、开放成为必由之路、共享成为根本目的的高质量发展,推动经济发展质量变革、效率变革、动力变革。[2] 落实新发展理念、构建新发展格局需要以实业为基,更需要以创意和创新作为生命之源,通过激发全民的创意创新思维,持续引爆创意在经济发展中的"指数型"效用,为中国发展提供一个新的支点,开辟一条全新的道路。

(一) 现代化强国的战略要求:牢牢把握创意这一发展进步的核心要素

在"十三五"规划中,我国政府已经提出创意经济发展的未来方向应形成"创意经济无边界渗透格局",未来的工作总体部署将以创新、壮大、引领为核心,紧密结合"中国制造2025"战略实施,立足发展需要和产业基础,大幅提升产业科技含量,加快促进数字创意产业蓬勃发展,创造引领新消费,以数字技术和先进理念推动文化创意与创新设计等产业加快发展,促进文化与科技深度融合、相关产业相互渗透。具体而言包括以下两方面。

在技术上,我们需要创新数字文化创意技术和装备,适应沉浸式体验、智能互动等趋势,加强内容和技术装备的协同创新,在内容生产技术领域紧跟世界潮流,在消费服务装备领域建立国际领先优势,鼓励深度应用相关领域最新创新成果。

在内容上,我们需要丰富数字文化创意内容和形式,通过全民创意、创作联动等新方式,挖掘优秀文化资源,激发文化创意,适应互联网传播特点,创作优质、多样、个性化的数字创意内容产品,鼓励多业态联动的创意开发模式,提高不同内容形式之间的融合程度和转换效率,努力形成具有世界影响力的数字创意品牌,支持中华文化"走出去",推进相关产业融合发展。

"十四五"时期,我国进一步深入推动文化、创意作为我国经济发展转变发展方式、优化经济结构、转换增长动力的攻关克难关键要素。党的十九届五中全会首次明确提出到2035年建成文化强国的远景目标,并提出实施文化产业数字化战略。习近平总书记在中共中央政治局第三十四次集体学习时强调数字技术与实体经济深度融合,赋能传统产业转型升级,催生新产业新业态新模式,不断做强做优做大我国数字经济。研究和实践已经证明,发展数字创意产业对优化产业结构、提升我国文化软实力、加快经济转型发展意义重大。因此,创意在我国战略政策发展全局中起到了至关重要的作用。理查德·弗罗里达在《创意经济》中

---

[1] George Cox. Cox Review of Creativity in Business:Building on the UK's strength[EB/OL]. [2023-07-01] https://books.google.com.hk/books? id=b_dTnwEACAAJ.

[2] 推动经济高质量发展(人民观点)——新时代中国特色社会主义的伟大成就④[EB/OL]. (2021-11-29)[2023-06-01]. http://qh.people.com.cn/n2/2021/1129/c401598-35026865.html.

指出,"我们时代的主要难题在于如何点燃每个人内心深处的创意之火"①,为此,我们应该紧紧抓住数字创意产业信息化的历史机遇,鼓励全民发动创造思维,挖掘创意能力,为我国进入融合创新发展新阶段提供活力源泉。

(二)疫情之后的发展机遇:创意重塑生活生产方式

2020年全球暴发的新冠疫情②作为人类历史上面临的一次重大挑战,对世界格局产生了深远的影响。美国微软公司联合创始人比尔·盖茨表示,"新冠肺炎作为第一个现代大流行病将重新定义我们这个时代"③。疫情之后的未来走向,是时代之问,也是人类共同关怀的切肤之痛。正如习近平总书记所指明的,"要坚持用全面、辩证、长远的眼光分析当前经济形势,努力在危机中育新机、于变局中开新局"④,新冠疫情虽然对全世界的经济发展造成了重大冲击,但我们仍能够从中发现信息化、数字化、智能化所孕育的强大动能,即唯有代表着颠覆一切的创意,才能激发于变局中开新局的"涅槃之火"。

联合国贸易和发展会议也提出,在新冠疫情大流行的影响下,2021年可以说是让创意经济发挥作用的最佳时期。2020年11月,联合国通过了一项决议(A/RES/74/198),宣布将2021年设立为"国际创意经济促进可持续发展年"。当我们在实体空间中的活动由于控制疫情扩散的需要而被迫暂停的时候,数字技术为我们搭建了另一个活动平台,以虚拟现实的方式维持了生产生活与社会交流的运转,因此创意经济终于迎来了"辉煌的一年"。

新冠疫情以前所未有的规模推动全球人类走向互联网,创意和文化产业在协调全球数字化转型过程中发挥了重要的作用。联合国贸易和发展会议创意经济计划负责人玛丽莎·亨德森表示:"我们现在比以往任何时候都需要创新的思维和解决问题的能力,以摆脱日常面临的不平等和脆弱性造成的挑战。创意产业是创意经济的命脉。"⑤

将目光重新聚集于媒介环境,我们不难发现,新冠疫情也极大地重构了我国的信息传播生态,使得信息传播方式发生了重大的变化。

1. 社交媒体与短视频平台共筑信息传播基础平台

就当下而言,占据社会信息传播流量最大份额的是两大类传播平台。第一类是以社交链条为依托的社交传播平台⑥,例如微信、微博这些基于不同强弱社会关系程度而建立的社交网络。疫情期间,人们通过线上的社交媒体平台达成人与人之间的沟通与交流。正如亚

---

① [美]理查德·弗罗里达. 创意经济[M]. 方海萍,魏清江,译. 北京:中国人民大学出版社,2006:35.
② 2022年底,新型冠状病毒肺炎更名为新型冠状病毒感染。在本书进行相关介绍时简称为新冠疫情。
③ Bill Gates. The First Modern Pandemic: The Scientific Advances We Need to Stop COVID-19[EB/OL]. (2020-04-23)[2020-04-28]. https://www.gatesnotes.com/Health/Pandemic-Innovation.
④ 在危机中育新机 于变局中开新局. [N/OL]. 人民日报. (2020-05-28)[2023-07-15]. http://theory.people.com.cn/GB/n1/2020/0528/c40531-31726649.html.
⑤ 联合国新闻. 走出疫情阴霾"创意经济"在2021年大有可为[EB/OL]. (2021-01-14)[2023-07-15]. https://news.un.org/zh/story/2021/01/1075712.
⑥ 喻国明. 重拾信任:后疫情时代传播治理的难点、构建与关键[J]. 新闻界,2020(5):13-18+43.

里士多德在《政治学》中所说的,从本质上讲人是一种社会性动物。① 因此,在疫情影响下,线下社会交往渠道的削减所造成的结果就是人们开始积极使用线上平台满足沟通的基本需求,线上社交渠道传播信息总量激增。

第二类是基于大数据和人工智能的算法型内容推送平台,例如抖音、快手等。这类平台基于人工智能算法技术,根据个人喜好进行分发式推送,这种投其所好的信息投递方式满足了人们的个性化需求,使无数网民沉浸其中。② 中国传媒大学新媒体研究院发布的《新冠疫情中的信息传播与创新产品研究》报告指出,疫情期间,抖音、快手等短视频平台用户规模进一步增长,通过拓展内容表现形式、丰富信息生产视角、丰富交互方式与服务,短视频平台一跃成为民众获取疫情信息的全新方式。同时,直播成为一大创新亮点,不仅助力主流媒体全面提升传播力,并且助力复工复学复产有序开展,促进文化消费向线上转移,充分满足了疫情期间民众的娱乐和生活需求。③

2. 用户"云参与"的线上互动模式

"云参与"是指人们借助互联网计算方式,在网络上共享信息与资源,并且参与各种线上活动的信息传播形式。[37]在疫情之后,由于数字技术的广泛介入,依附于各类媒介的更多的线上功能被发掘出来,"云直播""云招聘""云服务""云课堂""云逛街""云旅游""云音乐会"等多种场景在线上虚拟平台上演,打破了我们习以为常的生活状态,人们变得更加依赖在线生活,这进一步推动了行业数字化转型进展。

以在线教育为例,截至 2020 年 3 月,我国在线教育用户达 4.23 亿,较 2018 年底增长 110.2%,占网民整体的 46.8%。2.65 亿在校学生转向线上课程,在线教学活动大规模兴起,呈现爆炸式的增长态势。④ 其中,许多在线教育品牌采用人工智能技术赋能在线教育,使得用户获得了更加个性化的学习体验,例如"斑马英语"采用"智能+互动"的方式完成教学测评的全部流程,将学生的互动反馈积累为学习数据,助力其在下一阶段的针对性训练与突破。⑤

3. 传播价值的内核转向关系与情感

融媒体环境中,主流媒体正逐步采用情感传播的方式来实现生产机制和传播模式的创

---

① 颜一.亚里士多德选集.政治学卷[M].北京:中国人民大学出版社,1999:2.
② 柯泽,宋小康.后疫情时代信息传播方式新变化和新挑战——基于媒介数字化生存的视角[J].文化与传播,2020(6):60-65.
③ 新媒体研究院发布《新冠疫情中的信息传播与创新产品研究》报告[EB/OL].(2020-06-23)[2023-06-01].http://www.cuc.edu.cn/2020/0623/c1383a171312/page.htm.
④ 第 45 次中国互联网络发展状况统计报告[EB/OL].(2020-04-28)[2023-04-01].http://www.cac.gov.cn/2020-04/27/c_1589535470378587.htm.
⑤ 第 47 次中国互联网络发展状况统计报告[EB/OL].(2021-02-03)[2023-02-12].http://www.cac.gov.cn/2021-02/03/c_1613923423079314.htm.

新和变革。① 而在新冠疫情的影响下,情绪情感与社会心态已经成为舆论生成机制中最重要的影响变量。具有正面情感要素的信息内容能够为受众带来积极的情绪感染,从而缓解疫情带来的不安和焦虑,对于维护社会稳定具有重要作用。因此,在技术平台和流量资源的支撑下,注重加强用户的情感体验,能够有效地强化受众的价值认同与情感归属。②

当下,普及的互联网技术通过对各种要素的连接和再连接来形成功能和价值,其作用机制的本质是关系赋能与关系赋权。激活、聚拢和推动这种关系资源整合的力量,正是我们以往并不熟悉的非逻辑非理性的关系认同和情感共振的力量。后疫情时代的数字化生活方式更是加强了这一"连接的力量"。

总体来说,新冠疫情作为传统媒体与新媒体正在融合的时期发生的特殊全球性事件,恰恰放大了目前传媒生态中存在的各种现象和问题,媒体融合的大方向已经清晰可见。从宏观角度来看,移动化、社交化、可视化、智能化、平台化是媒体融合技术发展的重要趋势,疫情导致的流动管控进一步凸显了数字技术在传媒行业的重要性,此时所有技术积累的厚度体现出来的市场竞争力优势一览无遗。③

因此,在全球形态、传媒生态发生颠覆性改变的百年未有之大变局中,一切社会要素都需要积极探索新的变革,将创意与创新发展作为战略部署的核心,利用创意的力量化危为机,在正确的道路上取得更长远的进步。

 延伸阅读

诺贝尔经济学奖获得者:疫情之后中国将从创新中获益④

(埃德蒙德·菲尔普斯,美国哥伦比亚大学经济学教授、诺贝尔经济学奖获得者;李大巍,他山石智库首席执行官、美国麻省理工学院访问学者。)

李大巍:即使在疫情期间,中国政府也在鼓励人们用创新的思维、新的技术来抗击疫情,比如基于5G技术的远程医疗,基于人工智能的设备。在复工复产后,中国政府强调提高科技创新支撑能力,稳定支持基础研究和应用研究,引导企业增加研发投入。在疫情之后,创新将引领国家经济发展,是系统性发力的组织部分。

菲尔普斯:是的,正如你所知,在疫情之后,中国将从一个以创新为导向的经济体中受益匪浅,而不仅仅是创业。我的感觉是,中国人可以成为伟大的创新者,而不仅仅是伟大的企业家。在中国的所有时间里,我被中国人民非凡的执着和巨大的决心所打动。过去的三四

---

① 张志安,黄剑超.融合环境下的党媒情感传播模式:策略、动因和影响[J].新闻与写作,2019(3):78-83.
② 田维钢,温莫寒.价值认同与情感归属:主流媒体疫情报道的短视频生产[J].现代传播(中国传媒大学学报),2020(12):9-14.
③ 肖剑.疫情下的媒体融合与变革思考[J].大数据时代,2020(4):32-35.
④ 诺贝尔经济学奖获得者:后疫情时代中国将从创新中获益[N/OL].光明日报,2020-06-12(12).https://news.gmw.cn/2020-06/12/content_33906052.htm.

年里,中国新公司的形成速度惊人,这表明许多这类公司的成立都是为了开发和推广创始人的新思想。我一直认为,一个国家创新的丰富程度在很大程度上取决于其表达创造力和想象力的能力。

李大巍:你是中国创新创业国家战略的密切观察者。在过去的十年里,你认为中国是自主创新的推动者吗?你认为中国有没有你著述中提到的卓越创新公司的典范,如冰岛的索尔法尔公司等?它们是在自主创新的基础上建立起来的,而不仅仅是新技术的应用。中国怎样才能培育出更多这样的公司呢?

菲尔普斯:这些年来,我访问了中国的几家公司,对其中大部分或全部公司都形成了积极的印象。但在我看来,中国最具创新能力的公司可能与冰岛最具创新能力的公司有一定差距。

李大巍:独立性、主动性、成就感和对竞争的接受度,这样的现代理念在自主创新程度高的国家都很强。一个国家如何能够提升这些现代理念?

菲尔普斯:显然,中国人有着巨大的活力。我认为,很明显,中国人有表达创造力的强烈愿望。我不知道中国人有多大意愿踏上通往未知世界的航程。我认为,在美国和中国,提升现代理念都必须从教育系统开始。当然,父母也要在家庭教育过程中帮助、鼓励孩子形成有助于创新的价值观。

三、创意传播的思维构建

创意传播不仅是一种营销的策略,一个品牌传播的方法,更是一种思想的改变。在一个信息泛滥、竞争白热化的时代,把握创意传播、运用创意传播就是企业、品牌、区域乃至国家竞争制胜的关键所在。在把握创意传播的全过程之中,我们需要兼具连接思维和用户思维。

(一) 连接思维

麦克卢汉曾预言:个体的、隐私的、分割知识的、应用知识的、"观点的"、专门化目标的时代,已经被一个马赛克世界的全局意识所取代。① 凯文·凯利也指出,互联网时代最核心的行为就是把所有的东西都连接在一起,任何事物都会在多个层面上被接入庞大网络中,缺少了这些巨大的网络,就没有生命、没有智能,也没有进化。② 连接是互联网的基本功能,也是公认的互联网底层逻辑之一,互联网用"连接一切"的方式重构了社会,重构了市场,重构了传播形态。③

随着移动互联网的发展,受众的媒介接触呈现突破时空局限、连续不间断以及媒体多任

---

① [加]埃里克·麦克卢汉,弗兰克·秦格龙.麦克卢汉精粹[M].何道宽,译.南京:南京大学出版社,2000:127.
② [美]凯文·凯利.失控:全人类的最终命运和结局[M].张行舟,陈新武,王钦,译.北京:电子工业出版社,2016:316.
③ 喻国明,马慧.互联网时代的新权力范式:"关系赋权"——"连接一切"场景下的社会关系的重组与权力格局的变迁[J].国际新闻界,2016(10):6-27.

务的特点,"永久在线、永久连接"成为当代受众的新生活方式。① 原本以内容为中心、具有清晰起点和终点的"媒介使用"概念已经被随时随地、永恒在线的数字化存在方式取代。而终端技术和物联网技术的发展成熟,更是使得"信息传播"这一概念发生了深刻变革。万物皆终端,则万物皆可连——生存在这种环境下的"新型"用户更加需要的是"以人为中心、以场景为单位的更及时、更精准的连接体验"②。因此,我们需要意识到连接思维的重要性。

1. 连接的手段:创意引领、科技支撑

当下,创意传播与数字技术息息相关。随着互联网技术的不断延伸以及产业革命浪潮在全球的不断深化,数字技术正在推动当下的生产和生活方式发生颠覆性的变革。数字化、网络化、技术化的思维方式正在深入创意行业所涉及的方方面面,并不断推动整体产业链的重构、价值链的重组以及创新链的重塑。创意传播的灵魂正是创意引领、科技支撑,其主要理念是现代信息技术与内容创意的完美融合。数字创意时代的到来对于所有创意产业相关领域而言都是巨大的挑战,这意味着数字基因正在被嵌入创意内容,创意的内涵与价值必须在技术手段的支持下才能得以落地与延伸。

在前文,我们已经将数字创意技术进行了分类,并探讨了数字技术对创意内容、分发与形态的重塑作用。经过多年的实践检验,我们确信创意与创新才是经济社会可持续发展的关键。21世纪的创意和科技使我们能够从全新的角度、以前所未有的方式逐渐化解各种社会矛盾,使得人民的生活朝着更美好的方向前进。数字化技术彻底改变了人们交流交往的方式,改变了我们与周遭环境的关系,改变了我们呈现艺术与文化的形式。③ 技术重塑了终端、人、内容与服务之间的连接方式与连接样态。在VR、AR、5G和人工智能技术的发展下,人们被纳入一个多元互联的世界。

2. 连接的路径:平台整合、渠道互通

1)平台整合

不断发展的信息技术为创意产业提供了高效化、多样化、便捷化的平台,人流、资金流、信息流在平台上汇聚交融,不仅实现了产业内部生态的良好循环,更为创意传播提供了畅通的渠道和宽广的舞台。对于创意传播者而言,平台思维能够极大地改变创意生产与传播的生态,打通了以往被限制的单一、专业化传受渠道,不同的创意形态能够自由选择最合适的平台进行投放,极大地增强了创意传播的灵活度,也拓宽了创意变现的营销网络。

目前,我国常见的媒介平台包括以下几种类型。④

---

① 周葆华.永久在线、永久连接:移动互联网时代的生活方式及其影响因素[J].新闻大学,2020(3):84-106,120.
② 喻国明.未来媒介的进化逻辑:"人的连接"的迭代、重组与升维——从"场景时代"到"元宇宙"再到"心世界"的未来[J].新闻界,2021(10):54-60.
③ 肖澜:数字技术——支撑创意与创新变革的中流砥柱[EB/OL].(2021-04-30)[2023-06-03].http://city.cri.cn/20210430/5faab423-c9f8-27d9-15d2-1f08a7374fc0.html.
④ 彭兰.未来传媒生态:消失的边界与重构的版图[J].现代传播(中国传媒大学学报),2017(1):8-14,29.

（1）整合类平台：多源聚合＋人工分发

在中国互联网发展的早期，以第三方形式出现的内容整合平台——商业门户网站成为重要的内容分发平台。这种平台的传播模式与传统媒体基本是一致的，但内容源得到了较大的拓展。网站将多个媒体的内容聚合在一起，再以人工编辑的判断为基础进行内容筛选，将媒体的内容二次"贩卖"给用户。这样的平台虽然可以放大媒体内容的传播效果，但难以为媒体网站创造流量。除了商业门户网站外，移动时代的新闻客户端平台也属于整合类平台。

（2）搜索引擎平台：全面搜索＋算法调度

搜索引擎兴起后，它作为内容分发工具的作用也凸显出来。搜索某个关键词后内容的排序，决定了相关内容及其生产者被用户点击的可能性的高低。搜索引擎同样是对广泛的信息来源进行搜索，但搜索结果排序的依据是算法，这种算法与用户无关，它更多的是对传播者及其内容的一种权重衡量。

谷歌、百度等不仅通过搜索引擎的方式在内容提供者与用户之间进行匹配，还利用搜索技术，通过专门的资讯频道形成自动化内容分发平台。搜索引擎自身并不生产内容，但是它能够对网站流量产生较为明显的调度作用。

（3）社会化媒体平台：人际网络＋大众传播

社会化媒体在当下已经成为新的内容集散与分发核心平台，它对于整个新媒体以及其他公共信息传播的模式与结构影响都是深层次的。门户等整合类平台虽然拓展了内容传播的渠道，但它的传播机制仍然是传统媒体的点对面模式，而社会化媒体则将公共信息传播带向了社交化传播，实现了从点对面到点对点的传播结构。

在社会化媒体里，由社交网络构成的人际传播渠道成为公共信息传播的基础设施，在这些平台上，媒体内容的再分发能力很大程度上取决于它激活的人际传播网络的规模。与此同时，这样的传播模式也使得信息的筛选机制发生了变化，过去职业媒体人进行的"信息把关"，在社会化媒体中演变为用户的"鼠标投票"——转发量、评论量、点赞量等成为推动信息内容病毒式传播的核心要素。

（4）个性化推荐平台：个性分析＋算法匹配

个性化推荐平台以"个性化"为卖点，为内容与用户间的匹配提供了一个新维度。换句话说，内容与其特定的接受者之间是以算法为媒介进行匹配的。从某种程度上说，个性化推荐平台是对搜索引擎平台的升级，它把个人偏好作为算法中的核心变量，极大地提高了内容的定制化分发程度。目前，个性化推荐算法仍在持续优化中，它对用户需求的解读能力与匹配精确度将不断提高。尽管个性化推荐算法减少了人们在信息消费中付出的成本，但是它以"小灶"的方式对用户进行"喂食"，可能会使人们产生信息疲劳、进入"信息茧房"。目前比较典型的个性化推荐平台有今日头条客户端、小红书等。

（5）视频和VR/AR平台：临场体验＋社交传播

随着网络视频的发展和VR/AR应用的深化，视频和VR/AR平台也可能成为一种新的内容分发平台。网络视频直播和VR/AR技术，使得人们可以亲身"进入"现场并根据自己的兴趣对所消费的信息进行观察与体验。而这些平台上的内容分发较多地借鉴社会化媒体的模式，社交关系对于视频和VR/AR内容的传播起着至关重要的作用。

(6) 服务类平台:生活场景+新闻推送

除了以内容生产与传播为核心的上述平台外,一些原来以生活服务为核心的网络平台,也在某些领域逐渐媒体化。如淘宝、高德地图、墨迹天气等都已经整合了一定的时效性内容。在未来,越来越多的专业化内容将通过这些服务类平台流向用户。

服务类平台具有向内容渠道延伸的天然优势:一是服务类平台具有较大的用户规模和较强的用户黏性;二是服务类平台所掌握的用户数据通常是真实的生活数据,有助于深入理解用户,更为精准地判断用户需求;三是服务类平台常常对应用户的各种场景化应用,与此场景相关的内容分发更容易得到用户的认同,减少被打扰的不适感;四是从未来发展看,服务类平台更容易将人的社交、物的数据及环境数据结合在一起,成为新型用户平台。

2)渠道互通

现在,各内容分发平台之间已经不再彼此完全独立,逐渐出现边界消融、功能重组的现象,例如社交媒体平台逐步搭载个性化推荐系统,服务类平台开始增添功能更为丰富的社交板块。而在创意传播领域,无论人们在传播过程中选择的是单一分发平台还是组合分发平台,都期望能够借助平台力量实现社会生产要素间的关系构建。

(1)用户间连接

用户间连接实现规模化集聚与维系。形成并维系足够规模的用户过程中,社交、社群对用户的集聚与维系发挥着主要作用。

(2)生产者间连接

生产者间连接实现多元化创意内容生产者的汇聚。创意内容生产者的多元化,不仅有助于为用户提供多元的满足机会,还有助于营造均衡的信息环境。

(3)产销间连接

产销间连接实现创意生产与消费之间的匹配。分发的意义是内容生产与消费的匹配,这可以通过人工编辑实现,也可以通过算法实现。无论哪种方式,都需要兼顾个性化满足与公共价值关照。

(4)用户与品牌间连接

用户与品牌间连接实现多重信息体验环境的营造。对于不同的创意内容,需要配合不同的体验手段。不同平台在文字、声音、视觉、VR/AR等不同手段中有所侧重,也有的平台能够提供多重感官体验,促使用户增强品牌黏性。

(5)创意与其他互联网服务间连接

未来的创意内容、社交与其他互联网服务之间的关联度将更高,这不仅有助于创意产品的价值挖掘,也有助于形成新的盈利模式,挖掘新的市场增值点。

(二)用户思维

在《创意生态》第一章中,霍金斯开宗明义地点明个体在创意生产中的重要作用:"我们必须承认存在一个动态的过程,即个体用想法探究并重塑(refashion)他们对这世界的个人理解。我们不应该把人理解为'经济单元',而必须视其为独立自主的'思想个体'。"[1] 这一观

---

[1] [英]约翰·霍金斯.创意生态[M].林海,译.北京:北京联合出版公司,2011:10.

点在传媒领域同样得到认可。如今,个体在传受链条中的地位不断凸显,受众的角色经历了从"受教育者""阅听人""消费者"到"用户"的变化。① 如今的受众不仅是传媒产品的价值使用者和成本支付者,也是信息的生产者和传播者。

目前,智联网进入"连接一切,万物皆媒"的阶段。一方面,所有用户行为都被充分数据化;另一方面,智能平台的产品均呈现信息流形态,用户点击、搜索、对话、提问、添加、展示都是对信息流产品的构建和推进,消费活动即为生产活动。② 受众身份的变化使得媒介信息内容的创意传播必须符合"用户本位"的价值逻辑。

1. 身份转变:从受传者到产消者

正如杰里米·里夫金在《零边际成本社会:一个物流网、合作共赢的新经济时代》中所描述的那样,"物联网的发展让数十亿的人通过点对点的方式接入社交网络,共同创造组成协同共享的诸多经济机会"③。物联网平台让每一个人的身份从消费者变为产消者,将所有人连接到一个全球性的社区中,社会资本繁荣的规模前所未有。当下传媒进化为人工智能与人类智慧协同的在线社会信息传播系统,传播受众也从原本的受传者进化为产消者。产消者使用技术所带来的多样化信息服务,实时制造并分享自己的信息知识与创意想法。从行为上看,他们的在线生活方式不仅呈现社交化、本地化、移动化和个性化特征,还具备"消费即生产"的特征。在特定传播节点,用户通过点击、搜索、对话、提问、添加、展示各类智能平台上的信息流产品,完成了对信息流内容的构建和推进。从这个意义上讲,消费即生产,对话即生产。正是在用户持续不断的内容消费活动的全过程中,创意内容产品呈现生生不息的状态。

新的智联网技术的赋权促使人类传播进入个人传播的新阶段,这意味着在新的创意传播过程中,需要持续以用户为主体,拓展服务范围,调动产消者创意创作的主观能动性,加快构建协同式创意生产格局,为创意的生产与传播提供持续发展的动力源泉。

2. 互动方式转变:从信息交流到场景交互式价值共创

罗伯特·斯考特和谢尔·伊斯雷尔在《即将到来的场景时代》中提出:场景是对日常生活环境的技术化重构,由传感器、大数据、社交媒体、移动定位和移动设备五大基本要素合力构成。④ 在移动互联网时代,场景不再是原本简单的情景假定,而变成移动终端与现实空间的即时互动。⑤ 在这一背景下,用户与品牌之间的连接从原本的信息沟通变为适时性的体验感知,用户对于场景的良好体验会提升构建场景主体的好感度,促进用户积极主动地参与下

---

① 喻国明,方可人.技术迭代下传媒经济发展的基本维度与未来趋势——2019年中国传媒经济研究的热点与前沿分析[J].全球传媒学刊,2020(1):4-14..
② 吕尚彬,岳琳.传媒受众,:从受教育者到产消者[J].编辑之友,2019(9):69-75.
③ [美]杰里米·里夫金.零边际成本社会:一个物流网、合作共赢的新经济时代[M].赛迪研究院专家组,译.北京:中信出版社,2014:18.
④ [美]罗伯特·斯考伯,谢尔·伊斯雷尔.即将到来的场景时代[M].北京:北京联合出版公司,2014:21.
⑤ 段淳林.整合品牌传播——从IMC到IBC理论构建[M].北京:人民出版社,2020:291.

一步沟通交流。相较于传统媒介提供的场景,数字化场景的连接更快、更广、更方便,它可以搭建各种各样的超越时空限制的互动、多元、沉浸式的体验平台,充分满足人们个性化的生活方式、价值追求与情感需求。场景和内容并重,打通了品牌高效连接用户的创新路径,为品牌吸引用户、打动用户、与用户建立深度连接提供了全新的方法。

另外,人们在创意传播过程中还必须充分挖掘和利用媒介用户多元分享的需求,将潜在的消费者变成创意价值的共创者。比如,利用日渐兴起的网络虚拟社群来建构协同分享的传播场景。网络虚拟社群的兴起正在为创意发展打开新的价值空间,成为新的价值增长形式。

本章小结与思考

创意是这个竞争激烈的时代中最宝贵的资源之一,越来越多的人认识到创意传播在社会发展中的重要性。本章第一节首先回顾了创意这一概念的发展历史,无论国内还是国外,人们对创意的追求都是自古有之。创意是一种原创性的思维活动,也是人类最重要的思维能力,它不是凭空而来的,它源于大脑,是人特有的属性,也是人与生俱来的能力。创意思维作为从无到有的创造性过程,不但被应用于艺术创作领域,还对自然科学的发展有着重要的启发和推进作用。

本章第二节描述了技术创新时代背景下的创意传播现状,并对创意传播的挑战与机遇做出了展望。以互联网为代表的数字技术(包括大数据、5G、人工智能、区块链等)强势崛起,推动了传播领域的革命性改革,催发了创意传播新生态;同时,技术革命也为创意传播发展带来了新的历史机遇。创意传播既是现代化强国的战略要求,也是疫情之后的发展机遇。新冠疫情打破了固有的传播格局,将信息传播的生态进行了重构,线上互动成为用户交流的主要方式。

瞬息万变的当下,如何构建属于我们这个时代的创意传播思维成为所有人需要思考的问题。在"万物互联、用户至上"的信息时代,我们需要兼具连接思维和用户思维。以人为中心、以场景为单位的即时精确触达是信息传播呈现的新特征。如今的受众不仅是传媒产品的价值使用者和成本支付者,也是信息的生产者和传播者。用户身份的转变,意味着在新的创意传播过程中,需要持续以用户为主体,拓展服务范围,调动产消者创意创作的主观能动性,加快构建协同式创意生产格局,为创意的生产与传播提供持续发展的动力源泉。

传媒受众:从
受教育者到产消者

论广告创意的神话

第二章 广告创意传播案例分析

案例导入

博朗×胡须张：神秘夜袭事件剃掉了60年的胡子[①]

拓展视频

2020年4月9日，YouTube上出现了一支名为《夜袭胡须张AKA帮你刮胡子》的恶搞视频。胡须张是一家有60年历史并且以卤肉饭出名的快餐店，它的LOGO是一张创办人张永昌留着茂密胡子的剪影。在这支视频中，一群黑衣人趁着夜黑风高驱车赶到一家胡须张店门口，对着招牌上的经典LOGO开始喷漆，将LOGO中原本浓密的胡子改为络腮胡后扬长而去。如此可能触犯法律的嚣张行径，在Facebook（2021年改名为Meta）等台湾各大社交网站上引起广泛热议。究竟是消费者恶搞，还是黑帮挑衅？这一时之间成为轰动全台湾的大事件，不少网络红人、自媒体博主到现场拍照，媒体也开始接连报道该事件。

48小时后，这次恶搞事件的真相终于水落石出。原来是百年历史的德国博朗（BRAUN）剃须刀与胡须张首度进行跨界合作，为此精心策划的一场营销活动——"60年的胡子你来刮"。有趣的是，这一连串手法不仅瞒过了众多网民、媒体，连胡须张董事长张永昌都是最后才知道这件事原来是自己人故意做的！

在这次神秘涂鸦客夜袭胡须张事件中，德国博朗剃须刀突破以往的严肃形象，最终引爆话题，引起网民热议。接着德国博朗推出线上刮胡滤镜和联名商品，邀请用户一起，展现刮胡创意与造型。用户只要将镜头对准胡须张图案，就能用博朗剃须刀给胡须张的胡子刮出各种潮流造型（见图2-1）。

案例分析

本次营销活动为什么能够为品牌制造出超高的声量呢？20世纪60年代，广告大师威廉·伯恩巴克提出了经典的广告创意理论——ROI理论，该理论主张一

[①] 百灵×胡须张：神秘夜袭事件剃掉了60年的胡子[EB/OL].[2023-08-02]. https://www.digitaling.com/projects/138369.html.

图 2-1 博朗×胡须张营销

(图片来源:https://www.digitaling.com/search/projects? kw=胡须张)

个好广告应该同时具备三个基本原则,即相关性原则(relevance)、原创性原则(originality)、震撼性原则(impact)。上文提到的案例完全符合这三个基本原则。

首先,相关性是指广告的主题与产品、受众紧密相关,帮助广告产品与受众建立最佳的关联状态,并试图与受众形成长久连接。在 ROI 理论中,相关性原则是首要的、必备的原则,但人们容易把它当作一个程式化的环节而忽略了创意的注入。实际上,好的相关性既与感受相关,也与内容相关,而"创意"是实现相关性的必然要求。博朗×胡须张的创意广告涉及的内容与消费者日常生活息息相关。一方面,闹市区的巨大 LOGO 一夜之间被换了面貌,很难不被来来往往的行人注意到。在不明真相的群众看来,这是一个社会事件:究竟是谁趁着夜黑风高偷偷涂改了胡须张店铺的 LOGO 呢?另一方面,Facebook 等社交媒体上的热议,加上媒体的广泛报道,激发了人们的好奇心:究竟是黑帮挑衅,还是市民恶搞?是否会危及民众的自身安全?被当作新闻的"夜袭胡须张"事件,就这样与消费者紧密地联系起来,也被关注时事的民众注意到。

其次,原创性是 ROI 理论中最核心的要素,原创性的创新与创意是广告创作者和作品成为"优秀者"的基本前提。而拥有判断原创内容是否足够新锐的眼界和敏感性,是广告创意在秉持原创性的同时完成从量到质的蜕变,成为优秀创意的关键。本广告采用 H5 广告形式与用户进行互动,即用户用手机扫描胡须张 LOGO

图案,就能用博朗剃须刀帮其刮出各种潮流造型。不同于以往的单向型广告,博朗×胡须张的原创性体现在以下两方面:一方面让用户参与广告互动,另一方面让用户一键分享至社群与好友交流。

最后,内容与渠道创意融合带来震撼性。震撼性主要指广告作品可以引起用户高度注意并让人在内心深处产生震颤、触动的感受。震撼性几乎等同于"打动力",是广告作品创作的理想效果。震撼性在 ROI 理论系统中属于目的性要求。在全媒体视角下,震撼性的出现将具有更大的随机性并引发更多的趣味性感受。如果说相关性是好广告的标配,原创性是好广告的前提,震撼性则是其真正能被称为"好"的决定性要素。震撼性与人心、人性相关,由对生活内容的良好洞察力塑造,同时,震撼性的实现往往需要"天赋"或"灵性"相助。本次营销事件就具有震撼性。在事件发生后的 48 小时,社交媒体的火热讨论、媒体的报道加持都为这两个品牌制造了超高的声量。不同于其他广告单一的传播渠道,更多的媒体自发地为该品牌进行了营销传播,传播渠道具有震撼性。

虽然俗话说"酒香不怕巷子深",但是在科技日新月异的今天,再好的东西也需要吆喝声来为之揽客。企业广告就充当着"吆喝者"这一角色,好的广告在给企业带来经济利益的同时,还能塑造企业的品牌形象。品牌是企业乃至国家竞争力的重要体现,也是赢得世界市场的重要资源。习近平一直高度重视品牌建设。2014年 5 月,习近平总书记到河南考察时,提出要"推动中国制造向中国创造转变、中国速度向中国质量转变、中国产品向中国品牌转变"①。

企业广告如何凭借创意在信息过载的时代脱颖而出是学界和业界正在思考的问题。本章将企业广告的创意传播分为内容创意与渠道创意两个方面。内容和渠道好比出售的商品和售卖的途径,二者在创意的传播和效果的呈现上相辅相成、缺一不可。

第一节 从内容入手的创意图景

广告内容创意是将新颖的、令人眼前一亮的创意点立足于广告内容本身,广告主通过内容创作上的别出心裁,为广告信息的传播增添良机。成功的创意广告作品常常能在受众脑海中留下深刻而长久的印象,而作为广告信息主体的内容,在吸引注意力、加深印象、增进认同的过程中发挥着重要作用。广告内容的创意可以表现在许多方面,如广告内容中的人物形象创意,广告中情感的力量,广告内容的故事性创意,跨文化的品牌沟通等。对广告内容创意作品的赏析,可以帮助我们更好地感知和理解内容创意在广告中的妙用。

---

① 时政微观察 | "我们就要立这个志向"[EB/OL].(2023-05-10)[2023-06-01]. http://politics.people.com.cn/n1/2023/0510/c1001-32682566.html.

一、广告内容中的人物形象创意

广告内容中的人物形象创意指的是有创意地选择广告中的叙述主角或表演主角,以其独特视角来参与或讲述故事,展现品牌或产品服务的相关信息。有创意的人物形象能够让受众眼前一亮,激起对广告内容的兴趣。此外,独特的人物形象可以打破受众广告认知的常规性思维,让受众产生更深的记忆。

> 案例

NEXT IDEA 腾讯创新大赛×故宫《皇帝来做 Rap 手》①

图 2-2 《皇帝来做 Rap 手》H5 广告

(图片来源:https://www.digitaling.com/projects/18026.html)

《皇帝来做 Rap 手》是一则由 NEXT IDEA 腾讯创新大赛出品的宣发广告,其凭借丰富的创意性给受众留下了深刻的印象(见图 2-2)。

这则广告以用户点击"进宫去"触点开始,以一段简短的 RAP 歌舞为主体,令人眼前一亮的是,广告中这位唱着 RAP、热情扭动的主角竟然是大明皇帝朱棣。视频中,穿着龙袍的朱棣从一幅画像中纵身跃出,戴上炫酷的墨镜和项链,跟着摇滚的节拍跳起了"魔鬼的步伐"。随着连续的"咔嚓"声响,RAP 手朱棣的身姿被镜头记录下来,成为一个个欢快而时髦的表情包,流传在皇宫朋友圈。"如果你有更好的创意,快快发来我的邮箱"——随着朱棣口中带有节奏感的邀约,NEXT IDEA 腾讯创新大赛的参赛通道展现在用户面前。

1. 广告内容的主角创意

NEXT IDEA 腾讯创新大赛出品的宣发广告《皇帝来做 RAP 手》正是选择了中国历史

---

① NEXT IDEA × 故宫:大明皇帝除了会唱 Rap,还能有多魔性?[EB/OL].[2023-08-02]. https://www.digitaling.com/projects/18026.html.

中"一本正经"的皇帝作为广告主角。"皇帝"作为主角并非腾讯首创,之前故宫博物院推广其文化创意产品的时候,就使用了清宫皇帝和妃眷宫女等人物作为主角("傲娇"的雍正皇帝、"推销粉黛"的宫女),发行了一系列故宫主题的周边产品及相应广告,将历史故事里的人物灵活使用——故宫文创的创意得到了人们积极热烈的反响。而 NEXT IDEA 腾讯创新大赛《皇帝来做 RAP 手》借鉴了这一成功先例,并在此基础上增加了说唱、跳舞等动态潮流元素,让大明皇帝朱棣以酷炫、活泼的形象活跃于人们的手机屏幕。广告以古代皇帝的口吻,在嘻嘻哈哈的欢乐氛围中邀请用户参加一场以"创意"为主题的 NEXT IDEA 腾讯创新大赛,这样的创意让很多人心动。

广告内容的主角创意还体现在其他案例上。例如,汽车品牌奥迪曾推出一则由"霸王龙"作为主角出镜的广告,以推广其新推出的自动驾驶功能(见图 2-3)。该广告全程使用了霸王龙的自白。它孤单寂寞地行走在这个世界,不会踢球,不会用餐,似乎与生活在这里的人类格格不入。霸王龙缓慢地讲述着自己在这里的经历,落寞地怀念着从前"统治"整个世界的快乐日子,这样的低压氛围弥漫在它的自白之中。直到它打开车门,坐上了拥有自动驾驶功能的奥迪汽车,它在一瞬间感受到了奔跑在广袤大地的快乐。[①] 这则广告选择霸王龙作为故事主角,开篇即让人感到惊讶,接着继续使用拟人化的手法展示它的经历和感受,最后展示了自动驾驶带来的便利,与品牌主的广告诉求完美结合。

图 2-3 奥迪汽车创意广告

(图片来源:视频截图 https://v.qq.com/x/page/s0330mftmc6.html)

2. 恰到好处的反差感:历史人物与现代传媒的结合

严肃的历史和活跃的现代传媒似乎是泾渭分明的,但如果尝试将这种反差感联系起来,或许能产生惊喜的效果。腾讯出品的这支《皇帝来做 Rap 手》广告就是运用了历史人物与现代社交的反差感,将二者进行融合,为创意的传播效果增色不少。

用户点击"进宫去"触点,大明皇帝朱棣即从画像中走出来。视频中,朱棣戴着墨镜,跳着舞步,各种姿态都被记录下来并被制作成一个个有趣的表情包。这些表情包流传在后宫的微信群中,也被朱棣发布在他的朋友圈里,得到了好友们的喜爱(见图 2-4)。通过这样的创意设计,历史人物与现代传媒得以结合,皇帝不再只是遥远故事里的一个名字,而是和我们一样使用社交媒体的朋友。我们每天使用的社交媒体微信,也因此变得更为生动活泼、趣味十足。

[①] 奥迪用恐龙来博取同情 最后一只霸王龙的自白[EB/OL].(2016-09-19)[2023-08-02]. https://www.sohu.com/a/114617806_354398.

图 2-4 《皇帝来做 Rap 手》H5 广告中的朋友圈

(图片来源：https://www.digitaling.com/projects/18026.html)

关于这种反差感，相似的思路还出现在日本本田（HONDA）的创意广告中。当科技遇到世界名画，会发生什么故事？现代科技与世界名画，这两样同样具有反差感的事物，也能够有创意地结合在一起，成为颇具风情、令人惊喜的品牌广告。本田的广告运用多媒体技术，将葛饰北斋、梵高、米勒等世界知名画家的作品制成动态效果，并巧妙地将本田动力产品融入其中。比如，本田的强力吹风机吹动着葛饰北斋作品《骏州江尻》里行人的衣衫，地上的落叶也纷纷飞舞起来（见图 2-5）；有了本田的发电机，梵高的《夜间咖啡馆》瞬间变得明亮而热闹，咖啡馆的客人和途经的路人也显得更加有温度；而有了电动耕耘机的加入，米勒作品《扶锄的男子》中的农夫欣喜若狂……由此可见，巧妙地运用现代与复古事物之间的反差感，将二者进行合理融合，会在广告的创意传播中产生别样的效果。

二、广告中情感的力量

无论是在艺术创作还是人们的日常生活中，音乐和故事都是能够承载满满情感的事物。广告使用音乐和故事来诉说情感，更容易走进

图 2-5 本田穿越世界名画，用科技改写艺术

(图片来源：https://www.digitaling.com/projects/49608.html)

观众的内心。关于如何在广告中运用情感的力量,华为品牌广告《Dream it possible》为我们提供了思路。

 案例

华为《Dream it possible》手机广告①

华为手机的自带铃声之一《Dream it possible》是人们耳熟能详的一首歌曲,并成为"华为"标识。华为曾以《Dream it possible》为篇名制作了一支时长 4 分钟的广告(见图 2-6),这支 MV 式的广告中没有其他对白,抒情而动听的同名歌曲贯穿始终,引导受众产生情感上的共鸣。

图 2-6　华为《Dream it possible》手机广告

(图片来源:https://www.iqiyi.com/adv/w_19ruki6zi9.html)

这支广告讲述了一个较为完整的故事:一个深爱弹钢琴的女孩在爷爷的关爱和陪伴中自小努力练习,长大后离开家乡独自求学追求梦想,最终凭借坚毅的决心登上华丽的舞台,而身患疾病的爷爷通过手机远程观看了孙女的演出,在欣慰与骄傲中平静地去往天国。故事本身的创意并无太大的惊艳之处,但凭借抒情歌曲《Dream it possible》,受众的情感在观看过程中得到了很大程度的感染,广告的"走心"效果显得格外出色。

1. 巧妙使用音乐感染力

在广告中使用音乐的做法早已有之。1958 年,一位麦当劳加盟店主自己制作了一首广

---

①　华为在欧洲市场广告策略的情感诉求运用[EB/OL].(2020-02-20)[2023-08-02].http://www.c-gbi.com/v6/7794.html.

告歌曲,首次将欢快、愉悦的歌曲融入麦当劳的广告之中,这种独特有效的广告形式也逐渐开始被更多广告创意人员使用。在广告创意中,音乐的使用主要有以下两种形式:一是专门为某一广告作品创作一首音乐,即为该广告进行独创的配乐工作;二是选择已有的音乐作品与自身广告作品搭配,这个过程中需要考虑两者在词意、风格、意境等方面的契合度。作为背景音乐的抒情歌曲《Dream it possible》是华为 2015 年推出的"消费者业务品牌曲",这支同名海外宣传广告由其与好莱坞影视制作公司 Wondros 共同打造。

音乐对于广告的传播起着不可忽视的作用。在广告中使用音乐,可以烘托环境气氛,增强广告给受众带来的真实感和感染力。比如,20 世纪 80 年代我国电视广告中常常响起"燕舞,燕舞,一曲歌来一片情""到处莺歌燕舞,带来知音无数",这类富有节奏、人们耳熟能详的广告音乐给家电品牌"燕舞"带来了丰厚的利润。除了营造情感气氛、引起观众注意、加强广告信息记忆等作用之外,从 20 世纪 80 年代派蒂和卡乔鲍提出的"精细化加工可能性模型"的角度来看,音乐在广告中还可以作为一种边缘线索,发挥边缘说服作用,即用户可能将对音乐的好感迁移到广告的产品及品牌上,从而对广告产品产生购买欲或品牌认同感。

在该则品牌广告中,歌曲《Dream it possible》旋律优美而富有力量,结合"勇敢追梦"的故事主题,产生了强烈的感染力。我们每一个人都可能是追梦途中的一员,我们都渴望像广告中的女孩一样,拥有爱与鼓励,实现梦想飞扬。广告中的音乐流畅动人、抒情性强,在观看过程中时刻感染着人们,从而让人们对华为品牌产生更多好感,留下更为深刻的印象。此外,歌曲歌词也展现了人们追梦路上的坚定决心和强大力量,在跌倒后永不言弃,与品牌意欲传达的主旨相符,容易让人们与之共情。

2. 产品是连通情感的桥梁

情感诉求型广告离不开品牌或产品的"人情味"。刘彦宏、杨志诚认为,"随着电子产品的竞争加剧、功能趋同,相比于功能型诉求广告,情感诉求型广告会越来越多。情感是人类永恒的主题,是跨越国界和文化的共同需求和体验。在物质极其丰富的今天,情感诉求型广告更具感染力,智慧的品牌是具有人情味儿的,而不仅是对功能型诉求广告的补充"[①]。

情感诉求型广告中,将产品与品牌方想要传递的情感联系起来,发挥它们的"人情味",尤为重要。在该则广告中,华为手机在广告中扮演着连通情感的桥梁角色。女孩人生的几个重要场景都有华为手机的身影:第一次,女孩即将离开家庭外出求学,镜头以特写方式展现了女孩手机屏保是其与爷爷的合照;第二次,在女孩上大学期间,爷爷会借手机语音通话给她弹钢琴听,以这种特殊的方式陪伴她;第三次,女孩学琴路上遇到质疑和磕绊,她打电话向爷爷哭诉;第四次,女孩被通知得到考试的机会;第五次,她从一条手机短信中得知爷爷病重(见图 2-7);最后一次,在她万众瞩目的华丽音乐会上,将华为手机放在钢琴上,向病房里的爷爷直播这场属于自己的音乐会。[②]

---

① 华为在欧洲市场广告策略的情感诉求运用[EB/OL]. (2020-01-08)[2023-04-01]. https://mp.weixin.qq.com/s/H3r0iZivVYwktO9JPukQlg.
② 华为在欧洲市场广告策略的情感诉求运用[EB/OL]. (2020-01-08)[2023-04-01]. https://mp.weixin.qq.com/s/H3r0iZivVYwktO9JPukQlg.

图 2-7　广告中华为手机的身影

从广告的内容设计来看,华为手机是片中女孩与爷爷之间情感连接的桥梁,手机将两人真挚的感情传递给彼此,更传递了关爱、鼓励和陪伴。由此,产品与广告主题相连,品牌与真挚情感相系,广告赋予了产品和品牌更多的情感力量。无论是对梦想的执着追求,还是对亲人的爱与珍视,这些带有强烈感染力的积极情感元素都会在价值观上为广告增色不少。通过创意的传播,这则广告走进了受众柔软的内心世界,在唤醒心灵力量的同时为品牌树立了温暖、坚毅的形象。

三、广告内容的故事性创意

广告内容的故事性创意就是借用文学化和艺术化的创作手法,将所销售的产品和服务信息通过别出心裁的故事化情节设计展现给广大消费者。有故事性创意的广告选择借助有效的叙事来吸引受众关注,增强广告的生动性、趣味性,从而让更多的受众通过广告中"有趣的经历"记住品牌和产品。

◆ 案例

东芝×英特尔《The Beauty Inside》(奇幻心旅)①

《The Beauty Inside》是东芝电脑(TOSHIBA)与英特尔(Intel)在 2012 年联手打造的一部社交互动剧,它由六个情节连续的小短片组成,时长共计 40 分钟(见图 2-8)。片

---

① 《The Beauty Inside 奇幻心旅》获戛纳创意节大奖[EB/OL].[2023-08-02]. http://www.toshiba.com.cn/aboutus/periodical/history/dzqk42/main/xwzx/380814.html.

中的男主角 Alex 是一个具有神奇能力的角色，每天清晨醒来的他都是一个"全新的自己"——拥有多样的身份、不同的年龄、变换的性别，以及从不重复的容貌，但他有着连续的记忆，内心始终都是 Alex。他习惯用电脑录像记录下每天的自己，也期待明天又会迎来一个怎样的自己。直到某一天，他遇到了经营一家复古器物店的女主角 Leah，他心中燃起了一个念想。终于，在恰好成为英俊男子的一天，他邀请 Leah 在夜晚的博物馆约会。短短半天的时间，他们相爱了，可 Leah 并不知道他很快就会消失。那日分别后，Leah 始终期盼 Alex 会再次出现，可 Alex 早已变成了别的样貌。Alex 不知如何告诉她自己的身份，不知她是否只是爱上了英俊的自己，他只能每天以不同的样子假装成顾客去与她问好。故事的最后，Alex 选择将真相告诉了 Leah，也得到了她肯定的回应。而幸运的是，翌日他便成为另一个英俊的人，并且再也没有改变过。

图 2-8　东芝×英特尔《The Beauty Inside》

（图片来源：https://movie.douban.com/photos/photo/1723854901/）

片中，品牌东芝与英特尔仅植入男主角每天用电脑记录自己的镜头中，并在片头与片尾以字幕"Intel&Toshiba Present"的形式短暂出现。与上文中分析的华为《Dream it possible》广告相比，《The Beauty Inside》的创意更体现在"故事性"上，它通过一个经过精心设计的富有科幻感、出乎意料的浪漫故事展现品牌魅力，令观众感到惊喜、记忆深刻。

1. 用具有吸引力的故事让观众记住你

《The Beauty Inside》是一个有关爱情的奇幻故事，情节变换，人物形象饱满丰富。广告片的故事性很强，从男主角的身世开始，到男女主角的相遇、相约、相爱，再到两人的短暂分离，最后到两人解开误会，可谓环环相扣。故事通过"有超能力的男主人公""刺激的博物馆之约"等新颖元素，以及主人公之间可望而不可即、执着又浪漫的爱情奇遇，将清新脱俗的奇幻际遇展示给观众，让观众看到这个美丽的故事时眼前一亮，更对创作出这个故事的品牌感到惊喜,由此对品牌和产品产生更深的印象与好感。

优秀的故事性广告具有如下特征。首先,故事的主题应有新意,不宜过于平庸,不宜让观众"看了开头便知后续",从而丧失继续观看的兴趣;其次,故事的叙事方式应避免平淡无奇,不宜通篇平铺直叙,可以巧设悬念,让情节跌宕起伏,从而引人入胜;最后,广告时长以3—8分钟为宜,过短难以讲清原委、讲好故事,过长则容易叙述啰唆,引起观众观看疲劳。本片《The Beauty Inside》虽长达40分钟,但是品牌主将其巧妙拆分为5个短片,在剧情突变或悬念产生时切断,吸引观众饶有兴致、不厌其烦地看完整个故事。

❂ 延伸案例

【案例1】

银联广告《大唐漠北》[①]

2019年,银联推出了品牌广告《大唐漠北》,这是一个较长的广告片。广告讲述了唐朝的两位残兵在漠北不惜用生命护送军费的故事,最终点出品牌"每一分钱都是一份使命:虽远必达,分文不差"的理念。该广告通过一个循序渐进、引人入胜的故事,适当加入悬念或波折,让观众沉浸于影片烘托的军战情景,跟随军费的运送之旅进行深入体验,在家国情怀的渲染下自然而然地接纳品牌传递的信息——银联:虽远必达,分文不差。

【案例2】

支付宝《郑棒棒的故事》[②]

2003年底,阿里巴巴集团发布在线支付系统——支付宝,提供支付及理财服务。作为阿里的尖兵,支付宝的重要地位不言而喻,在营销上也格外花心思。《郑棒棒的故事》被评为当年国内最真实的广告短片,短片里的男人用肩膀挑起自己的生活,也用心担负每一次承诺、每一份托付,深层诠释了品牌口号。

这则广告与2011年支付宝微电影广告《郑棒棒的故事》有异曲同工之妙,该广告通过讲述挑担人坚持把丢失的货物送还给货主的故事,升华出"用心担起每一份托付"的品牌信念。

---

① 从《大唐漠北》的一枚铜币,看见中国银联的品牌经[EB/OL].[2023-08-02]. https://www.digitaling.com/articles/223691.html.

② 阿里巴巴集团IPO背后:功不可没的8个广告[EB/OL].[2023-08-02]. https://www.digitaling.com/articles/12392.html.

2. 将品牌巧妙融于故事

该则广告的另一大亮点是广告全程没有对东芝与英特尔两大品牌或产品进行显而易见的"直接广告",品牌产品仅仅出现在一些不经意的镜头之中——例如,在男主角每天使用电脑记录自己容貌的镜头中,"Toshiba"会小小地短暂地出现(见图2-9)。此外,在片头和片尾一闪而过的画面中,字幕"Intel & Toshiba Present"在中心短暂出现。

图 2-9 《The Beauty Inside》

(图片来源:https://www.bilibili.com/video/BV1W7411u7f1?from=search&seid=7890900971083535726&spm_id_from=333.337.0.0)

尽管在片中对广告主的曝光可谓"点到为止",甚至是"似点非点""将点未点",但设计者还是巧妙地将品牌融入了这个浪漫的故事。品牌选择将产品隐蔽地设计为故事发展过程中虽不起眼但不可缺少的物件,即主人公 Alex 每一次记录新的自己、回忆过去的自己,以及最后向 Leah 展示所有的自己时,都需要借助东芝电脑。同时,广告中产品的出现又与故事的风格、品牌的形象非常吻合——英特尔和东芝是科技产品的典型品牌代表,其品牌具有科技感、创新性、突破传统的高级形象,与故事中主人公的奇幻超能力呼应,而浪漫的爱情更为两个品牌增添了生动活泼的气息。而片头、片尾处出现的"Intel & Toshiba Present",则分别是在观众最好奇、印象最深刻时将品牌主介绍给他们,使得传播效果事半功倍。

总之,英特尔和东芝在其故事性的广告片中最大限度地减少了对自身信息的强行输入,而是精心而巧妙地将其融于故事过程本身,帮助观众在欣赏这一奇妙科幻故事的同时产生对品牌的好感。这一创意或许值得广告界深入学习。

四、跨文化的品牌沟通

"跨文化传播(cross-cultural communication)"的概念首先由美国学者爱德华·霍尔提出。厦门大学陈培爱教授认为,跨文化广告传播是广告信息在不同文化域之间的运动。[①] 在

---

① 陈培爱. 广告跨文化传播策略[J]. 东南学术, 2004(12):231-234.

跨文化广告传播中,源文化与目标文化的文化共享性存在区别,双方在对广告信息进行编码时,用的是不同的文化编码系统。基于这种不同的评判标准,可以认为,不同的文化背景和理解感知会对广告的传播效果产生不同的影响,而这是一个需要设身处地进行思考与感知的过程,因此在创作并投放广告前应思考其将在不同文化地区产生怎样的作用,以及应如何避免广告内容由于文化相异而产生消极反响。

案例

杜嘉班纳《起筷吃饭》①

2018年11月,意大利奢侈品牌杜嘉班纳(Dolce&Gabbana)为推广其即将在中国上海举办的一场时装秀活动,发布了一组名为《起筷吃饭》的广告。在这组广告中,一位穿戴奢侈的华裔女子尝试通过"西式刀叉"的方法用筷子去吃披萨等食物,却不知如何使用,仿佛筷子和意大利美食并不相配。在旁白的引导下,女子终于"学会了使用",她用筷子夹起了披萨,勉强吃上了眼前的意大利美食。

这一组广告很快引起了强烈的讨论和争议。许多中国网友认为这些广告歧视了中国人和中国文化,甚至带有侮辱的意味。广告中将筷子称作"小棍子形状的餐具",亚裔主角在学习如何用筷子去食用"伟大的披萨",给受众带来"亚裔人不会吃西餐""筷子吃不了西餐"的错误认知,令人质疑杜嘉班纳推出该系列广告的用心。

两天后,杜嘉班纳官方发布道歉视频,陷入舆论风波的两位设计师表示:面对我们在文化上理解的偏差,希望得到你们的原谅。"文化理解上的偏差"是杜嘉班纳在此次广告危机事件中的"挡箭牌",无论其出发点是否存在充满恶意的歧视侮辱,《起筷吃饭》一系列广告所引起的声讨已显示了这至少是"一场失败的跨文化创意"。

1. 警钟:广告中失败的跨文化沟通

尽管杜嘉班纳方始终不承认其"辱华"思想,声称这是源于双方"文化理解上的偏差",但即便是从"文化理解"的角度上来看,《起筷吃饭》所表达的广告创意亦是一次失败的跨文化经历,为从事跨文化传播活动的广告主敲响了警钟。

在我们身边的广告世界中,跨文化传播是大品牌广告主时常需要面对的课题,其中不乏失误或失败的案例。早在2003年,日本丰田汽车曾推出一支平面广告,画面中两只代表中国传统文化的石狮子在向日本丰田霸道汽车敬礼,并配文"霸道,你不得不尊敬"。这一设计很快引起了中国民众的不满,认为这似乎不是"尊敬",而是"屈服",让人产生"中国向日本屈服"的联想。最后丰田为广告道歉,甚至将系列名"霸道"更换为"普拉多"。这则广告正中了

---

① Dolce & Gabbana《起筷吃饭》广告,到底是不是对中国人的歧视[EB/OL].(2018-11-21)[2023-08-02]. https://www.sohu.com/a/276864490_102615.

两国在民族历史上的冲突,不当使用了代表中国文化的元素,又在不恰当之处运用了"居高临下"的文案,由此导致广告投放地——中国的消费者"不买账"。

2. 跨文化整合策略实现有效沟通

全球化大背景下,传播活动格外注重有效沟通,广告活动在进行跨文化传播时需要讲求一定的策略,即跨文化整合策略。该策略的重点在于"文化整合",即在两种相应的文化碰撞时,互相认识到其存在的文化差异,并主动了解对方的特征,适当调整自己的行为,增强双方文化共享性。对于广告传播方来说,需要将投放到不同文化领域的广告,按照不同文化的特征进行调整,包括文化策略及制作方案等,以达到传播目的。

3. 实施本土化策略,扎根东道主本土资源

本土化策略指的是在跨文化广告传播中充分利用东道国的本土资源,根据东道国特殊的社会经济发展情况和文化背景,以适合本土市场需求为出发点,进行有针对性的经营运作的品牌经营策略。这一策略的核心是"广告计划全球化、广告实施本土化"。全球化与本土化表面上看是相互矛盾的,但是如果将跨文化广告传播作为一个连续过程来看,那么广告计划全球化可以作为传播过程中的信息战略部分,而广告实施本土化则是传播过程中的信息战术部分。

❖ 延伸案例

伏特加瓶身广告[①]

伏特加根据中国市场量身定做的广告可谓运用本土化策略的成功典范。如图2-10所示,第一组平面广告中,伏特加通过精巧的设计,将中国经典脸谱造型融入自己的标志性瓶身;第二组平面广告中,伏特加在瓶身图案中使用了中国家喻户晓的神话形象"孙悟空",配合炫彩的风格设计,整体活泼灵动。这两组广告既符合伏特加"Absolut Vodka"全球系列特色,又针对中国市场彰显了中国元素和民族特色,因此在跨文化广告传播的激烈竞争中得以脱颖而出。

4. 聚焦文化共性,实现高效沟通

在进行跨文化广告传播时,可以利用不同文化中人类的共性,如爱、善、友谊、亲情等元

[①] 绝对伏特加的广告至今经历了那些变化?[EB/OL].[2023-08-02]. https://www.zhihu.com/question/22684765.

图 2-10　瓶身采用"脸谱""孙悟空形象"

（图片来源：https://www.zhihu.com/question/22684765）

素。广告对大多数诉求对象来说都应该是亲切的、易接受的、易理解的，使用这些具有共性的元素有利于增强跨文化传播的包容性。① 关于这一文化共性策略，值得一提的是，广告主有时希望广告具有较强的创意性，可能会选择避开这些共性元素，而"剑走偏锋""标新立异"，但在跨文化传播中，对广告中元素的选取应尽可能谨慎，表达手法也是如此。正如"爱情"主题在电影的时代长河中经久不衰，共性的元素并不意味着缺乏创意，如何巧妙地使用共性元素才是关键。

第二节　从渠道入手的创意图景

广告媒体渠道是广告者用来进行广告活动的物质技术手段和广告信息传播通道。不同的广告媒体具有不同的特点。加拿大的马歇尔·麦克卢汉在《理解媒介：论人的延伸》中提出媒介是人体的延伸的观点。他强调媒介的意义不在于其传播的内容，每一种媒介都是人体延伸的一种方式，它改变了人们感知世界的方式，也改变了人们的生活方式。②

在融媒体环境下，企业广告传播随着媒介的发展，借助的渠道、存在的形态也越来越丰富，有些与我们主动接收的媒介融为一体，有些则比传统广告更加直接地昭示自己的存在。其实如果广告信息不是强制的、干扰的，而是有用或者有趣的，用户并不排斥广告信息。如果营销传播信息能够借助良好的媒介渠道，甚至能得到用户的积极支持。

---

① 陈培爱.广告跨文化传播策略[J].东南学术,2004(S1):231-234.
② [加]马歇尔·麦克卢汉.理解媒介：论人的延伸[M].何道宽,译.南京：译林出版社,2011:274.

一、传统广告载体的升级

场景是指人与周围景物的关系总和。场景无处不在,人总是生活在一定的场景之中,并在不同的场景中扮演不同的角色,时刻感受着不同的空间与氛围带来的新鲜的感受和不同的情绪变化、情感反应。以场景形式呈现的广告,可以带来有效的互动行为和信息交换,因此场景可以成为广告创意传播一个重要的切入点。①

◆ 案例

网易云音乐"乐评专列"②

2017年3月20日,网易云音乐携手杭港地铁发布主题为"看见音乐的力量——让音乐故事填满你的1号线之旅"的"乐评专列"活动。网易云音乐从点赞量最高的5000条歌曲评论中层层筛选,最终挑选出85条优质评论印在杭州地铁1号线车厢和江陵路地铁站内。这些乐评都是云音乐歌单用户的原创,用红底白字的极简风格呈现出来。地铁车身则以网易云音乐红为主色调,还有一些声波符号的点缀。车厢内部各个角落都分布着精选的网易云音乐精彩评论(见图2-11)。

图2-11 网易云音乐地铁广告

(图片来源:https://www.digitaling.com/projects/21147.html)

---

① 鲁普及.场景化思维下的广告创意[J].青年记者,2019(35):21-22.
② ♯看见音乐的力量♯,网易云音乐把乐评搬进了地铁[EB/OL].[2023-08-02]. https://www.digitaling.com/projects/21147.html.

"乐评专列"内容营销在传播效果方面取得了惊人的反响,尤其是在微信上的传播表现不俗。共有近2000个微信公众号报道这次活动,总阅读量1000万,百度指数增长80%,微信指数翻了216倍,达到1300万的峰值。① 网易云音乐"乐评专列"内容营销,把用户创造的有价值的内容分享给更多的人,以此来吸引关注。借助内容营销活动,网易云音乐留住了已有用户,开发了新的用户,打造了音乐类APP强势品牌。

1. 地铁广告得天独厚的优势

地铁广告作为一种较为新颖的户外广告形式,随着地铁经济的发展而逐渐散发出魅力。它主要包括地铁平面广告、地铁车载视频广告和地铁报纸广告三大类型。网易云音乐在本次营销活动中使用的就是地铁平面广告。

地铁平面广告有着得天独厚的优势。② 首先,地铁构成了一个相对封闭的环境,特别是在地铁车厢内,"高密度及封闭性的人流,极易让人产生窒息感和焦躁感,焦躁不安使人群更倾向于寻找新鲜事物以掩盖不舒适感,无论是被动还是主动,乘客都会受到周围广告的影响"③,乘客会产生一种强制性的阅读行为,这一特性是其他广告形式所无法比拟的。在杭州这些被网易云音乐"承包"的地铁车厢中,乘客只要迈进车厢,就能接收到网易云音乐的相关信息,加上醒目的红色底色和白色的加粗字体,乘客会在无意识中轻松自然地阅读广告内容。

其次,地铁每日客流量巨大,并且使用地铁的乘客相对固定。据调查,地铁乘客中有一大部分是高学历、高收入、消费积极的中青年白领,他们是社会的消费主力,更是大多数广告商的目标受众。

最后,地铁的平面广告媒体面积大。由于这一得天独厚的物理条件,很多广告创意可以在地铁广告中得到很好的呈现,广告的传播效果与传达度好。特别是在很大范围内的同一种广告,容易给人以震撼感。

延伸案例

爱奇艺"迷雾剧场专列"④

2020年9月,爱奇艺在北京西单地铁站设置了一辆能看、能听、能玩的"迷雾剧场专列",为其悬疑剧宣传造势(见图2-12)。动态海报、定制台词车票,以及全场循环播放的"迷雾"中的背景音乐,给人们带来了一场贯穿"试听玩"的沉浸式体验。

---

① 探究网易云音乐内容营销——以"乐评专列"营销活动为例[EB/OL].(2018-02-06)[2023-07-15].http://media.people.com.cn/n1/2018/0206/c416776-29808990.html.
② 徐涵.移动互联网时代的地铁广告浅析[J].传播力研究,2018(28):1-4.
③ 苏落.新趋势,地铁广告如何玩内容化[J].成功营销,2017(7):70-73..
④ "迷雾剧场专列"落地北京西单地铁站[EB/OL].(2020-09-22)[2023-08-02].https://socialbeta.com/c/4241.

图 2-12　爱奇艺"迷雾剧场专列"

（图片来源：https://socialbeta.com/c/4241）

本次创意采用了新型 OLED 全透明屏，通过滑轨实现迷雾剧场"列车与迷雾"的主题效果。屏幕内动效与背景画面叠加后，原来的静态海报变为动态，让悬疑感更为强烈。比如人们能看到《沉默的真相》《隐秘的角落》《十日游戏》海报光效的变化和电波干扰效果等，通过 AR 技术可以体验到迷雾剧场的气质特点，与广告终端产生互动。人们还可以通过现场定制的全自动列车售票机，打印专属列车车票。车票上会印有一句剧中的经典台词，从而进一步优化用户沉浸体验，在互动过程中强化其对迷雾剧场品牌的认知。

2. 打通线上线下双渠道融合传播

一方面，网易云音乐营销活动的线下场景选择了以地铁为承载。地铁车厢是一个孤独和疲惫感格外突显的场所，乘客大都是四处奔忙的人。网易云音乐选择在这样一个场所投放乐评，无疑完美地抓住了受众的"痛点"。

另一方面，"乐评专列"的线上主战场设置于微信，微信公众号上文字内容的传播可以取得较好的效果，尤其是在高质量故事的传播方面。网易云音乐公众号的微信推文采用两种编辑方式：一种是报道事件本身加乐评文案；另一种是乐评文案加上一些普通人的故事。以这两种方式编写的推文都获得了较高的关注度。其中，网易云音乐在 2017 年 3 月 20 日发布的推文《我想做一个能在你的葬礼上描述你一生的人》（图 2-13）是公众号第一篇阅读量达"10 万+"的文章。从微信评论的内容可以看出，这次活动获得了相当不错的口碑。

从网易云音乐 APP 下载量的数据来看，在将近一个月的活动期间，网易云音乐在音乐系列排行榜中从第三名升为第一名，免费应用排行榜从第 35 位

"我想做一个能在你的葬礼上描述你一生的人"| 今天，我们做了一件的事**

爱昕故事云波切　网易云音乐
2017-03-20

引言：
2017年3月20日。
我们把一度深深打动你的那些歌曲评论，印满了杭州市地铁1号线，和整个江陵路地铁站。它们来自网易云音乐点赞数最高的5000条优质乐评之中，经过层层筛选，最终映入乘客眼帘。
这些曾让你感受到温暖和认同的文字，是否也能让无意间走近它们的人产生共鸣，我们无从得知。
为此，我们随机采访了一些在评论海报前驻足的乘客。感谢他们，让我们看见音乐的力量。

图 2-13　网易云音乐公众号截图

（图片来源：https://mp.weixin.qq.com/s/zJHLRjJXQhpUvNk9vjj1MA）

升至第 16 位。线上和线下渠道的完美结合,让这场内容营销的影响力得到充分的发挥。

二、在形式上隐形——原生广告创意

原生广告起源于美国,凤凰网首次将这一形式的广告引入国内。原生广告模糊了广告内容与媒体内容的边界,从某种程度上说,广告不再只是单纯的商品信息。随着互联网的发展,原生广告发展成为更容易被受众接受的信息内容。[①]

◆ 案例

vivo 朋友圈广告——能帮刘雯拍张照吗?[②]

在 2019 年末,vivo 在微信朋友圈信息流中投放了一条刘雯使用 vivoX30 手机的视频朋友圈。本条原生广告仿照一般朋友圈的形式发布:微信用户可以看到类似于自己好友的微信头像,以及用蓝色字体标记的微信昵称,朋友圈内容则为代言人刘雯走在街头用 vivo 手机拍照的视频。

不同的是,如图 2-14 所示,本条朋友圈在右上角的位置,用白底灰字标明了属于广告投放,并且在视频底部写有可能看到本条广告的好友人数。同时,刘雯在评论区发出邀请:"今天你来帮我拍照好吗?"评论发出后,不少受众参与了评论。

vivo 在这个以"熟人"为基础的社交平台上的广告投放获得了良好的效果。一方面由于其超强的隐蔽性,刷到这条朋友圈的用户很大程度上认为这则广告是自己的好友所发,在潜移默化中拉近了 vivo 手机与用户的距离。另一方面,vivo 大胆利用用户在虚拟社区中展示自我的需求,让每位刷到此条朋友圈的用户都能参与讨论,发表自己肯定或否定的意见,并且以同样年轻化的沟通方式与用户互动,加强品牌与用户之间的情感联系。

图 2-14　vivo 朋友圈广告投放

(图片来源:https://www.digitaling.com
/projects/118299.html)

---

① 王琴琴,谭黎双.浅论原生广告与广告创意[J].新闻研究导刊,2017(19):263-264.
② vivo 反套路朋友圈广告,能帮刘雯拍张照吗?[EB/OL].(2019-12-24)[2023-07-15].https://www.digitaling.com/projects/118299.html.

本次广告吸引了大量网友参与互动,带动 vivoX30 产品大幅度曝光。vivoX30 的百度搜索指数和资讯指数都达到了三个月来的峰值。微信后台数据显示,vivoX30 产品视频目标曝光量为 2.4 亿,实际曝光量近 4 亿,播放量达 6 亿+,是目标曝光量的 165%,转化率为 150%;朋友圈点赞、评论、分享互动量超 750 万,是朋友圈广告均值的 10 倍。

1. 镶嵌于信息流,隐秘地传播广告

微信中的原生广告,在形式层面的传播策略主要表现为镶嵌式传播。优秀的原生广告之所以能够提供融于信息流的优质用户体验,主要是做到了以下三点。[①]

在形式方面,原生广告与媒体的设计风格和使用方式保持一致,融入用户的视听和操作习惯,不破坏原有界面,不打断用户注意力,符合用户的使用预期。在原生广告中,广告即内容,因此它的存在形式一定要融于用户所浏览的内容,这样才不会显得突兀,不会受到用户抵触。vivo 广告的此次投放就完全按照发布朋友圈的形式,以代言人刘雯本人的口吻发布,视频内容生活气息浓厚,融于朋友圈信息流。

在内容方面,原生广告与所在媒体其他信息的主题类别、语言风格、观点立场等具有相似性,与用户所处的语境相关,与信息流融合。vivo 所投放的广告视频中,镜头跟随刘雯走在街道上,看上去就像是随手拍摄的短视频。vivo 没有生硬地植入广告内容,而是巧妙地将广告内容放入在视频的末尾,刘雯用手做出拍照的姿势,并发出拍照邀请。

在投放方面,原生广告的投放必须精准,即在特定的时间、为特定的用户群体传递特定的内容,在控制广告投放费用的前提下提高广告转化率,同时避免对其他用户造成干扰。

◆ 延伸案例

五粮液云店[②]

五粮液在 2020 年上半年推出了微信线上云店,让人们足不出户就能畅享美酒。为了宣传这一新推出的"云上服务",五粮液制作了朋友圈信息流广告。广告中,五粮液与中国国潮元素相结合,制作了多幅 H5 页面。发布内容类似于微信用户的朋友圈,拥有用户头像、用户昵称以及朋友圈内容,用户点击 H5 链接可以直接跳转至五

图 2-15 五粮液云店广告

(图片来源:https://www.digitaling.com/projects/107610.html)

---

① 张庆园,姜博.原生广告内涵与特征探析[J].华南理工大学学报(社会科学版),2015(4):65-71.
② 五粮液云店上线,国风插画酒味十足[EB/OL].[2023-08-02].https://www.digitaling.com/projects/107610.html.

粮液专卖店云店(见图 2-15)。这一方面不会打扰到使用微信朋友圈的用户,另一方面拉近了与用户的距离,更利于品牌形象建设。

2. 激发用户自发参与转发互动,扩大广告辐射范围

vivo 的此条广告分发在微信这个社交平台上,通过提出邀请——"今天你来帮我拍照好吗?"引发用户的互动行为。有不少用户出于自我形象建设等原因,拒绝了刘雯的这个邀请,并将截图发布在自己的社交媒体上——这些社交媒体包括但不仅限于微信和微博,这在一定程度上扩大了这次广告的辐射范围,并带动了不同社交平台之间的联动(见图 2-16)。

图 2-16 微博有关话题讨论截图

(图片来源:https://www.digitaling.com/projects/118299.html)

延伸案例

李佳琦 2021"双 11"直播购物文档[①]

2021 年"双 11"到来之际,带货主播李佳琦发布了一条"双 11"购物攻略文档。用

---

① 李佳琦"带货"腾讯文档[EB/OL].(2021-10-21)[2023-08-02]. https://m.21jingji.com/article/20211021/herald/f4f7f3be58a64b3cba38a7a8d73b91e.html.

户收藏链接，便能看到他“双 11”直播间 400 多款产品的所有信息，且文档每日均会自动更新。以往令人头大的满减攻略，在文档中被清晰易懂地展示。用户打开文章便看到一张总攻略图，点击后可一键跳转精华、底妆、面霜、母婴、美食等 11 个类目，内容涵盖产品成分、适合肤质、适用人群、赠品内容、是否参与满减等，甚至贴心地附上了直播间链接号（见图 2-17）。

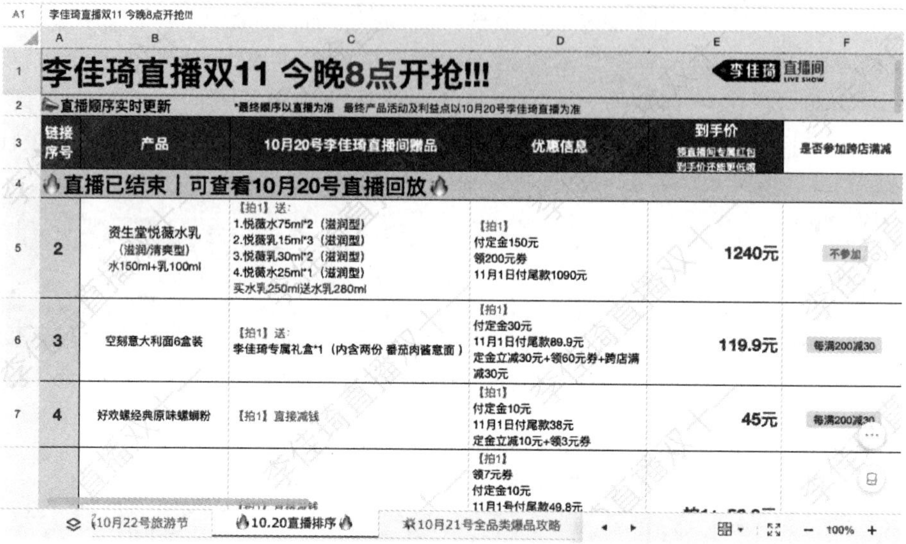
李佳琦直播双11 今晚8点开抢!!!

直播顺序实时更新　*最终顺序以直播为准　最终产品活动及利益点以10月20号李佳琦直播为准

直播已结束丨可查看10月20号直播回放

链接序号	产品	10月20号李佳琦直播间赠品	优惠信息	到手价（领直播间专属红包 到手价还能更低哦）	是否参加跨店满减
2	资生堂悦薇水乳（滋润/清爽型）水150ml+乳100ml	【拍1】送：1.悦薇水75ml*2（滋润型）2.悦薇乳15ml*3（滋润型）3.悦薇乳30ml*2（滋润型）4.悦薇水25ml*1（滋润型）买水乳250ml送水乳280ml	【拍1】付定金150元 领200元券 11月1日付尾款1090元	1240元	不参加
3	空刻意大利面6盒装	【拍1】送：李佳琦专属礼盒*1（内含两份 番茄肉酱意面）	【拍1】付定金30元 11月1日付尾款89.9元 定金立减30元+领60元券+跨店满减30元	119.9元	每满200减30
4	好欢螺经典原味螺蛳粉	【拍1】直接减钱	【拍1】付定金10元 11月1日付尾款38元 定金立减10元+领3元券	45元	每满200减30
			【拍1】领7元券 付定金10元 11月1号付尾款49.8元		

10月22号旅游节　10.20直播排序　10月21号全品类爆品攻略　100%

图 2-17　李佳琦 2021“双 11”直播间预告

（图片来源：文档截图）

这份文档不仅在微博广泛传播，阅读量达 9.1 亿次，讨论人数 184.8 万人，还引发了受众的主动分享，在微信群和朋友圈里广泛流传，为李佳琦即将到来的“双 11”直播造足了声势。

3. 精准投放，更懂你的需求

从图 2-14 我们可以看到，vivo 的本条朋友圈广告中显示“30 个朋友可能看到”，很显然一个人的朋友圈好友通常远远不止 30 人，那么此条广告是如何选择这 30 位好友作为投放对象的呢？

在传统广告的运作方式下，广告主和媒体对目标消费者的判断都具有模糊性，广告主依据对受众的大致预估来判断媒体价值、分配广告预算。因为缺乏数据对接和量化评估，目标人群无法实现准确定位。结果正如那句经典名言所言：“我知道自己的广告费有一半被浪费了，但还不知道是哪一半。”①

① 赵曙光. 网络广告的去广告化：高转化率的创新路径[J]. 传媒，2015(1)：64-66.

而在互联网、移动互联网平台应用大数据技术,广告主能对目标消费者及其行为轨迹进行全面记录和动态追踪,再通过数据挖掘和关联分析,对目标消费者进行精准定位。广告主既能准确获取某个(或某类)消费者,获知该(类)消费者的性别、年龄、地域、身份等人口统计学属性,还能通过他(们)的浏览记录、搜索行为、电商购物、评论推荐、社交分享等获知其兴趣爱好、消费习惯、人际关系等社会属性。而且,借助移动互联网技术和用户的移动终端使用行为,广告主可以精准获取其时间和位置数据。也就是说,大数据使互联网广告投放具有极强的针对性和精确性,不仅能"找到人"(获知其自然属性和社会属性),还能"找对人"(获知其时间和地点)。

三、技术带来的新媒体广告体验升级

数字时代给人们的生活带来了天翻地覆的变化。新媒体的运用使广告内容涵盖面更广,形式更加多样化。新媒体与传统媒体最大的不同就在于,新媒体可以将时间和空间任意组合,进行非线性传播,打破了传统二维空间的束缚,营造出虚拟的三维甚至四维的空间。新媒介、新技术、新材料的应用,使新媒体广告拥有了更为开阔的展示空间。[①]

◆ **案例**

Women's Aid 反家庭暴力广告简述[②]

Women's Aid 是一个致力于消除家庭中妇女和孩子受到家庭暴力和性暴力侵害风险的慈善机构。2015 年国际妇女节到来之际,英国伦敦、伯明翰街头出现了一个特殊的广告牌——这个广告牌和普通的广告牌不同,它并不是为了向人们推广任何产品,而是希望人们多关注家庭暴力这个问题(见图 2-18)。

在广告牌中有一个脸部有明显伤痕与淤血的女人面孔。神奇的是,这个广告牌运用了独特的面部识别技术,只要路过的行人看一眼这个广告牌中满脸是伤的女人,她脸上的伤就能痊愈一点。随着看这个广告牌的人越来越多,这个受伤的女人脸上就会痊愈如初。这是在提醒人们不要对身边家庭中的家庭暴力问题司空见惯,只有人人都来关注,家庭暴力问题才能早日得到解决。

[①] 樊丁宜.新媒体户外广告的互动性创意研究[J].包装世界,2014(1):20-21.
[②] Women's Aid 反家庭暴力创意广告[EB/OL].(2015-03-09)[2023-08-02]. https://weibo.com/1726406904/C7LFLrxLf?type=repost.

图 2-18　Women's Aid 反家庭暴力户外海报屏

(图片来源:https://socialbeta.com/t/bruised-woman-billboard-heals-faster-more-passersby-look-her.html)

1. 与技术融合带来的互动性体验

在传播媒体随处可见的数字化时代,互动性已然成为广告传播的关键因素。Women's Aid 反家庭暴力广告被认为是世界上第一个使用面部识别与视觉互动的数字户外广告牌。广告牌会因为人们的注视发生相应的变化。在技术高速发展的今天,增强现实技术已经被广泛运用于数字户外媒体的广告创意,这将从广告内容与形式上极大地改变数字户外媒体的传播效果。

而在我国,移动社交成为主流趋势,具有移动属性的媒体更容易受到用户的青睐。品牌营销的媒体渠道在数字和移动技术方面的投入逐年上升,其中移动技术方面的投入增长远远超出其他媒体渠道,各种基于微信平台的移动广告技术层出不穷。[①] 例如 H5 技术就因为其极佳的感官体验效果和互动效果被众多企业在营销时运用。

> **延伸案例**

苏泊尔空气净化器除怪味广告[②]

在这个广告中,用户长按触点会触发页面的动画效果,整个页面的场景设计像净化

[①] 胡晓林,马振龙.基于 H5 技术的微信交互式广告在交互设计方面的"优势整合"创新思考[J].包装工程,2016(24):124-129.

[②] 苏泊尔:谁先住进你新房? 首个 H5 大型粘土动画[EB/OL].[2023-08-02]. https://www.digitaling.com/projects/13781.html.

器一样工作,使用户产生身临其境之感(见图 2-19)。除此之外,其中运用的层级人物分析法和层级任务拆解法更好地设计出逻辑严谨、导向明确、灵活顺畅的交互流程。设计师运用层级人物分析法总结用户到达目标的一系列步骤,分析用户所有可能发生的交互路径,之后结合层级任务拆解法,将目标任务进行结构分解,将一个或多个子任务进行组合,模拟用户在交互流程中可能发生的各种交互路径;之后,为了保证交互路线的跳跃灵活性,设计师可将子任务进行再次拆解和重组,使得各个任务之间的环节相互流转,最终打造出以目标任务为中心的可循环的整体环形交互路线,保证交互流程的导向灵活、目标准确,引导受众更快更方便地进入互动机制去感受趣味性。

图 2-19　苏泊尔:谁先住进你新房?

(图片来源:https://www.digitaling.com/projects/13781.html)

2. 借助技术提升广告的真实性体验

除了 H5 技术之外,VR(虚拟现实)技术也逐渐被引入广告领域。随着 VR 技术的普及,尤其是移动全景技术的推广,用户不在实地也能感受实景,广告体验感得到很大程度的提升。自 2010 年 Youtube 首创 True View 广告开始,VR 广告便得到了广告主、观众和平台三方的青睐。VR 广告优势主要体现在以下两方面。一方面,用户可以自主选择广告观赏视角。在广告主提供的海量信息中,用户可以较为自由地选择自己关注的角度深入了解。这与传统的视频广告或平面广告相比,信息荷载量大为提升,给用户提供了更多的品牌判断依据。另一方面,VR 广告能够给用户沉浸式的体验,让用户在短时间内获得视觉与听觉的双重体验,提升潜在用户的内容认知程度和参与度,提升广告的感染力。

> **延伸案例**

英菲尼迪 QX30 概念车《From Pencil to Metal》广告[①]

  2015 年，英菲尼迪和 TEN（The Enthusiast Network）在圆石滩汽车周上通过 VR 技术展示了该款汽车的设计和性能（见图 2-20）。到场嘉宾可以通过 VR 技术"实地驾驶"英菲尼迪 QX30，甚至可以开车去意大利的斯泰尔维奥山道和挪威的大西洋大道。其自定义模拟器可以根据人们现实生活中开车遇到的颠簸、加速和转弯对应呈现重力和倾斜效果，给用户沉浸式的 VR 体验。此后，该品牌还将 QX30 概念车的设计历程制作成三维短片发布在 Youtube 上，获得了百万播放量。

图 2-20 英菲尼迪 QX30 概念车《From Pencil to Metal》广告
（图片来源：https://news.nweon.com/9833）

本章小结与思考

  企业广告要想博人眼球，不仅要有富有创意的广告，更要有富有创意的传播渠道。本章从广告内容创意与广告渠道创意两方面进行了分析。
  在广告内容创意部分，本章具体分析了四个具有代表性的案例。《皇帝来做 Rap 手》体

[①] 英菲尼迪利用虚拟现实展示 Q60 QX30 概念车［EB/OL］.（2015-08-14）［2023-08-02］. https://news.nweon.com/9833.

现了广告内容中的人物形象创意,有创意的人物形象能让受众眼前一亮,激起对广告内容的兴趣;华为《Dream it possible》广告体现了广告创意中情感的力量,展示了用音乐和故事打动受众,走进受众内心的广告形式;东芝×英特尔的《The Beauty Inside》用多个情节连续的小故事吸引受众,在弱化对品牌直接进行广告的同时,将品牌巧妙融入故事。但是有时候创意内容也有风险,尤其是在跨文化广告的制作中。比如杜嘉班纳的《起筷吃饭》广告不仅没有实现好的传播效果,反而激起广告投放地区人们的公愤。

在渠道创意部分,本章具体分析了三个案例。网易云音乐"乐评专列"体现了地铁广告得天独厚的优势,后续线上线下融合传播渠道的打通为这次营销活动进一步助力;vivo朋友圈广告作为现阶段众多原生广告的缩影,反映了原生广告正逐渐成为更能为受众接受的广告形式;Women's Aid反家庭暴力广告让我们看到了技术为广告传播带来的光明前景。

"如何有创意地进行传播?"这是广告主面临的永恒的问题。我们要意识到,随着全媒体时代的到来,创意方式层出不穷,若是拘泥于对原有创意方式的改良,将永远跟不上时代的步伐。目前的广告创意应与技术更好地融合,一方面通过技术让内容更引人入胜,另一方面广告也需要搭载技术的"快车"进行传播。只有巧用技术、善用技术才能更好地让广告在全媒体时代极具创意地传播。

基于社交媒体的
品牌形象创意传播策略

品牌情感的形成及其拓展
——基于情感营销的研究综述

第三章 商业品牌营销创意传播案例分析

> **案例导入**

拓展视频

星巴克的整合营销①

星巴克很少做广告,或者说很少去主动做那种花大价钱的广告,然而星巴克用一次次打动消费者的独特创意以及细水流长的沟通方式,在消费者之间口口相传,成为时尚的代名词。

在产品上,星巴克在小小的咖啡杯上大做文章,使其成为星巴克品牌营销的媒介。星巴克与大学生合作开启了超有爱的"星巴克杯DIY随身花园"行动(见图3-1)。消费者只要在星巴克购买外带的咖啡,就会被赠送一包植物种子。不知道怎么种没关系,消费者扫描包装袋上的二维码,就能看到详细的DIY步骤,星巴克甚至为消费者免费提供混合了咖啡渣的土壤。消费者只要平衡好温度和湿度,就能轻松种出自己的小花园。由于环保、绿色、可操作性强,所以用户兴致高昂,这项活动迅速席卷51个国家,上万名用户参与了活动并将其分享到自己的社交媒体上。这项防污染的公益活动赢得了全球消费者对品牌的关注与好感。

图 3-1 星巴克的 DIY 咖啡杯

(图片来源:https://www.sohu.com/a/30333811_115732)

星巴克还将咖啡杯打造成传播文化的载体。最近几年"在杯子上涂鸦"的风潮其实源自星巴克2014年4—5月举行的一个为期21天的竞赛活动"White Cup Contest",它鼓励网友在星巴克纸杯上发挥自己的创作灵感(见图3-2)。星巴克在社交媒体上建立了相关活动聚

---

① 不做广告,真的能打造成功的品牌?[EB/OL].(2016-06-24)[2023-08-01]. https://mp.weixin.qq.com/s/Afs6lYCYiTaU5SnR5YY64g.

集地,网友可以将自己的作品"@"主办方,最终由星巴克选出优胜者。这场活动最有成效的地方在于,它促使涂鸦成为星巴克的一种"文化"。在比赛结束之后,它还可以延续,并且形成数量可观的内容,最终的作品都会在星巴克的社交媒体主页呈现。

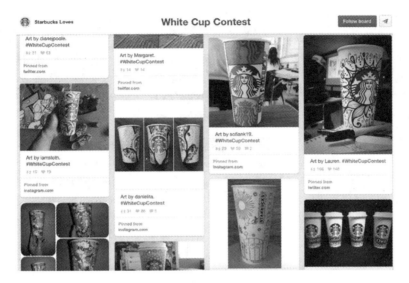

图 3-2　星巴克的涂鸦杯

(图片来源:http://www.woshipm.com/operate/363199.html)

除了在咖啡杯上做文章,在年轻人追捧的emoji营销风靡全球的背景下,星巴克推出了一款名为 Starbucks Keyboard 的输入法应用(见图3-3),其核心玩法就是星巴克标签明显的emoji"表情包"——星星、猫咪、不同口味的饮料杯,以及一只喝着饮品的紫色独角兽。这种用表情叫朋友出来喝咖啡的互动方式,无疑促进了星巴克在消费者之间的传播。

星巴克自1999年进入中国市场以来,一直希望与中国消费者建立深层联系,做了很多"中国化"的尝试。在2013年新春佳节期间,星巴克携手智威汤逊,根据一个普通中国人2月份的行程和日常活动,在微信、微博等社交网络平台推出了定制版30日"星历"(见图3-4)。日历上的日期与实体店提供的食物和饮品有一定关联。比如:在2月3日,消费者只要带父母到星巴克并给他们一个温暖的拥抱,即可享受饮品买二送一优惠;在2月7日,消费者只要到店晒年货,即可享受饮料免费升级优惠。在几乎零媒体投入的情况下,该活动在新浪微博上产生了超过1亿的曝光量。

图 3-3　Starbucks Keyboard 输入法应用

(图片来源:http://www.woshipm.com/operate/363199.html)

图 3-4 "星历"H5 界面

（图片来源：http://www.woshipm.com/operate/363199.html）

案例分析

无论是线下活动还是线上活动，星巴克始终围绕消费者去做更优质的内容。消费者的参与度越高，就越容易对品牌产生亲切感，进而营造一种"星巴克品牌属于消费者"的信任直觉。上述营销策略体现了星巴克对品牌传播的强化，也体现了星巴克由传统营销传播向整合营销传播的策略转变。在商业品牌的整合营销中，重视品牌内容的营销和基于品牌和用户的关系进行营销是两个重要的研究面向。

1. 重视品牌内容的营销

品牌内容营销的核心是内容本身，但是这里的内容无法实现统一。企业类型不一样，营销内容自然也会存在差异。各个企业根据自身的产品及服务特色，会有自身的内容体系及偏向。但是好的内容仍然有一些客观的标准。例如，好的内容一定是能够迎合消费者需求的，一定是适合媒体平台的，等等。因而，在内容创作上依然存在一些通用的原则，如内容营销的故事性、互动性及趣味性。[①]

2. 基于品牌和用户的关系进行营销

互联网技术的发展改变了品牌与用户之间的沟通模式。互联网技术带来了连接范围的扩大以及连接程度的加深，在此基础上，品牌与用户的关系发生了很大的改变。

在关系模式上，由于互联网技术不断发展，基于互联网平台的社交成为品牌与用户主要的沟通模式，在此基础上形成了品牌与用户以社交为主的关系模式，同时与以产品为纽带的关系模式进行了融合，这种关系模式逐渐向更高层次即以价值

---

① 魏腾飞.新媒体下的内容营销研究[D].南昌：南昌大学，2016.

为导向的品牌与用户关系模式发展。从关系模式的发展中,我们可以看到逐渐融合的关系模式使品牌与用户关系在更高层面实现了互惠,因此品牌与用户的关系性质不再仅仅是基于利益关系的经济互惠,而是随着关系模式的不断融合发展,在关系性质的价值上逐渐实现了从经济互惠向社会互惠的转变;与此同时,用户对品牌关系的诉求也发生了变化,由于互联网技术的发展,在品牌营销和品牌与用户关系的维护中,用户诉求与用户洞察成为最主要的因素。在连接数字化的背景下,用户将不再为与自己没有情感关联的产品买单,因此用户对于品牌关系也提出了更高的诉求——除了产品与品牌体验诉求之外,还强调社交与价值以及社会关系的诉求。学者顾明毅提出,消费者的媒介行为将成为引领品牌传播的主要驱动力和发展方向,在这个过程中,通过用户发起的品牌连接将包含更多的品牌接触点,也将为用户和品牌产生更多的价值。① 这种数字化的连接方式与用户的主动性构建将逐渐形成品牌与用户关系新的发展闭环。品牌与用户价值观的高度契合将在更大程度上实现价值共创。②

第一节　品牌即战略——整合营销

20 世纪 80 年代中期,整合营销传播(integrated marketing communications,IMC)这个概念被提出来。1989 年,全美广告业协会(AAAA)提出,IMC 是一个营销传播计划概念,它通过评价广告、人员推销、直接邮寄和公共关系(以下简称公关)等传播手段的战略作用,提供明确、一致、有效的传播影响力。这一观点的核心在于将各种传播手段组合成一个声音。整合营销一般具有以下特征:一是传播过程始于消费者;二是使用各种方式与消费者沟通;三是和消费者建立关系;四是营销传播要素发挥最大效用;五是最终影响消费行为。

20 世纪 50 年代末,杰罗姆·麦卡锡提出 4P 营销理论,即产品(product)、价格(price)、渠道(place)和推广(promotion)。这一理论长期影响着企业开展营销活动的方式,但随着市场营销环境的改变,越来越多的人开始转向 4C 营销理论。4C 营销理论以消费者需求为导向,重新设定了市场营销组合的四个基本要素,即消费者(consumer)、成本(cost)、便利(convenience)和沟通(communication)。我们可以看出,传统的市场营销概念是以 4P 营销理论为基础的,其中没有提及消费者,而在 4C 营销理论中,消费者不再是单纯的产品受众,消费者本身也成为新的传播者,因此企业必须实现与消费者的双向沟通,与消费者建立紧密稳固长久的关系,这样才能在市场竞争中脱颖而出。因此,基于 4C 营销理论,我们能够更深入地理解品牌是如何进行整合营销的。③

---

① 顾明毅.面向客户全程价值的协同营销研究[D].上海:同济大学,2007.
② 史明ızı.互联网技术背景下的品牌与用户关系研究——基于关系营销层次理论[D].苏州:苏州大学,2020.
③ 王烁.云南品牌整合营销传播策略研究[D].昆明:云南财经大学,2020.

一、消费者——品牌重要的建构者

4C营销理论中强调消费者要素,要求品牌在整合营销中以消费者为中心,重新研究消费者的需求。例如,在产品供给侧,品牌可以不断开拓多样化的综合产品线,丰富产品类型,在产品设计上采用差异化、流行化、多元化的生产模式,从而吸引更多的消费者,进而增强品牌活力,提高品牌知名度。[1]

◆ 案例

哈尔滨冰雪大世界联合《王者荣耀》,共同打造冰雪运动潮[2]

第19届哈尔滨冰雪大世界与第20届哈尔滨冰雪大世界对景区冰雪景观进行了文创研发,其中与《王者荣耀》合作的"冰雪王者"文创项目取得了很大的成功。

冰雕师在哈尔滨冰雪大世界近15000平方米的区域内,用冰雪重现"王者峡谷"地图与人气英雄,不仅使来参观的"召唤师"感受跨越次元、身处王者峡谷,而且让年轻"召唤师"关注冰雪雕作品背后的艺术性和匠心独运(见图3-5),以国民游戏IP和传统冰雪艺术的强强联手共同推动文创建设。

图3-5 冰雪大世界现场的"王者峡谷"冰雕

在两次合作期间,冰雪大世界借助《王者荣耀》在游戏内公告、游戏内弹窗、游戏官网、官方APP(王者营地)、官方微博、官方微信公众号等平台的宣传获得了很高的曝光度——例如,《王者荣耀》微博平台拥有791万粉丝,在景区开园期间,平台连发多条微博进行宣传。仅仅2019年1月1日这一天的宣传视频浏览量就达到了78.7万次。除此之外,此次合作也获得了央视、中国新闻社、新加坡《联合早报》等国内外权威媒体的报道。园区内还开放了首个线下冰雪王者概念周边店,消费者可以在店里买到王者荣

---

[1] 刘策.哈尔滨冰雪大世界品牌整合营销策略研究[D].哈尔滨:黑龙江大学,2019.
[2] 王者荣耀联手冰雪大世界 全球最大冰雪文创景区今日开幕[EB/OL].(2018-01-01)[2023-08-01].https://pvp.qq.com/webplat/info/news_version3/15592/24091/24092/24094/m15241/201801/677648.shtml.

耀和冰雪大世界的联名限量周边,以作纪念。

正如腾讯游戏副总裁高莉强调的,"《王者荣耀》×冰雪文创景区的规划建设"是国民游戏IP与传统冰雪艺术的强强联手,实现了传统文化在互联网时代的全新演绎。作为东北地区著名的冰雪旅游景区,冰雪大世界承载着哈尔滨传统冰雕文化和工匠精神,通过跨界合作,冰雪大世界可以向全世界的游戏玩家和旅游消费者展示哈尔滨冰雪旅游的魅力,让更多年轻人了解冰雕作品背后的艺术性和匠心独运,并爱上传统文化,这对冰雪大世界的品牌影响力和文创建设大有裨益,也为传统旅游业提供了新的跨界营销思路。

二、互联网和数字媒体——品牌转型整合营销的加速"引擎"

互联网背景下的品牌传播研究是品牌传播研究的必然方向,这是因为互联网技术的发展和大规模应用使得品牌传播理论、方式、内容以及消费者行为均发生了较大的变化。互联网带来的不仅仅是技术革命,更是一场品牌营销革命。在互联网背景下,4C营销理论中的便利要素得以凸显,为品牌营销开辟新的渠道。诸多行业已经借此东风,获得了此次新尝试的成功,如服装品牌优衣库,开发了"码"上优衣库的手机功能,让消费者通过手机网络了解商品属性并完成购买行为,充分整合了互联网和品牌销售渠道。[1]

◆ 延伸案例

【案例1】

线上场景赋能线下品牌,奈雪的茶多维度整合营销[2]

随着媒体技术的发展和智能终端的普及,AR技术渐渐成为品牌营销过程中重要的内容表现形式。奈雪的茶在4周年店庆时,联合网易云音乐在线上推出"AR小纸条"虚拟留言墙新玩法,在全国270家线下门店推出"美好音乐馆·我拿故事换杯茶"品牌创意互动活动(见图3-6)。奈雪的茶一直通过空间概念创造社交互动玩法,提供高颜值、大空间场景,满足受众在店休闲和社交需求,是年轻人心中的线下网红品牌;而网易云音乐向来以高价值的UGC(用户生成内容)打造优质音乐生活方式,凭借强社交属性的线上音乐产品深受年轻人喜爱。两者都是面向年轻用户,持续激发用户情感,创新体验方式,它们契合互补,为这次"联姻"提供了合作基础。

为了激发用户使用"AR小纸条"功能参与互动,促进线下互动的有效转化,奈雪的

---

[1] 刘上子.互联网背景下旅游景区品牌整合营销传播研究——以台儿庄古城为例[D].济南:山东大学,2017.
[2] 当音乐遇上新式茶饮,网易云音乐的AR小纸条如何玩转场景营销?[EB/OL].(2019-12-10)[2023-07-15]. https://www.163.com/dy/article/F00LQSG20519H0JE.html.

图 3-6 "AR 小纸条"虚拟留言墙

(图片来源:https://www.163.com/dy/article/F00LQSG20519H0JE.html)

茶联合网易云音乐打造了趣味海报和 TVC,预告虚拟留言墙即将登录奈雪的茶全国门店;同时邀请毛不易线上"打 call",发动"粉丝"寻找毛不易专属留言(见图 3-7),为"AR 小纸条"活动有效引流,吸引受众前往奈雪的茶门店打卡。

图 3-7 明星专属留言

(图片来源:https://www.163.com/dy/article/F00LQSG20519H0JE.html)

通过"AR 小纸条"这个入口,用户可以尽情进行一系列的音乐社交,让听音乐不再是一种孤立的行为,而是拥有了更多的交互感。同时,参与"AR 小纸条"活动的所有用户可在页面领取现金优惠券,而点赞数量排在前五十的用户,可免费获得一周下午茶及网易云音乐黑胶会员年卡。在场景营销下,网易云音乐巧妙地把优质原创音乐内容互动和免费福利的激励深度结合,拿故事换杯茶,让用户获得更多的音乐惊喜。

在活动门店,用户喝茶的时候,用 AR"扫一扫"功能扫描桌上的网易云音乐黑胶码,即可唤起 ins 风的虚拟留言墙体验,用户会瞬间进入一个 360°全景环绕小纸条世界。用户点击眼前浮动的小纸条,既可以点评他人分享的音乐和乐评,拍照定格眼前的纸条,也可以自行选择喜欢的歌曲写乐评,贴在五颜六色的留言墙上。正如我们所看到的,众多用户借留言墙释放心中的音乐情怀,产出富有故事感的原创内容。

对于奈雪的茶而言,其借助网易云音乐创新的 AR 社交功能,可以为自身探索全新优质的门店消费升级体验,开拓年轻人的社交生活空间,为线下门店引流,提升年轻人对奈雪的茶的品牌认可。对于网易云音乐来说,其利用流量和优质品牌的品牌势能,结合趣味营销等方式,可以为自身用户打造更深层更新的消费体验。正是得益于"AR 小纸条",网易云音乐和奈雪的茶在音乐、新式茶饮之间产生化学反应,实现音乐"破壁"。

上述用线上活动赋能线下场景的案例并非个案。在此前,网易云音乐曾经联手屈臣氏、瑞幸咖啡(见图 3-8)、亚朵酒店(见图 3-9)、海底捞等进行跨界合作,通过涉猎餐饮、茶饮、酒店等场景,探索音乐人推广歌曲与粉丝互动新渠道,以线上场景营销方式连接线下场景,促成"线上音乐+线下品牌"的多维营销联动。

图 3-8 网易云音乐与瑞幸咖啡

(图片来源:https://www.sohu.com/a/332088375_614738)

图 3-9 网易云音乐与亚朵酒店联动

(图片来源:https://baijiahao.baidu.com/s?id=15966500352450053050&wfr=spider&for=pc)

对于用户而言,奈雪的茶品牌方通过网易云音乐这个平台更好地连接线上、线下,打通了线上、线下场景,与用户交流互动,构建集听、唱、看、玩、乐于一体的多维全新营销模式,对于启发线下品牌利用互联网做好用户拉新、开辟新消费场景,具有一定的意义。

【案例 2】

青岛啤酒的社交媒体打造[①]

品牌通过社交网络平台与受众进行互动,社交媒体的出现为品牌文化的场景化打造开拓了线上传播的渠道。以青岛啤酒博物馆的双微平台为例(见图 3-10),其微博平台除了随时转发网友关于青岛啤酒的微博之外,还设置了"啤小博早安"的日常微博话

---

① 青岛啤酒官方微博,https://www.weibo.com/since1903.

题;其微信推出了"新博物"系列文化沙龙、各类品鉴活动以及"大话青岛"脱口秀等多个主题活动,利用社交媒体实现博物馆的品牌化传播。

图 3-10　青岛啤酒的社群运营

互联网作为一个时代背景,深刻改变着整个社会,也改变着传统的品牌传播方式。企业要想在互联网背景下做好品牌传播,必须制定科学的整合营销传播策略,整合品牌线上和线下的传播渠道。①

第二节　品牌的内容营销

◆ 案例

创意＋走心,年轻白酒的成功之道②

江小白的内容营销是非常经典和广为人知的成功案例。作为一款定位于年轻人的

---

① 刘上子.互联网背景下旅游景区品牌整合营销传播研究——以台儿庄古城为例[D].济南:山东大学,2017.
② 内容营销成功案例之江小白走心文案[EB/OL].[2023-08-01]. http://www.kejilie.com/chanpin100/article/MFRNvy.html.

白酒,大多数消费者对其印象最深的并不是出众的口感,而是有创意和走心的文案。

白酒消费市场主要集中于中老年群体,年轻群体的市场占有率较低。江小白在面对年轻群体时,走的是平价白酒路线,在口感上也无出众之处,但在营销上其借助包装文案和内容,抓住了年轻人追求个性、充满情怀和理想的特点,利用文字这一最为简单的形式契合这一市场的情感需求(见图3-11)。"总觉得没喝够,其实是没聊透""肚子胖了,理想却瘦了""没有完全自由的人,只有真正自在的心"等文案,戳中了很多人的心,引发了他们强烈又普遍的情感共鸣,而其较为亲民的价格也符合大多数年轻人在酒类饮品上的消费习惯。

除了富有情怀的走心文案外,江小白在内容的输出和IP的打造上也花费了许多心思,比如设计一些固定的网络话题。"我有一瓶酒,有话对你说""简单生活"系列话题让网友能够随时在话题下畅所欲言,进行长期的交流和分享。这些话题的设计不仅可以不断地加深受众对江小白品牌理念的认识和认同,还可以培养受众的互动习惯,建立情感联系。除此之外,最重要的一点是,一些UGC(用户生成内容)可以在互动中成为江小白的文案素材,让其拥有更多具有原创性的内容来源。

图3-11 江小白的走心文案

(图片来源:https://www.sohu.com/a/424328066_100183565)

除此之外,在走心文案和话题的基础上,江小白在品牌IP的打造上也不遗余力,不仅设计出"江小白"这个戴眼镜、书生气的青年形象,还为其量身打造了系列动画进行二次元营销。动画的放映使更多的人知道这一品牌形象,也令其深入人心。

◆ 案例分析

内容营销并非新鲜的概念。在市场营销领域,内容营销是聚焦于创造和传播有价值的、相关且连续的内容,从而吸引并留住定位清晰的受众,最终实现盈利的一种策略性营销手段。目前,内容营销包括多种形式,例如新闻通讯、博文、信息图、消费案例、视频、照片、白皮书、线上研讨会、调研报告等。

上述案例分析了江小白通过其独特的内容营销手段,在垂直细分市场上获得了一席之地,其主要特点如下:第一,认清产品定位,契合年轻群体的心理,走情怀路线;第二,持续多样的内容输出,积极使用各种渠道和形式丰富品牌IP,扩大市场;第三,保持长期的互动,鼓励受众进行UGC输出。

江小白深入观察和分析了年轻市场的生活方式和情怀理念,并将其倾注于品牌当中,将品牌核心内涵与市场价值追求一致化,借助内容营销不断促成受众认知、引发受众共鸣。

一、用信念打动受众,用故事触动情怀

新媒体时代,平铺直叙的产品介绍已经无法打动受众,受众越来越成为感性的群体,他们的情感需要得到抒发,诉求需要得到共鸣。他们希望产品具有生命,品牌具有人格,当他们使用产品时,希望能够感受到一种形象化的情感。他们开始将产品视作朋友、视作一种价值的认同。对于品牌来说,故事是形象化表达的最好方式。明确营销目标,设定故事梗概,注意故事本身与产品或品牌的相关性,将产品用故事的方式表达出来,既有转折又有悬念,再包含一些煽情元素,就是成功的故事表现手法。

◆ 案例

新百伦《致匠心》:携手李宗盛,用信念打动人[①]

新百伦的视频《致匠心》(见图3-12)打动了众多网友,引起了大量网友的自主转发,因为视频触动了他们内心的情怀。这段时长3分31秒的视频以音乐人李宗盛做吉他自述为明线,以欧美匠人做新百伦的鞋子为暗线。自述形式的文案时有触动人心的地方。比如,说到精工物件最珍贵的地方就在于人,因为人有信念、情怀、态度;再如,专注做点东西,至少,对得起光阴岁月。文案牢牢抓住人们对于完美的追求之心,迅速引起受众的共鸣。

◆ 案例分析

整段视频没有任何一处提到新百伦的鞋子做工如何精良、品牌如何优质,但是

[①] 新百伦营销:《致匠心》携手李宗盛用信念打动人[EB/OL].(2014-10-20)[2023-08-01]. http://news.winshang.com/html/040/0672.html.

图 3-12　新百伦《致匠心》广告截图
(图片来源:http://www.4aquan.com/14368.html)

通过李宗盛对于音乐、对于吉他、对于自己心路历程的分享,以及他在做吉他时对于原材料的不将就,暗示了新百伦在选取原材料时的不将就,他对于细节的把控暗示了新百伦鞋子对于细节的专注,由此来为新百伦鞋子做工精良背书,非常易于被受众接受。

当产品相同时,消费者往往会更关注产品背后的故事。当故事与人们的经历、情感契合时,他们就会认为这是他们想要的产品。例如上述江小白这一酒类品牌,就将喝酒本身变成了各种故事情节下的情感寄托。江小白的文案总是会描述一个场景,例如一个人下班后与朋友相聚时,这种故事性的表达非常契合消费者自身的生活状态,让他们在同样的场景出现时不自觉地想到这一品牌。这种品牌联想在不知不觉间变得根深蒂固。①

二、娱乐化时代的内容生产

在这个全民娱乐化的时代,很多严肃的事情都被娱乐化,反过来成为人们消遣的内容。信息化时代,尤其是随着新媒体时代的来临,人们的生活节奏越来越快,多样化的媒体平台打乱了人们统一的完整时间。在碎片化时间里,人们为了排遣焦躁、无聊等情绪,迫切希望有更加娱乐化的内容出现。越来越多的网友也充分发挥个人智慧,为这个全民娱乐化时代锦上添花。

---

① 魏腾飞.新媒体下的内容营销研究[D].南昌:南昌大学,2016.

> **案例**

可口可乐的趣味内容营销①

有趣好玩的内容是广大消费者喜闻乐见的信息,这种娱乐化的内容往往能打破年龄、地域的限制,甚至能够激起消费者的创作欲望,让这种娱乐化的内容得到无限的延展。可口可乐作为传统制造企业,在掌握了这种规律之后,也积极调整了营销策略。事实证明,这种调整带来的积极效果是十分明显的。可口可乐改变了以往传统的瓶身包装,将从网络上收录的各类流行词,例如小清新、文艺青年等字样印在瓶身之上,让原本统一的瓶身包装立刻拥有了个性(见图3-13)。这种改变是成功的,消费者在购买时会有意识地选择符合自身特点或是感觉有趣的可乐瓶。这次成功的案例不仅带来了可口可乐本身销量的增加,也使得品牌形象变得更加年轻化,更迎合大众的需求。

图3-13 可口可乐创意瓶身标签
(图片来源:https://edu.qq.com/a/20130529/009676.htm)

三、将互动注入内容营销

消费者的互动是企业以一定的动机驱使消费者关注企业或品牌的一种行为表现。让消

---

① 以标签定义社群,社交化的可口可乐"昵称瓶"创意[EB/OL].(2013-07-23)[2023-08-01]. https://www.toodaylab.com/49074.

费者互动起来也是企业希望达到的一种效果。新媒体时代，刻板的企业主形象一去不复返，越来越多的企业主将自身定位于消费者的好朋友，致力于成为消费者可以倾诉、信赖的好伙伴。而成为伙伴的途径就是与消费者充分互动。这里所说的互动，包括两种类型：一种是企业主与消费者之间的互动，这种互动可以拉近两者之间的距离，促进品牌形象的传播；另一种是消费者与消费者之间的互动，这种互动能够在消费者的口口相传中帮助企业进行免费的推广，让产品或服务能够传播得更远，并且这种消费者之间的传播往往更具说服力。从更深层次的方面来说，这种互动关系是带动内容营销不断发展的动力。因为无论是企业主还是消费者，单方面的智慧都是有限的，而良性的互动过程往往能够产出许多有价值的内容，能够充分提高营销活动的效率。

◆ 案例

熊本熊表情包①

有段时间熊本熊表情包火遍全网，成为很多网友聊天必备工具。这只憨厚可爱的黑熊一上线就得到了万千网友的喜爱，并且衍生出非常多的表情包（见图3-14），广泛适用于各大网络社交平台。而作为日本熊本县的吉祥物，熊本熊的走红也让世界范围的更多人知道了这样一个地方，使得当地的人均收入和知名度得到了巨大的提升。这可以说是创造IP进行内容营销的成功案例。

图 3-14　熊本熊表情包

（图片来源：https://www.sohu.com/a/326693653_618348）

熊本熊这个吉祥物其实是将熊本县的形象具象化，取"熊本"当中的"熊"，设计出一只呆萌可爱的黑熊来获得大众的好感，从而对熊本县产生好奇和正面的印象。为了让这个IP更加令人喜爱和深入人心，创造IP团队还赋予其天真憨厚的性格，并巧妙设计出令人遐想的面部表情，使得关于熊本熊的各种表情包在网络上被广泛使用。而此后，更有"熊本熊大阪市失踪事件""熊本熊腮红遗失事件"等话题，为这一IP添加了更多内容和热度。

---

① 品牌内容营销成功案例四则[EB/OL].（2019-09-03）[2023-08-01]. http://www.gongguanzhijia.com/article/3214.html.

案例分析

熊本熊的走红不仅体现在其系列表情包的广泛使用,相关的实体周边商品也大受欢迎。最重要的是,这个吉祥物让熊本这个原本鲜为人知的日本小县一下子拥有了极高的知名度,为其带来了巨大的经济效益。这实质上是一种品牌 IP 化的内容营销方式,即围绕品牌打造一个 IP 形象,发挥创意进行内容输出,将 IP 不断进行丰富,令其更加吸引人,留下更多记忆点,从而扩大品牌的传播面和认知度。

此外,内容营销还具有传染性和渗透性特征。将内容本身所具有的娱乐化、知识性等元素作为传播的原点,通过转发、口头传播,往往能够在社会上实现更广泛的传播和更深层次的渗透。因为内容本身具有价值,消费者在传播的过程中不是被动的,而是以一种主动的姿态参与内容传播。同时,比起传统的营销信息,内容营销因为本身具有丰富性及软性表达方式,更加容易为人们理解和掌握,这使得传播更加有效。①

第三节 基于用户关系的品牌营销

用户是"主角",致力价值共创的营销②

小米在 2010 年成立之初就意识到智能手机市场的潜力,并认为为用户提供高性价比、高配置但价格远低于高端机的智能手机,会有巨大的市场。小米的用户定位是"手机发烧友"(对智能手机有狂热爱好的人),并确定了"为发烧而生"的品牌口号,这也是小米顾客价值主张的核心。小米管理层认为,小米的用户需要高性价比的产品,但是他们不是产品和服务的被动接受者,而是可以在产品研发创新、营销推广甚至整个价值创造和传递过程中扮演重要的角色。小米管理层认为,"手机发烧友"乐于体验和参与手机新产品的开发,并能成为口碑营销的推动者,从而推广给更多的新用户。可见,小米在品牌定位阶段,就已经具有"以用户为中心"的意识,在一开始就决定把用户纳入价值创造和价值传递的过程,这正体现了价值共创的核心思想。

不像其他手机品牌高度重视产品技术和外观,或者重视高素质的研发团队,小米注

---

① 魏腾飞.新媒体下的内容营销研究[D].南昌:南昌大学,2016.
② 孙珺.价值共创视角下的品牌社群营销研究[D].南宁:广西大学,2017.

重的是把用户邀请到产品研发过程中来,充分听取用户的意见,和用户一起协同创新,共同打造满足用户多样化、差异化需求的产品。因此小米构建了一整套寻找、管理、激励"手机发烧友"成为领先用户的机制。为此,小米搭建了自己的互动交流平台——品牌社群,主要是小米论坛(米柚论坛)和官方微博。小米在品牌社群邀请"手机发烧友"加入,参与产品开发创新工作。同时小米还鼓励领先用户管理论坛讨论板块,组织技术讨论,承担一定的社群管理职能。

小米公司成立伊始,就决定把小米论坛打造成一个开放式创新的平台,把产品设计、开发、测试等环节开放给用户(见图3-15),充分激发用户的创新热情和潜能,满足他们的体验需求,也有人把这种新模式称为"众包"。论坛成为小米产品研发众包模式的最主要平台。小米在论坛打造的开放式创新平台和众包开发模式不仅充分激发了用户的创造潜能,而且充分满足了用户的体验需求,使得用户对品牌产生强烈的归属感和认同感,并提升为品牌忠诚度。

图 3-15　米柚论坛

(图片来源:米柚论坛截图)

在很多企业的产品研发期,研发部门会根据用户调研、市场调查的数据结果来判断用户的需求和偏好类型,然后再按照用户需求和偏好来设计研发新产品。而对于小米来说,小米论坛、小米官方微博群、小米微信、小米QQ空间、小米贴吧等品牌社群本身就是对小米感兴趣的用户和潜在用户聚集的场所,这些群体成员本身就与小米具有关联性。小米用户的注册信息,在各个品牌社群的交流互动,包括评论、回复、点赞、转发等行为都是极具价值的数据信息,这也成为小米进行数据分析的基础,可以反映小米用户的需求和偏好,成为产品设计和研发的依据。同时,小米线上品牌社群也是小米自媒体,通过内容运营,可以吸引更多的新用户,而新用户的不断增加会让品牌社群的规模不断扩大,也会为小米的用户数据库提供更多数据,便于设计研发团队根据数据设计更多符合用户需求的产品。这些产品完全按照用户的偏好、习惯来定制,并且小米通过论坛和官方微博群等品牌社群不断与用户交流互动,不断改进这些产品,让定制产品体验达到极致。这也是小米手机一经推出,就获得大批用户喜爱的重要原因。

体验经济时代的来临,使得人们除了关注产品功能外,还非常重视产品和服务的消费过程,渴望消费带来独特的体验。小米在线上和线下都开展了各种满足"米粉"参与需要的活动,如小米论坛的小米手机摄影大赛、米粉爱自拍、我要当主播、小米年度配音大赛、"米粉才艺大咖"、小米电视音乐之旅等。这些丰富多彩的社群活动,获得了小米用户的积极响应,给予了用户展示自己才华、获得群体认同的机会,满足了用户的个人成就感,让用户获得了独特的体验。如小米年度配音大赛,"米粉"充分发挥个人潜能,配出了各地不同方言版本的小米介绍视频,引得其他用户纷纷在不同配音版下面点赞、评论,并分享个人家乡方言版本的配音作品。

小米还把论坛里的体验活动延伸到线下,通过小米论坛同城会、小米爆米花(见图 3-16)、小米新品发布会等活动与用户面对面接触交流,使用户获得不同于线上交流的独特体验,增强了线上交流的效果。线上线下协同配合,进一步强化了用户体验,满足了用户体验需求,使其获得了社会认同感。

图 3-16 小米爆米花

(图片来源:https://www.sohu.com/a/297550375_231544)

此外,通过这些线下活动,小米社群成员可以展示自己、分享个人经历、认识新朋友,增加社群认同感和凝聚力,强化品牌忠诚度。有小米同城会的会长在接受采访时表示:"小米同城会成员们在线下聚会,最初主要就是交流玩机心得,后来逐渐演变成聚餐或唱 K 这类纯娱乐性的活动,'米粉'们也逐渐形成了一个亲密、互动频繁的朋友圈,彼此之间互帮互助。这种紧密联系满足了他们的社会需求,使他们感受到一种群体认同感,同时让他们对自身'米粉'的身份更加认同,更加信赖小米品牌,关注小米发展,并且更加积极地参与小米社群的活动。"

◆ 案例分析

20世纪90年代,学者普拉哈拉德和拉马斯瓦米基于消费者体验提出了价值共创理论,该理论认为产品或服务的价值不是由生产者单独创造的,而是由生产者和消费者共同创造的。学者瓦戈等人基于服务主导逻辑提出的价值共创理论,则从经济发展的宏观视角出发,认为服务是一切经济交换的基础,消费者是价值的共同创造者,在消费者的消费过程中产生共创价值。企业与消费者共同创造的价值不是交换价值,而是消费者在消费过程中实现的使用价值。

由于对价值的界定不同,生产领域与消费领域的共创价值是存在差异的,但从消费者的视角讲,两者共创了消费者需求的体验价值。上述案例中的小米公司的核心业务既包括生产制造,也包括互联网服务,小米社群营销中的价值共创活动既体现在生产领域,也体现在消费领域,并且贯穿研发、生产、营销推广、售后服务等全过程。我们在分析上述案例时采用的是广义的价值共创概念,即价值参与者在产品设计、研发、营销等环节的价值创造过程中的互动和合作。这也是重构品牌(企业)与用户关系的体现。

一、以产品为纽带,互动的新方式

品牌主要为用户提供产品,这里的产品可以分为有形产品与无形产品(即服务产品)。品牌与用户最初的连接纽带就是产品,两者通过产品建立的买卖关系是最初的关系形式。在互联网技术背景下,品牌与用户关系中逐渐加入了以产品为纽带的互动,品牌与用户共同成为生产产品的主体,消费市场的主动权由品牌方转向了用户。因此,在低价格产品基础上,对于用户的深度洞察和用户需求、用户意见的及时反馈便成为以产品为纽带的关系模式的新表征。

◆ 案例

小米品牌与用户的互动[①]

以产品为纽带的关系模式中,小米品牌与用户的互动明显。成立于2010年的小米

---

① 史明明. 互联网技术背景下的品牌与用户关系研究[D]. 苏州:苏州大学,2021.

公司,从一开始的品牌构建中就运用低价营销策略吸引原始用户,然后在此基础上以用户为主,通过微博、微信、论坛等渠道聚集用户群体,获悉用户需求,并将用户需求作为产品生产的标准。在运营模式上,小米借助互联网技术的力量,从产品研发到产品生产都以用户需求为主,在完成品牌基本构建之后,又借助用户的口碑效应形成了新的品牌传播点,逐渐由线上活动发展到发布会、"米粉节"等线下活动。在整个过程中,低价与高质量一直是小米产品的营销重点。

小米以产品为纽带聚集用户,体现了互联网技术下的品牌与用户深入沟通释放出的巨大品牌力量。从品牌的创建到产品的改造都打破了传统的品牌主导,对用户更加深入的洞察与服务成为品牌产品生产与升级的唯一参考。截至2021年9月,小米公司官方微博的粉丝量已经达到1387万。在小米社区中,围绕产品展开的关于手机、系统、应用以及小米智能家居场景等话题的讨论成为小米用户的关注点,而这些关注点正是小米产品的生产核心所在。同时,小米从高配置与低价位的营销策略入手构建自己品牌用户的方式,也有利于保持较强的用户黏性。①

二、用户共创、社交为主的关系模式

用户共创、社交为主的关系模式可以分为以网络社群为主的关系模式和以个人为主的关系模式。

1. 以网络社群为主的关系模式

与熟人社交中即时通信的沟通模式不同,一对一、一对多、多对多的互动,成为以网络社群为主的关系模式的主要特点。当今社会,人们习惯从熟人社交模式中跳出来,享受与陌生人交流所带来的新鲜感和被人认可的成就感,而以网络社群为主的关系模式下沟通的不间断更是满足了人们对沟通稳定性与持续性的要求。在这种互联网技术引发的社交模式下,每个用户都可以成为自己社交的中心。

案例

完美日记的社群营销②

作为当今销量遥遥领先的国货美妆品牌,完美日记微信群的运营出类拔萃,有着非常多样的玩法和丰富的内容输出。其运作社群之精细化可以从以下四个维度进行解读。

---

① 史明明. 互联网技术背景下的品牌与用户关系研究——基于关系营销层次理论[D]. 苏州:苏州大学,2020.
② 干货 | 社群运营品牌案例赏析[EB/OL].[2023-08-01]. https://zhuanlan.zhihu.com/p/364833978.

1. 低价拼团

当今社会,"拼"这种模式已经深入人心,拼团就是优惠成为一种共识。目前拼团也是社群主流活动形式之一,不过前提是要有相关小程序。小程序消息推送,一来能实现"拼/限时"等2人下单的特殊促销形式;二来形式比图文更具辨识度,更容易引发用户关注(见图3-17)。

2. 多件有礼

美妆产品囤货是常有的事儿,但是一般在电商平台不太好进行捆绑套餐销售,因为单件产品价格低、销量多,产品曝光权重更高,也就更容易获得高销量;但是在微信群内,由群主主动来进行实时推荐,多件有礼就可以作为重磅的福利,反而更容易吸引用户。同时,多件有礼也有非常多的表达形式,比如两件装限时优惠/送豪礼、第二件1元(半价,重点突出第二件优惠)、拍一得二等(见图3-18)。

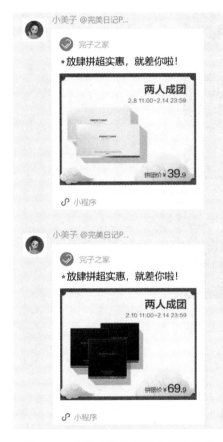

图3-17　客服在微信群发布拼团链接

(图片来源:https://www.woshipm.com/operate/4379227.html)

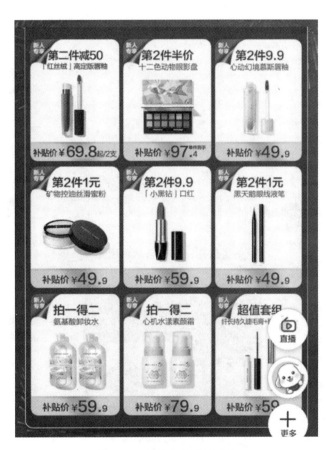

图3-18　多件有礼活动广告

(图片来源:https://www.woshipm.com/operate/4379227.html)

3. 新客有礼

完美日记常拿出一些客单价比较低的产品(美妆小样),给予新用户一定程度的让利(见图 3-19)。当然,并不是直接送,可以设置各种类型的前提,比如完善商城的信息(姓名、手机号、收货地址等),或者跟其他正常购买的商品一起拍下才会免邮费等,这样就不会白白损失礼品,而且增强了用户的沉淀。

4. 图+文+视频+表格等多样化展示

在产品推荐的时候,完美日记不是简单地放产品链接进去再用简单的文字进行描述,而是用了一整套非常详细的组合,即产品成分介绍表格+产品实拍图片+用户试用图片与心得+视频介绍(见图 3-20)。更重要的是,这样的组合商品并不是只有一两个,而是非常之多,用户几乎每天都可以在群里看到,可见完美日记的用户运营体系非常完善。

图 3-19 客服在微信群发布新客优惠链接
(图片来源:https://www.woshipm.com/operate/4379227.html)

图 3-20 客服在微信群发布产品展示
(图片来源:https://www.woshipm.com/operate/4379227.html)

2. 以个人为主的关系模式

个人即品牌的时代已经来临,用户可以借助品牌的力量开创个人品牌,也可在原有品牌内成为构建品牌的关键力量。用户在这个过程中会实现品牌共同体内部的身份转换,以个人为中心的社交关系模式也就在此基础上逐渐形成。该模式在发展品牌力量的同时,更多的是在品牌内部孕育新的个人品牌。在互联网技术的促动下,不仅品牌内部的角色之间会实现转化,而且以品牌为主孵化的新KOL(关键意见领袖)个人品牌成为未来品牌发展的新趋势。以个人为主的关系模式提高了品牌与用户之间的黏度,使得用户将对KOL的信任转嫁到品牌上,因此这样的连接方式不仅可以在社交层面上连接品牌和用户,更能让品牌与用户在情感与价值观上实现高度契合。

◆ 案例

李子柒的个人品牌经营[①]

2019年12月14日,李子柒在"2019年度影响力人物"荣誉盛典中获颁"2019年度文化传播人物"奖项。自2016年3月以来,李子柒以自己与奶奶生活的乡村为拍摄背景,将以中华美食为主题的原创视频发布在微博上。视频迅速引起人们的关注。2017年7月,四川子柒文化传播有限公司成立,爆红的李子柒开始跳脱出消费者的角色,甚至开始运用团队力量开始构建李子柒的个人品牌(见图3-21)。

消费者成为品牌的主导力量已经毋庸置疑。由于互联网技术的发展拓宽了营销渠道,改变了品牌依靠广告进行信息轰炸而吸引消费者的营销模式,因此在整个营销闭环中,之前以品牌方为主导的消费市场必定会转向以消费者为主导的消费市场。品牌构建的主要力量的变革早已开始,互联网技术的不断发展更是将品牌方与消费者之间的角色完全调换,消费者已经控制市场并且将完全改变传统营销中以品牌方为主导的品牌构建模式,成为品牌构建的主要力量。

依靠技术的力量在互联网平台进行营销已经成为目前比较流行的以用户流量为主导的营销模式,其中被消费者追捧的KOL成为品牌构建的关键性力量。[②]

---

① 2019"年度影响力人物"荣誉盛典在京举行,王利明、董明珠、李子柒等荣登榜单[EB/OL].(2019-12-16?)[2023-08-01]. http://caijing.chinadaily.com.cn/a/201912/16/WS5df6f32ea31099ab995f1ae0.html.
② 史明明.互联网技术背景下的品牌与用户关系研究——基于关系营销层次理论[D].苏州:苏州大学,2020.

图 3-21 李子柒和个人旗下的产品

（图片来源：https://www.sohu.com/a/466281618_121119287）

三、拓宽场景，给予用户更多新体验

马克·贝特在《品牌的本质》中指出，品牌的意义源于消费者接触品牌时所获得的感官刺激和信息，互联网技术的不断发展导致消费场景进一步细化，场景中的技术对消费体验的作用进一步加深。[①] 对用户来说，物体的含义包括来自物体本身的有形的、客观的性质，以及同个人思想相联系的、主观的、无形的性质，也就是"背景敏感"。对于背景的敏感在消费场景中也就是对于场景体验的敏感，相较于虚拟环境的场景构建，互联网技术"下半场"的发展，将会使更多的现实场景与虚拟现实相结合的场景进一步加深。在场景的变化与重构中，互联网技术的促发作用是基础性力量，空间、社群、数据和体验将是未来消费场景构建的四大核心要素，也是品牌与用户关系构建和发展的关键。在此基础上形成的用户体验社交的关系模式，便成为主要的品牌与用户关系模式。[②]

---

① 马克·贝特.品牌的本质[M].李桂华，译.北京：经济管理出版社，2015.
② 史明明.互联网技术背景下的品牌与用户关系研究——基于关系营销层次理论[D].苏州：苏州大学，2020.

◆ 案例

耐克的体验式营销[①]

耐克,可谓家喻户晓的运动品牌。在营销方面,耐克一直走在潮流前沿,至于要求颇高的沉浸体验式营销,它同样有着成功的经验。位于纽约耐克公司的耐克体验中心就是成功的典范(见图3-22)。这里有长达15米的鞋品摆放墙,上面陈列着各种男女鞋款,更有各种限量产品,供消费者选择。

图3-22 耐克体验中心

(图片来源:http://www.360doc.com/content/17/1019/19/40105776_696449730.shtml)

除此之外,耐克体验中心还针对更专业的运动人士,设有专门的训练区域,包括一台搭配大屏幕的跑步机,消费者能够在上面试跑,还有一个大约有半个真实篮球场大小的篮球体验馆,里面的篮球架可以调节高度,同样,正对球场的大屏幕可以模拟现实环境,让消费者感觉是在纽约著名的迪克曼或布鲁克林大桥公园的球场打球;针对足球迷,这里有一个面积为400平方英尺(约37平方米)的人造草坪(见图3-23)。除此之外,这里还设有女性专用休息室等。耐克体验中心有个性化定制中心,它与当地的艺术家进行合作,可以为消费者的鞋子或衣服产品做特殊图案的设计定制。在这里,每一个消费者都可以与耐克产品专家进行一对一的交流,以清晰地表达自己的购买需求。同时,店内还配有电脑数字平台,消费者可以随时了解产品信息。

[①] 好的体验式营销,是轻松俘获忠诚客户的不二法门[EB/OL].(2023-07-03)[2023-08-01]. https://www.sohu.com/a/694048173_121124571.

图 3-23　可以模拟现实环境的运动场所

(图片来源:http://www.360doc.com/content/17/1019/19/40105776_696449730.shtml)

当消费者踏入耐克体验中心时会发现,这里并不是一个简单的鞋店或者服饰店,更像一个运动社区。消费者选择自己喜欢的鞋子和衣服之后,总是可以找到一个合适的场景,现场看到着装之后的样子。这个耐克体验中心陈列的运动场景让人穿行其中,享受运动本身的快乐。

四、价值驱动营销,唤起用户共鸣

在关系营销层次理论中,三级关系营销是基于结构层次的营销关系,在互联网技术背景下,品牌与用户更多呈现的是以价值为主的关系模式。早在 1954 年,学者彼得·德鲁克就提出,用户购买和消费的并不是产品,而是价值。作为产生购买行为和选择品牌的关键,价值自然成为驱动消费者进行消费行为的最重要因素。通过互联网技术的连接,用户有了更多选择的机会,价值的共鸣以及用户与品牌价值的共创,成为三级营销关系的新表现形式。对于品牌来说,与用户价值的共鸣能够增加品牌与用户关系的亲密度。随着互联网技术成为社会构建的基础性技术力量,在社会生活中不可或缺,用户的多任务协作能力在不断增强。面对一个连接更丰富的社会,我们更需要关心这些连接对个体的社交质量以及对社会整合带来的深层影响。①

苹果的"营销思维":以企业价值观驱动营销②

优秀的品牌离不开出色的产品,也离不开优秀的营销策略。在这方面,苹果是一个

---

① 史明明.互联网技术背景下的品牌与用户关系研究——基于关系营销层次理论[D].苏州:苏州大学,2020.
② 大众直呼"十三香"背后,苹果的营销哲学有什么独特之处?[EB/OL].(2021-10-13)[2023-08-01]. https://www.36kr.com/p/1439249417174664.

典型的案例。为了给刚推出的 iPhone 13 新机造势,苹果特意推出了《口袋里的好莱坞》《疑点重重》《每日英雄》三个短片。虽然各自的故事不同,但相似的是,每个短片都包含数次镜头迅速切换的画面,以此来表达苹果自带相机堪与电影级别摄像媲美。新品一上线就出圈,其实已经成为苹果的特色。从以奥威尔的小说《1984》为背景制作的经典广告片,到在国内一年一度的温情新春广告以及何同学对苹果 CEO 蒂姆·库克的采访,苹果的营销活动总是能够引发大范围的讨论。

比如为了宣传麦金托什电脑,苹果在其推出的《1984》主题广告中将在 PC 端具有垄断地位的 IBM 比喻为小说《1984》中精神控制者的"老大哥",而苹果则是那个意图挑战统治地位的反叛方(见图 3-24)。这则大胆的颇具讽刺意味的广告,将苹果的目标及品牌理念言简意赅地呈现出来,为苹果的价值观营销打响了第一炮。

图 3-24　苹果《1984》广告截图

(图片来源:https://www.sohu.com/a/221336985_262742)

经典广告《1984》成为苹果价值观营销的一个开端,此后,在塑造品牌形象的路上,苹果一直坚持"创新、人文"的内核,并结合时代的发展进行更为现代化的演绎。例如,1997 年,苹果推出了《Think different》广告。在这个广告中,苹果向爱因斯坦、毕加索、约翰·列侬、鲍勃·迪伦等推进人类科技、艺术进步的人士致敬,以进一步阐释品牌希望改变世界的愿景。

也正是由于意识层面宣传的侧重,苹果不仅为品牌打上了独特的价值标签,还借助个性化的品牌形象形成差异化的记忆点,最终起到品牌形象中科技及艺术基因强化的作用。当然,与众多知名人士产生联系,本身也有助于苹果拔高自身的格调。

除了拉长时间维度以渗透消费者心智,苹果的价值观还渗透到节日营销中。尽管表面上看,节日营销与《1984》《Think different》等主打创新、谋变的营销战略不同,但其核心逻辑都是以人为本,旨在唤起用户共鸣的前提下,获得用户认可。

本章小结与思考

用户越来越成为一个感性的群体,他们希望产品具有生命、品牌具有人格,当他们使用产品时希望能够感受到一种形象化的情感。他们的情感需要得到抒发,诉求需要得到共鸣,同时随着互联网技术的发展和数字媒介的普及,传统的营销模式不再那么有效,因此商业品牌的营销模式也需要随之发生变化。

本章首先叙述了整合营销带给我们的思考。商业品牌正在从传统营销转向整合营销,互联网以及数字化媒体的普及加速了这一过程,也颠覆了传统的操作流程;同时这种转向也意味着品牌营销越来越注重消费者在营销过程中的地位,即消费者日益成为品牌的重要建构者。

新媒体背景下,媒介的技术性和可获得性特征日益明显,相对地,媒介的专属性和媒介的组织性日渐式微,这都影响了品牌的营销方式。同时,新媒体下的媒介与内容不再分离,内容本身就是媒介。本章第二部分从故事性、趣味性和互动性三个维度探讨了品牌的内容营销,而内容营销的过程本质上是一种价值实现的过程,传受双方通过新型关系的建立,在互动过程中实现价值共创。

本章最后在价值共创的背景下,讨论了品牌与用户关系模式正在发生的融合,但在这个过程中,品牌与用户以产品为主的关系模式并没有被丢弃,而是在此基础上实现了更高层面的品牌与用户关系,即以产品为纽带的关系模式中掺杂了社交关系模式,以社交为主的关系模式中也有以价值为主的关系模式。在互联网技术发展的背景下,品牌与用户关系在不断的连接中实现了进一步发展,最终形成以价值为导向的品牌与用户关系的连接模式。但关系模式的融合对基本关系的维护提出了更高的要求,以产品为纽带的关系模式是以社交为主的关系模式和以价值为导向的关系模式建立的基础,从低层次的关系模式向高层次的关系模式发展的逻辑并不会消失,同时,品牌与用户关系模式发生改变将进一步引发关系性质以及用户诉求等更深层次的关系改变。

论数字时代内容营销的
价值观念与价值创造路径

虚拟品牌社区用户参与
价值共创行为的驱动因素

第四章　新闻创意传播案例分析

◆ 案例导入

《长江日报》创意互动新闻《72个红手印,究竟为了留住谁?》[①]

拓展视频

在2020年这一特殊的年份,各大媒体纷纷上阵,对"扶贫"这一主题进行报道和宣传。然而,重大主题报道一律"走红专",只顾"讲形式",缺少趣味性已成了受众的刻板印象。为此,媒体人绞尽脑汁,在新媒体时代走出了一条新闻创意之路。

这不,《长江日报》推出了创意互动产品《72个红手印,究竟为了留住谁?》。"红手印"在我国具有很强的符号意义。在改革开放时期安徽凤阳小岗村18户农民按下红手印这一耳熟能详的历史事件为集体记忆的背景下,该产品借助"红手印"这一特殊的符号,讲述了武汉黄陂区王家河街青云村的故事。在脱贫攻坚的关键一年,村中3位村民代表冒着倾盆大雨给武汉市扶贫办送来了一封联名信,这封信的末尾72位村民签名并按上红手印,请求挽留两名驻村扶贫干部(见图4-1)。

《长江日报》集中调动资源,对这一事件进行了全方位多角度的展示,并最终以H5的形式在全网推广(见图4-2)。作品设计了"听心声"和"看事迹"两个主要板块,在"听心声"板块,直观展现了按满红手印的联名信,给受众以情感共鸣和震撼感;在"看事迹"板块,通过视频这一主要展示形式,配合按手印作为点赞的互动途径,将一篇新闻拆解融合成更完整、更多元的整体。[②] 其以故事性的讲述模式,配合融合式的输出样态,将典型事件以趣味、互动和沉浸的方式展现,引发了一大批网友的关注和点赞,并获得第三十届中国新闻奖二等奖。

◆ 案例分析

到底是这条新闻的哪些方面,使它得到了公众的一致好评呢?

---

① 72个红手印,究竟为了留住谁[EB/OL].[2023-08-01]. https://file22fb51423c6f.vrh5.cn/v3/idea/HLQ95eLi?unid=ohAJ7wSJSx2CC9-LJJffQ1aavZCc&wxid=oKcgE0xQaJf_k85hLi1iSqQLheSA&latestUser=1.

② 查错,张颖.沉浸式互动体验,感受"俯下身子真扶贫"——H5作品《72个红手印,究竟为了留住谁?》创作有感[J].新闻战线,2020(24):68-70.

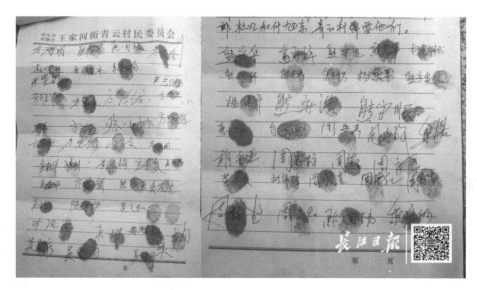

图 4-1　村民们按下的红手印

（图片来源：https://mp.weixin.qq.com/s/XXAK5xgDORKxiFbilQlDVw）

图 4-2　《72 个红手印，究竟为了留住谁？》H5 界面

（图片来源：https://mp.weixin.qq.com/s/ytMZTwhVjRYjYbHl1WlCHg）

不同于传统的新闻报道，这一新闻产品突破了文字的桎梏，将事件本身以更加丰富的样态呈现。"听心声"板块以一张按满了红手印的联名信为背景，将这一故事发生的代表符号清晰直观地展现在受众面前，引发受众的好奇和兴趣；其后，更

是将村民对村干部的评价,以及他们说到动情处的哽咽声收录其中,在听觉方面浸入,引发受众情感共鸣;之后,将四个典型故事片段凝结为视频形式,细致详尽地描述村干部和村民之间鱼水交融的关系,将扶贫干部的事迹以具象化、视听化和动态化的样态呈现,娓娓道来,最终触及受众的内心;在结尾,以文字这种传统的呈现方式,配合相应图片,补充了这一故事的背景和后续——"好消息,两位好干部留下了",消解了受众的疑点①,给人以满足感和真实感。在这一故事讲述的过程中,多种样态相互嵌入,你中有我、我中有你,完整表达了故事和情感,给人以淋漓尽致之感。

在多样化呈现的基础上,这篇报道也注意和受众保持亲密互动,在创意、生产和传播三个方面,探索了重大主题报道创意互动传播产品的生产路径。在内容交互方面,用户只需要点击界面的红手印,就可以收听村民们的声音,而后面情节的开展也需要用户不断地触发。在后期分享等微传播方面,用户以红手印为入口,点击即可为 H5 点赞。这样巧妙的交互模式,增强了新闻本身的趣味性,既能让用户在实际操作过程中感受到新闻的具体内核,又使得他们愿意参与新闻内容的观看和传播过程,从而增强新闻二次传播的概率。

同时,该新闻产品也特别注重音乐和音效的配合与使用,营造沉浸式的体验环境,使得观看者能真切感受互动的体验,感悟这一新闻的魅力。

随着网络技术的普及和新媒体的广泛应用,受众已从传统的消费者转向产消者,主体意识得以重建。在此背景下,新闻的样态和生产、分发流程也不断转型升级,从机器人写作到 AI 合成主播,从 H5 交互到传感器新闻,作为创意传播的一个重要分支,新闻的创意传播已成为当下焦点之一。而在互联网将人们的感官功能进行了极大程度延伸的背景下,受众对媒体呈现的要求也越来越高,希望能得到更加丰富的体验。在传者和受众的协调、适应过程中,机遇和挑战并存,既涌现了一批独具创意的新闻报道,又出现了新闻业的阵痛。那么,在风云变幻的数字浪潮中,新闻的创意生产究竟该走向何方?

近年来,社会上涌现一大批有品牌特色的新闻类媒体,如《南方周末》《三联生活周刊》《人物》《财新周刊》和澎湃新闻等。它们在多元的新闻市场中进行差异化定位,以更适合互联网生态的创意思维发展,得到了一大批受众的喜爱。以《财新周刊》和《三联生活周刊》为例,2020 年新冠疫情期间,这两家媒体将镜头对准疫情下的普通人并形成系列故事性报道。这种模式尽管引发了一定的争议,但在新闻品牌与用户之间建立了紧密的情感性连接,形成了自己的忠实读者群。究其根源,在日新月异的互联网时代,创意和策划思维是新闻媒体可持续发展的重要前提。

互联网延伸了人们的多种感官功能,越来越多的媒体注意到这一点,它们试图以丰富多样的形式进行新闻报道,将现实生活更完整清晰地呈现在受众面前,并增强其趣味性。然而,在实际应用过程中,一些媒体存在新闻题材与呈现样态不相匹配,各样态之间互相区隔的问题,导致新闻报道缺乏整体感。而上述案例中提到的《长江日报》创意互动产品则很好

---

① 案例分析——《72 个红手印,究竟为了留住谁?》[EB/OL]. (2021-11-08)[2021-12-01]. https://mp.weixin.qq.com/s/KDfbqEZ5SJE7FqAEpPR64A.

地规避了这些问题,它以挽留脱贫干部这一新闻本身为基础,并进一步拆解,将各部分内容在 H5 中分别呈现,又不失整体性。新闻中联名红手印的图片、补充背景材料的文字、讲述事迹的视频、交互的趣味按钮动画等,各部分既各司其职又紧密结合,给受众呈现了一场多感官盛宴。可听、可感、可看的体验,更是能让受众深入故事,在奇妙的体验中接收信息、感悟价值。新华社的《改革开放 40 年穿阅之旅》H5,网易云的人格测试 H5,甚至是随机点开的一篇阅读量为 10w+的公众号的报道,都在不同程度上反映了多样态下不同媒体的努力。

创意传播就是适应当前技术变革背景中的媒体形态的一种行之有效的操作理念。对于这种技术发展给创意传播带来的挑战和机遇,诸多同仁进行了深入的思考。[①] 顾名思义,新闻创意传播就是以充满创意的方式对新闻进行相关传播活动。本章所说的新闻,是一种泛化的概念,既包括传统的对于新闻"新近发生的事件的报道"的定义,也在一定程度上溢出到自媒体生产的新闻型、娱乐型和知识型内容,以及用户在网络上对于事件实况的分享等。而这种创意,既可以是扁平化环境中传播主体的泛化,也可以是技术赋权视域下采编发的新变革。具体到新媒体语境,我们可以将新闻的创意传播分为四大板块:其一,基于技术的创意,主要关注的是在人工智能、算法等新技术涌现的背景下,新闻生产和分发的创意;其二,基于互动的创意,即在用户主体意识得以建构的背景下,聚焦新闻媒体对新闻内容和传播方式的改造,以及其他增强互动感的应对策略;其三,基于感官的创意,即以听觉类新闻报道为中心,分析新闻媒体对于新闻涉及感官的关注;其四,基于付费模式的创意,即对相关新闻媒体的付费模式进行探索。

第一节　基于技术的创意:让新闻更智能

如果有记者声称,自己能在一天之内撰写 30 篇稿件,恐怕大部分人的第一反应都是:这绝不可能!

然而这个看似不可能的速度,却在里约奥运会的赛事报道中成为现实。一个名叫"张小明(xiaomingbot)"的"记者",在奥运会开始后的 13 天内,完成了 457 篇关于羽毛球、乒乓球、网球的消息简讯和赛事报道,大概平均每天 30 篇[②],其速度达到了与电视直播几近同步的状态,同时内容的出错率也非常低(见图 4-3)。这样的生产效率是单个普通记者所难以企及的。

张小明究竟是何方神圣?不少人想一睹其真面目。然而面纱落下,让人们大吃一惊的是,张小明居然是个新闻机器人(见图 4-4)。作为今日头条媒体实验室同北京大学计算机所万小军团队共同研发的产品,张小明以自然语言处理、机器学习和图像处理等技术为基础,通过数据采集与文本生成,智能撰写相关新闻稿件。一方面,张小明对简讯内容驾轻就熟,

---

[①] 程娜.创意传播与广告业发展的新趋势——北京大学新闻与传播学院博士生分论坛暨第二届创意传播与学科前沿论坛综述[J].广告大观(理论版),2019(6):96-101.

[②] 志刚.面对 AI 记者,人类记者你害怕吗?[J].大众科学,2019(9):36-37.

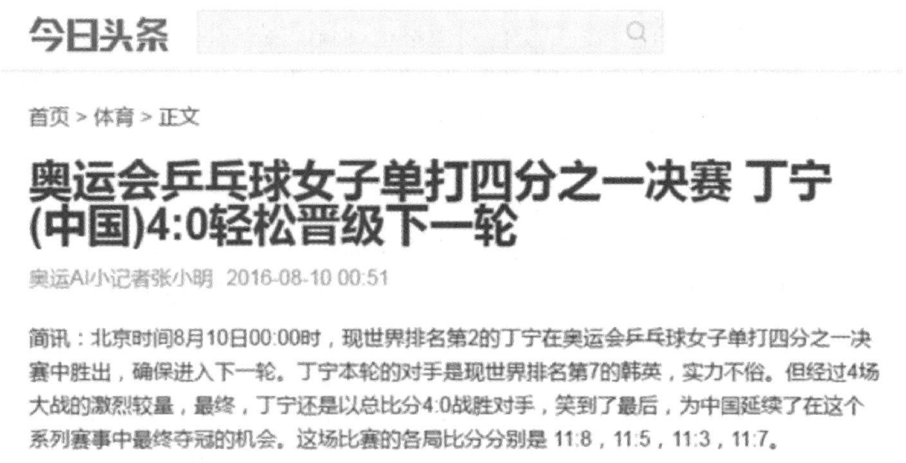

今日头条

首页 > 体育 > 正文

奥运会乒乓球女子单打四分之一决赛 丁宁(中国)4:0轻松晋级下一轮

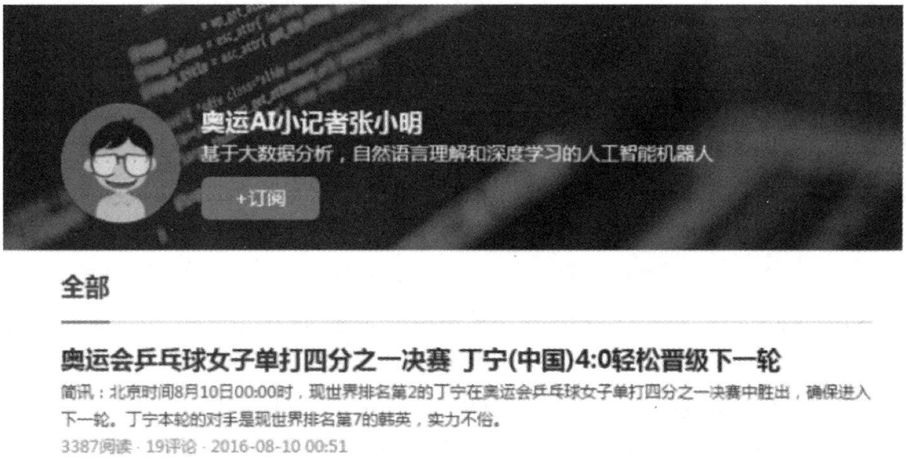

奥运AI小记者张小明 2016-08-10 00:51

简讯：北京时间8月10日00:00时，现世界排名第2的丁宁在奥运会乒乓球女子单打四分之一决赛中胜出，确保进入下一轮。丁宁本轮的对手是现世界排名第7的韩英，实力不俗。但经过4场大战的激烈较量，最终，丁宁还是以总比分4:0战胜对手，笑到了最后，为中国延续了在这个系列赛事中最终夺冠的机会。这场比赛的各局比分分别是 11:8，11:5，11:3，11:7。

图 4-3　张小明写作内容

（图片来源：http://media.people.com.cn/n1/2017/0111/c409691-29014245.html）

奥运AI小记者张小明

基于大数据分析，自然语言理解和深度学习的人工智能机器人

+订阅

全部

奥运会乒乓球女子单打四分之一决赛 丁宁(中国)4:0轻松晋级下一轮

简讯：北京时间8月10日00:00时，现世界排名第2的丁宁在奥运会乒乓球女子单打四分之一决赛中胜出，确保进入下一轮。丁宁本轮的对手是现世界排名第7的韩英，实力不俗。

3387阅读 · 19评论 · 2016-08-10 00:51

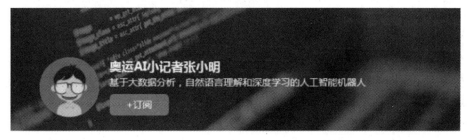

图 4-4　张小明

（图片来源：http://www.geekpark.net/news/216399）

在短时间内迅速生成，速度甚至可以达到 2 秒每篇，并结合今日头条的智能分发技术，迅速触及相关用户，实现事件的直播态跟进，持续不断地吸引新的用户；另一方面，张小明也在尝试长篇新闻报道的写作，在稿件中融入更多细节描述，通过具体的阐释来对运动赛事进行报道，使得新闻更具吸引力和生动性。随着技术的变革，张小明已不仅限于信息的简单传递，其自适应机制进一步成熟。以里约奥运会的报道为例，它能够根据比分的悬殊程度，实力的对比和对比赛结果的预测等，自动调整文本的用词和语气，使得新闻报道更具有人情味。除此之外，张小明还可以通过自动选图技术为稿件配图。机器人新闻写作，已不再是刻板机械的代名词，其能量不容小觑。

除了张小明之外，美联社机器人日产 30 多篇业绩报道，每个季度完成 4400 篇业绩短

稿,每篇 150~300 字,所用时间比人工采写缩短 90%以上。① 当然,这类机器人写作的应用范围相对较窄,主要聚焦于消息和短讯类的新闻报道,而在长篇新闻乃至深度报道等方面则显得心有余而力不足。张小明虽然在尝试完成长篇报道,但与真人写作相比,依旧存在一定的缺陷。不过相关技术人员也在不断完善这一点。

那么,互联网时代下,新兴技术究竟给新闻业带来了什么具体的变革?这种变革究竟是正向还是负向的?各个新闻主体又该如何利用这种新闻变革呢?

从生产力与生产关系的角度来看,技术无疑是新闻产业变革的决定因素。从造纸术到印刷术,再到互联网发展和各类新技术涌现的当下,技术塑造了新闻报道的生存生态。从技术入手,有助于了解新闻传播的最新动态和发展趋向,从而对其进行本质的理解和把握。本节将从基于技术的创意出发,探讨新闻生产和分发的新变革。

从生产的角度来看,技术模糊了新闻生产者与普通用户的边界,使得新闻业的流动性增强,新闻生产主体的范畴随之扩大。具体来说,新闻主体已不再局限于传统的新闻生产者,拥有近用权的用户、营利性的商业机构,甚至智能机器人都有了生产新闻的机会。主体的扩大化使得新闻生产更加灵活多样,注入了相当一部分新生内容,生产效率也在不断提高,能在更大程度上满足互联网时代用户短平快的新闻需求。然而,过分碎片化和智能化的内容生产也冲击了传统新闻从业者的地位,使其关于职业共同体的身份认同降低,新闻报道内容中的人情味也在逐步削弱,整个新闻业态从生产的逻辑上被彻底改变。

从分发的角度来看,技术的升级同样改变了传统的新闻生产者与受众之间的关系,分发流程发生变化,逐步走向智能化和精准化。特别是在算法等技术的助力下,精准分发的逻辑越来越成熟,已经成为各商业机构积极运用的分发手段,精准对接用户的新闻需求,改变了传统媒体时代需要新闻工作者去寻找受众群的状态。

另外,在技术的赋权下,用户的自主权也在逐步扩大,能够以更加积极的状态参与新闻采集、生产和分发的过程,协作式的生产方式使得新闻业越来越开放,单向的内容输出变为双向的互动交流。

总而言之,技术渗透到新闻生产的各个环节,成为多主体运用的手段,最终从根本上改变了新闻业态。然而如何使用技术本身,使之最大限度地发挥正向作用,是新媒体时代下我们需要思考的关键问题。

一、新闻生产的直播态

技术的赋权使得新闻业的节奏越来越快,新闻生产从间播态走向直播态,这种变化主要体现在什么方面呢?我们可以从以下几个角度来分析。

(一)信息智能抓取

在人的极限能力之外,智能写作机器人正发挥着越来越重要的作用,它们能将突发事件

---

① 成玲丽."快笔小新"和她的伙伴们——机器人写稿在财经新闻信息领域的应用[J].中国记者,2017(03):99-100.

的监测结果实时编辑成消息,并进行智能分发,使得相关内容迅速同步到网络。

在语音、情感识别,环境监测、舆情监测等策略的支持下,新闻信息的抓取正变得越来越高效,能够以人类无法企及的速度进行材料的采集和整合,发挥技术的巨大优势。这种速度应用在突发事件中,有利于向公众及时通报相关信息,减少公众的不安和恐惧,实现媒体的信息功能。

◆ 案例

四川地震报道①

2017年8月8日,四川省阿坝藏族羌族自治州九寨沟县发生7.0级地震以及一系列余震。地震发生后,中国地震台网迅速发出了一篇报道,写作用时仅25秒。与传统的地震信息发布相比,该报道的特色在于这篇全文长度约500字、由8个小标题和段落组成的报道是由计算机自动生成的。它的内容包括速报参数、震中地形、热力人口、历史地震、震中天气等。②

这篇报道不仅产出速度快,而且内容翔实准确、图文并茂,第一时间介绍了四川省的地震状况,引发一众网友的围观。而中国地震局台网表示,这篇报道正是在技术的支持下完成的,计算机在得到地震的信息后,第一时间编辑成稿,向公众通报情况,避免公众焦虑、恐慌等情绪的蔓延。机器写作发布报道及时,满足了公众对相关信息的需求。③

到2021年,机器报道地震事件的技术越来越成熟,以四川省地震局微博为例,它能在第一时间抓取地震发生的相关信息,并在微博等社交平台上发布(见图4-5)。网友感受到地震后,实时在网络上搜索地震信息,总能发现,相关地震机构已在第一时间公布了地震的具体地点和级别等关键信息,基本实现了信息的实时同步。

图 4-5 地震简讯

(图片来源:微博截图)

---

① 国家地震台网速报官方微博,https://weibo.com/u/1904228041?topnav=1&topsug=1.
② 陈华明,周丽. 从汶川地震到九寨沟地震:灾难新闻报道变化分析[J]. 新闻界,2017(11):35-38,57.
③ 白龙,林楹. 人工智能背景下"机器写作"在灾难报道中的应用和发展趋势[J]. 吉林广播电视大学学报,2018(12):44-49.

正是由于人工智能技术有着巨大威力,并结合了文本生成等技术,抓取和写作新闻稿已不再是一件耗时耗力的事。特别是地震监测这类事件性的新闻报道,更离不开技术的智能抓取和写作。

(二) 第一手事件报道

在印刷时代,报纸是人们了解世界的主要工具,即使再快的日报社,也需要派出记者现场调查,并且要几个小时才能将新闻加工排版,呈现在受众面前。而在新媒体时代,普通用户和智能机器人也参与到新闻的报道中,手机等技术手段为人们赋权,使大众有了更强的自主性和灵活性,能将发生的事件即时上传到网络,从而给有滞后性的新闻报道带来了极大的挑战,媒体的优势正在被逐渐消解,来自现场的第一手信息越来越即时。

案例

河南暴雨报道

2021年7月,河南多地发生持续性特大暴雨,引发了严重的洪涝灾害,房屋被淹、居民被困。河南多地发生区域性严重洪涝灾害。① 危急的汛情下,技术在极大程度上保障了救援的稳定运行。

由于暴雨倒灌地铁,多名市民被困车厢,救援人员无法迅速入内,对车厢内的情况也缺少了解。在这样的情况下,车内民众拿出手机等设备记录车厢内情况,并在互联网平台发布,及时向外界传递人员伤亡信息和水位上涨情况,为救援推进提供了宝贵信息。除此之外,同样被困在车厢内的专业记者也记录了车内的相关情况,提供了第一手材料(见图4-6)。可以发现,在移动设备普及的情况下,来自现场的第一手信息越来越容易被传出,人们可以即时对外界进行信息通报。

除此之外,河南暴雨事件中还有一份"救命表格"(见图4-7)。暴雨发生后,一名河南籍的大学生和三十多名同学一起整理了一份在线文档,所有人均可编辑。人们将救援信息即时填写在内,方便救援开展。其后,参与表格完善工作的人越来越多,表格还支持个人和商户在其中填写避险地点、医生建立线上问诊群等。在该表格的帮助下,多名被困民众成功脱险。这个表格访问量高达250万次,刷屏各大社交媒体②,这正体现了技术在第一手事件报道中的重要作用。在河南当地能即时获知并核查救援信息的市民,可以利用这样一种在线协作工具,将自己得到的信息填写在内,便于救援信息的更新和救援行动的拓展。人性和科技的力量,在这份"救命表格"中融合。

---

① 河南遭遇罕见特大暴雨,面对洪灾个人如何自救?[EB/OL].(2021-07-21)[2021-11-30]. https://mp.weixin.qq.com/s/DZMpWcDwmFTRgq4Y0b2k2A.

② 姜泓冰.力量汇聚在一起,才能做得这么好[N].人民日报,2021-07-27(13).

图 4-6　地铁情况

（图片来源：https://page.om.qq.com/page/OuDQ4pvpuf76EHyPJ-hKFqYA0）

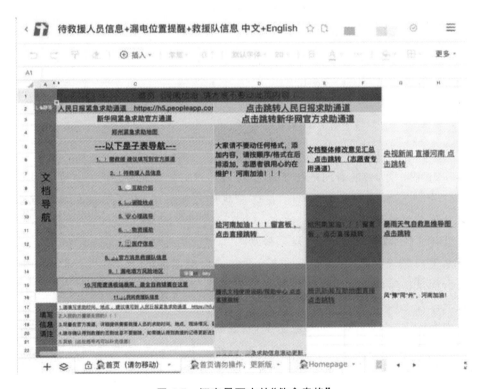

图 4-7　河南暴雨中的"救命表格"

（图片来源：https://mp.weixin.qq.com/s/nrhVIziFetqO3AMkWqrtdA）

二、新闻报道的协作化

在公民记者和机器人记者涌现的背景下,新闻报道不再仅仅是新闻工作者的专属,而是扩大到更大的范围。协作式生产成为当下新闻生产的重要方式。

(一) 人机协同

在等待技术成熟的同时,新闻工作者也做出了自己的努力。越来越多的媒体倾向于采用人机协同的模式。所谓人机协同,就是人和机器结合,在关注实时性的同时,也关注报道的深度。

上述张小明案例也提到了这一点,特别是在里约奥运会这类策划型的媒介事件中,记者能实时到达现场,在这样的语境下,唯一困扰人们的是新闻稿的写作和发表。而张小明 13 天内完成 457 篇关于羽毛球、乒乓球、网球的消息简讯和赛事报道,瞠目结舌的数字背后,正是人工智能技术的巨大威力。结合文本生成等技术,写作新闻稿已不再是一件耗时耗力的事。对于新闻工作者而言,利用 AI 完成机械性的编写工作,某种程度上也解放了生产力,人的工作处在一个更为灵活的指导位置,随时调整和监督机器的工作执行,人机协作可以实现更高质量、高效率的新闻生产。

◆ 案例

新浪新闻

2021 年 9 月,新浪新闻进行了新一轮的品牌升级,并在这次升级中提出了全新的品牌口号——"知未知 见未见"①。在这一战略的指引下,新浪新闻完善了品牌战略中人机协同的重要概念。

具体来说,在事件发生后,媒体借助人工智能迅速进行新闻写作和分发,输出简讯和消息类内容。与此同时,专业的内容管理者和新闻报道者调整相应算法,并同步跟进长篇和深度报道的采访和写作。人机协同在连续新闻报道的过程中呈现,速度和深度能最大限度地融合。

在"让算法更有价值观"的理念下,新浪也在做出自己的努力。以 2021 年 2 月发生的"货拉拉女乘客跳车"事件为例,新浪通过智能算法抓取,发现了相关博主在较短时间内的数据异动,察觉到了相关舆情的发生和波动。与此同时,新浪的专业工作人员也即时跟进并核查,进行相关的调整。最终,在人工编辑+智能 AI 的协同促进下,货拉拉

---

① "知未知 见未见"口号刷屏,新浪新闻到底升级了什么?[EB/OL].(2021-09-24)[2021-12-01]. https://mp.weixin.qq.com/s/XnKwWjR_V8WTm9gNWvfgTQ.

事件引发了更大范畴内的讨论,成为社会关注的热点问题,并促进了相关话题的讨论和事件的解决(见图4-8)。①

图4-8 货拉拉事件微博相关话题讨论
(图片来源:微博截图)

在这一事件中,人与机器成为"合作式"的内容生产者和报道者,使得科技能够以更加人性化的方式融入新闻,促进科技向善,使之更好地服务于人类。

(二)策展新闻

策展最开始应用于艺术领域。新闻策展人运用多种内容整合技术支持,依据时间成果、因果逻辑等碎片化信息形成新闻"故事包"。② 这是一种互联网时代参与式新闻的实践模式,它强调优质内容的聚合和新闻用户共享关系的建立。这种关注对话的新闻报道模式克服了传统媒体单向传播的弊端,成为专业生产者与用户共同维护的新闻内容。

最简单的策展表现为,网民在社交媒体里转发、分享新闻产品。人人皆可从事新闻策展,并不意味着网民个人的新闻策展一定局限于简单的信息转发。即便是网民个人,也可以在新闻策展活动中运用更加先进的技术,拓展新闻来源,提升新闻策展的专业水准,优化新闻传播效果。③ 这样的新闻生产将普通用户纳入其中,强化了新闻生产的协作性和互动性,使之更贴近日常生活和人们关心的问题,更有吸引力,从而最大限度地调动用户的积极性,促进新闻内容的共同生产。

---

① 时代转折中的新浪新闻,如何用"知与见"创造更多用户价值?[EB/OL].(2021-09-24)[2022-12-01]. https://mp.weixin.qq.com/s/mArL8HMCtAHdnCmEsqrYyw.
② 赵如涵,白顺华.智能媒体时代的新闻策展:基于对传统媒体新闻记者把关实践的观察与访谈[J].中国新闻传播研究,2020(6):95-104.
③ 刘冰.新闻策展:从内容整合展示到智能算法应用[J].中国出版,2019(22):45-48.

◆ 案例

澎湃新闻 H5[①]

疫情期间,央视、腾讯、澎湃等多家媒体纷纷推出了自己的 H5 产品,将疫情相关信息囊括其中。澎湃新闻 H5 产品不仅设置了"疫情速报"栏目,供人们查看各地快讯和病例情况(见图 4-9),还设置了"实时辟谣"板块,对人们关心的问题进行查证和核实。同时,它允许网友进行公开提问,并由相关专家进行解答。这种疫情通报模式使得用户的参与感增强,也更容易促使人们就个人关注的话题进行讨论和思考。

图 4-9 澎湃疫情实时地图

(图片来源:https://mp.weixin.qq.com/s/-5N8a1oK8cNmM5GTw56m6A)

三、新闻分发的高效化

传统的新闻生产流程需要新闻工作者主动出击寻找受众,整体效率低下,而算法和人工

---

① 澎湃新闻,https://www.thepaper.cn/.

智能极大地优化了新闻的分发效率,以更加精准的方式将信息匹配到相关用户。

一部分媒体倾向于将前端的人工智能写作和后端的智能分发结合起来,以实现新闻的高效生产和输出,另一部分媒体依旧依赖人工写作,但在分发阶段同样注入了人工智能的"魔力"。毫无疑问的是,不管使用哪种方式,算法推荐和匹配技术都成了新闻智能化输出过程中的重要保障。

虽然算法推荐和匹配技术解决了寻找受众难的问题,但也有学者对这一现象提出了质疑:人们在算法的凝视下是否还拥有隐私?如果隐私无处遁形的话,个人的信息安全又如何得到保障呢?他们认为,算法技术看似是一种双赢的策略,不仅让受众免于寻找信息的辛苦,也让传者减少寻找受众的无奈,然而这种拿隐私换便利的做法,终归不是长久之计。在技术赋权的时代,新闻创意传播也要关注相应的数字伦理问题。

◆ 案例

今日头条算法

在分众化时代,后期内容的精准触达和匹配是让众多媒体头疼的问题。对于媒体来说,新闻内容本身可以得到保障,然而在注意力经济时代下,很多内容没能挤占稀缺的注意力资源,最终湮没在浩如烟海的信息流里。在这种情况下,精准的算法匹配技术开始大显身手。

以分发型为主的客户端不依托于原有媒体,而是直接通过技术手段聚合新闻,做大规模的内容分发,它是移动互联网的直接产物。[①] 以媒体平台今日头条为例,它能在平台中采集用户的身份和行为信息,在用户画像的基础上对其喜好的内容做出判断,并根据这些信息进行相关新闻的推送,使之精准对接相关用户的需求。这些信息既有可能是采集到的年龄、性别、位置等数据,也有可能是用户在使用过程中产生的点赞和转发数据,在对这两类数据进行综合之后,平台会对该用户的整体特征进行描述,从而为其推送最符合这一特征的数据。具体来说,如果用户在平台中浏览了大量足球类的信息,那么它会根据用户的喜好进一步推送足球类的新闻。

今日头条的算法推荐技术极大程度上满足了用户的精准需求。如果发现算法推荐的内容不符合自己的兴趣,用户同样可以点击不感兴趣,获取了最新信息的算法会即时更新,进一步调整推荐,从而为用户匹配最佳的内容。它能在5秒钟内推算出用户兴趣,并依照用户的行为逐步分析,且能在10秒内向用户精准推荐模型,以此满足用户的阅读需求与娱乐需求[②],分发速度远非人力所能企及。

[①] 楼建坤,陈泽玺,国秋华.算法的把关研究——以今日头条App为例[J].新媒体研究,2017(17):18-20.
[②] 应张磊."今日头条"APP算法新闻现状与困境分析[J].传媒论坛,2021(18):46-47.

第二节 基于互动的创意：让新闻更有趣

拓展视频

2021年的全国两会特别报道彻底改变了人们对全国两会新闻单调又冗长的刻板印象。各主流媒体、融媒体大显身手，在两会系列报道中纷纷"秀肌肉"，推出许多趣味横生的创意报道。

以新华社为例，其与中国移动北京公司（北京移动）联手协作，打造了一场独具特色的沉浸式两会《听会》节目（见图4-10）。该节目借助5G＋8K＋裸眼3D技术，在新华社五屏环绕大厅中打造了虚拟的万人两会大会堂场景，邀请各行各业的知名人士参与听会活动，并通过场景切换的方式，打破虚拟与现实之间的界限，使得参与者能以第一视角进入两会活动，给人以身临其境之感。与此同时，电视机前的观众也能感受到这份震撼，以更生动的方式参与到两会的新闻报道中。

图4-10 沉浸式两会《听会》节目

（图片来源：https://baijiahao.baidu.com/s? id＝1693740901609641407&wfr＝spider&for＝pc）

其实早在2016年的全国两会报道中，就已经出现了沉浸式新闻报道的雏形。新浪新闻推出360°全景巡游大会堂栏目，使场外民众能够身临其境地感受两会氛围。无独有偶，人民日报客户端也借助虚拟现实视频，提供无死角观察会堂的服务，网友只需轻轻移动鼠标，即可环视整个两会大厅。而随着VR和MR等技术的进一步成熟，2021年两会报道中更是大量应用沉浸式新闻报道形式，使观众能以第一视角参与会议的各个阶段，进入感与在场感持续增强。在5G信号已覆盖人民大会堂的情况下，5G智能眼镜等智能穿戴设备也在2021年全国两会报道中亮相。①

这种特殊的报道模式能够将两会这样宏大的事件框架进一步日常化,以一种受众更愿意参与的形式进行表达,将过去乏味的内容趣味化,从而有助于国家主流意识形态的进一步传播,有利于将相关政策和信念深度植入新闻收看者心中,使得新闻具有更深远的积极意义。

那么,互动性的新闻究竟体现在哪些方面?它使得用户体验发生了什么变化?这种变化对新闻的传播有没有促进作用?下面我们将对这些方面的内容进行阐释。

在当今这个信息扁平化时代,人们的主体性意识不断建构,原始的单向新闻传播已不再适应当下社会的需求,人们越来越注重对互动的强调。在用户视角下,新闻媒体也在革新内容与呈现模式,以争取更多用户的青睐。

在传统的印刷时代,专业的传者掌控着新闻报道的权利,缺少资源和信息的普通民众只能被动地参与新闻报道的阅读过程,无法参与上游的生产过程。在这样的背景下,受众的主体意识也比较模糊,更多的是以一种看客心理进行新闻阅读,对报道本身的参与感弱。

互联网则消弭了这种传统的传者权威,受众的主体意识得到进一步建构和增强,他们不再仅仅满足于观看和收听新闻这一被动的行为过程,更希望自己能发挥相应的主观能动性,参与新闻生产过程,甚至成为新闻内容本身的一部分,与世界产生更广泛紧密的联结。近年来,许多媒体关注到了这一点,它们借助多样化的呈现模式和手段,和受众建立起更加紧密的联系。以本章"案例导入"部分讲述的有关红手印的 H5 产品为例,受众点击红手印图标即可完成点赞行为,这是一种趣味化的参与手段。更为完善的一点是,相当一部分 H5 产品需要受众输入自己的声音和文字,交互平台根据受众输入的内容做出反馈,提升互动性。不只是 H5 产品,视频、图片、图表等呈现模式都不再局限于样态本身,而是将自己的外延拓展,与用户进行更加亲密的互动,在你来我往的缠绕式接触中,提升受众的参与感和满足感,从而使得新闻内容深入人心。

因此,本节将主要关注新闻对于互动板块的强化,以及在此过程中受众权力的不断增强,并分析这种互动具体体现在受众的哪些实践中。

一、沉浸式的新闻体验

当今社会,新闻以一种更加有深度的方式嵌入受众生活,与此同时,受众也能和新闻主体进行互动,并在互动过程中积极表达自己的观点,将自身体验进一步转化为生产内容。

(一) 主体性意识的建构

沉浸式的新闻体验赋予受众更多权利,他们的主体性意识也在此过程中逐渐得以建构。受众能深入新闻,发挥自己的能动性,对新闻的相关内容进行探索。以上述两会报道为例,受众可以以第一视角参与两会现场,甚至可以与相关人员进行真实的互动。距离的概念被

---

① 巩晗. "人机协同"在全国两会现场报道中的实践——以人民日报新媒体 5G+AI 报道为例[J]. 青年记者,2021(8):60-61.

消解，受众在与新闻互动的过程中不断加深认知和理解，从而使得新闻内容能够得到更大程度的吸收。

这种"以我为主"的视角落实到受众的具体新闻实践中，"产消者"和"公民记者"的概念逐渐被强化，"我"的概念也被进一步强调。

◆ 案例

微博、小红书分享

尽管从严格意义上说，用户在微博、小红书上的信息发布行为不同于传统意义上的新闻，但它们依然在某种程度上体现了新闻业的变革。特别是在某些具有仪式性的事件中，比如对于中华人民共和国成立70周年阅兵式，传统的讲述模式是官方媒体发布内容，受众被动接受信息，受众的主体意识不强，而在近用权进一步被强调的当下，更多用户倾向于在私人微博中分享有关阅兵式的心情和经历，从"我"的视角进行阐释，强调自身的主体意识（见图4-11）。这种表达正是互联网逻辑在公民新闻中的体现。

图4-11 小红书中用户关于新中国成立70周年纪念日的分享
（图片来源：小红书页面截图）

（二）虚拟现实的建构

融媒体背景下，新闻报道在既有样态的基础上，出现了一批新的交互模式，其中最典型的是8K、3D裸眼、AR、VR和MR等带来的沉浸式交互体验。其中8K和3D裸眼以其逼真的效果，使得受众产生身临其境之感，能够真切感受新闻发生的现场。而在MR等技术的应用下，虚拟和现实的界限愈发模糊，身处其中的人很难分辨这两者的差异。在上述两会案例中，央视网名为"小C"的数字虚拟小编首次亮相，在《两会C+真探》系列直播节目中扮演了记者的角色，与梁倩娟、马慧娟等全国人大代表进行了独家对话，虚拟与现实的界限被打破。[①]

这种体验无疑丰富了受众的精神世界，使他们能够以更低的成本和更快的速度进行清晰度更高的实践，体验新闻的第一现场。然而也有学者提出了自己的担忧，他们认为虚拟现实背后同样有一套自己的算法逻辑，而这种逻辑是人为赋予的，将其应用在新闻领域可能导致新闻主观性过强或者新闻失实等问题。

◆ 案例

苏州检察院VR办案[②]

2019年，苏州市人民法院的一场新闻发布会上，一项特殊的技术引发了记者们的关注。

在这场新闻发布会上，专业人员通过扫描和VR等技术，再现了100平方米的案发现场中物品的摆放大小、形态等内容（见图4-12），使得记者们能够清晰地观察到犯罪嫌疑人姜某杀人放火后的房间场景、作案工具的摆放位置，以及逃离案发现场的路径等具体的案件细节。

这次VR全息影像的复刻从扫描到生成持续时间不超过两小时，它将原本以图片和文字为主的讲述模式进一步升级，通过更加沉浸式的巧妙策略重现了复杂的案件，摆脱了传统的时空限制，能让人们从全方位的角度观察案件场景，获取案件信息，从而对案件细节有更深入的理解。

二、表达模式的亲切化

与传统的表达模式不同，主流媒体正在逐渐摒弃既有的高高在上的表达模式，以一种更加亲切的方式与年轻用户进行互动。

[①] 鲁京菁.融媒体背景下的新闻报道特色研究——以2021年两会报道为例[J].视听,2021(10):149-151.
[②] 把案发现场搬上法庭——苏州市检察院运用VR技术破解办案痛点[EB/OL].(2019-12-09)[2023-08-01]. https://baijiahao.baidu.com/s?id=1652414203104848901&wfr=spider&for=pc.

图 4-12　VR 技术还原的案发现场

(图片来源:https://mp.weixin.qq.com/s/LMLitkz8PK4-T-mUjzKq7g)

(一) 后台内容前台化

在受众主体意识的建构和相关报道模式完善的背景下,报道的内容也在进一步调整,以为受众带来更多的沉浸式体验和互动感。

观察近年来主流媒体的报道,我们可以发现,在传统的宏大叙事之外,出现了一批带有明显后台色彩的报道内容。以央视出品的《主播说联播》为例,其从新闻联播的宏大语境中抽离出来,以一种更亲切真实的视角和受众互动,并在微博和抖音等互联网媒体上发送相关内容,鼓励受众积极评论和转发。央视从最初的"神坛"走下来,和受众建立更加亲切的联系,这种联系无疑是互动增强的直接结果。2021 年的"两会"报道也体现了同样的要素,记者们不再只把视角聚焦于"两会"宏大的现场,而且对参会人员的生活、"两会"的幕后准备等更具亲和力的内容进行了展现。这些原本属于后台的内容逐渐前台化,成为连接前台和后台两种类型情境的"中台",一经输出,就引发了受众的极大兴趣。

(二) 单向内容互动化

在点赞、转发、评论机制的影响下,新闻互动化情境的属性增强。受众可以选择自己喜欢的方式进行讨论,在对新闻内容本身加以了解的同时,也增强了对相关新闻报道媒体的认同感。这种互动模式在很大程度上拓展了受众的体验,使他们能够深度参与新闻。

有时,媒体后续内容的发布也会参考受众的偏好和建议,并在制作方面进行调整。更及时的反馈机制改变了以往单向的传输模式,媒体也会注意和年轻网友互动,甚至为自己设定符合年轻人期待的人设,以形成更加良性的交流生态。

◆ 案例

共青团中央 bilibili 账号[①]

不同于以往严肃的叙事和远距离的表达,越来越多的官方媒体展现出活泼和亲切化的一面,与网友进行互动,以吸引更多年轻人进行相关账号的订阅和新闻的收看。

以共青团中央的账号为例,其在微博、知乎、bilibili 等平台进行联动新闻传播,建立了萌式矩阵账号,并积极在评论区甚至弹幕区活跃,塑造自己有趣、亲切的形象,从而使得枯燥的官方新闻更加趣味化,在便利新闻传播的同时,也使得用户以更加沉浸式的方式参与其中(见图 4-13)。

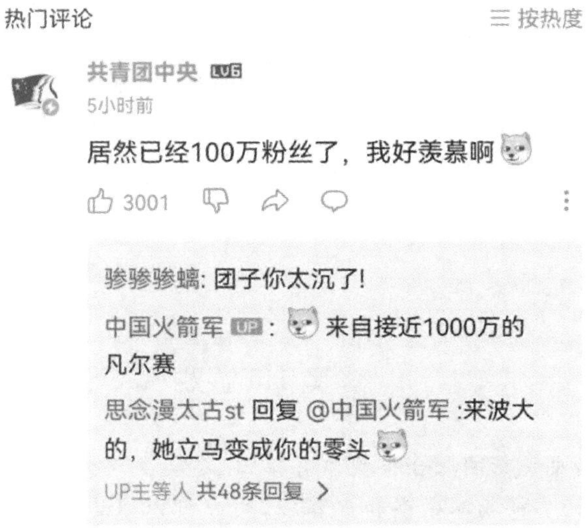

图 4-13　共青团中央 bilibili 账号在评论区的留言

(图片来源:bilibili 截图)

第三节　基于感官的创意:让新闻更多样

以往的新闻制作以纯文本形式为主,受众的体验比较单一,多数非深度参与的受众难以

[①] bilibili 共青团中央官方账号,https://space.bilibili.com/20165629? spm_id_from=333.337.0.0。

获得沉浸式的新闻体验。在互联网时代,人们越来越强调视觉类表征,视频、长图、H5……这些具有个性的视觉体验逐渐得到媒体关注。

与此同时,音频类新闻也异军突起,"瓜分"了不小的一块注意力资源。这类新闻模式的发展,似乎是听觉感官的一种提升和再现。

当然,人的感官所能触及的感觉并不局限于视觉和听觉,在触觉、嗅觉和味觉等方面,相关新闻的开发和使用习惯也在逐渐开始形成。如 AR 等技术凭借给人带来的全方位体验,成为一种独特的新闻报道模式。

一、多元化的视觉体验

在技术迅速发展的当下,传统的新闻报道聚焦感官得到延展,视觉的丰富性得到进一步提升。文字、图片、视频、H5 等呈现样态的多样化,新闻报道和排版中色彩和布局的丰富化等,使得人们的视觉体验大大增强。

不同于旧有的纯文字类的阅读模式,在互联网时代,媒体喜欢运用更具视觉张力的样态来吸引受众,不仅新闻内容以更具趣味性的方式呈现,而且使用多样态的阅读模式带给用户全新的体验。

 案例

冬奥 H5 游戏①

> 冬奥会期间,央视新闻联合央视体育推出《冬奥奖牌大揭秘》互动类 H5 游戏。H5 游戏中引入火爆的吉祥物冰墩墩和雪容融,用户可以以这两个角色的身份操纵图标完成滑雪游戏,并获得相应分数(见图 4-14)。
>
> 在该 H5 游戏中,憨态可掬的角色加上趣味丰富的画面,让用户在获取奥运信息的同时,也以参与的方式获得了丰富的视觉感官体验。

二、陪伴式的听觉体验

2020 年 5 月,第 104 届普利策新闻奖获奖名单正式公布,令人讶异的是,本届普利策新闻奖在原来 14 个奖项的基础上新增了"音频报道奖"(Audio Reporting)。该奖项的获奖作品为《洛杉矶时报》制作团队的播客《这样的美国生活》(*This American Life*)第 688 集《出局

---

① 央视新闻 × 央视体育, https://h6.qiaomukeji.com/202101/winterOlympics/v1/index.html? v = 0.4834990938089849&platform=wx。

图 4-14 《冬奥奖牌大揭秘》H5 游戏

(图片来源:H5 游戏截图)

的人群》(*The Out Crowd*)。

同时,播客也迎来了属于自己的黄金时代,喜马拉雅、蜻蜓 FM 等客户端不断优化升级,市场份额进一步扩大,与此同时,各大媒体纷纷推出自己的播客新闻产品。图片和视频已成为人们熟悉的获取新闻的途径。然而,以听觉为主的新闻并没有消逝,而是以一种崭新的面貌呈现,继续塑造和改变着人们的交往与生活方式。正如麦克卢汉所提出的"媒介四定律"中的提升、过时、再现和逆转四个阶段,听觉类媒介逐渐回归,并以一种全新的面貌塑造着人与人之间的交往模式。人们关于听觉的讨论正不断扩大。普利策新闻奖新增"音频报道奖",正是对听觉类新闻探索的鼓励和支持。以上述"音频报道奖"获奖作品《出局的人群》为例,其在保证选题和内容这个基础上,在报道中融入了一些听觉类的精心设计,给人以绝佳的感官体验。而在相关平台,也有一部分自媒体正在进行听觉方面的积极探索,比如在用原始新闻材料声音进行诠释的过程中,融入后期增加的音乐和音效。这给播客类内容带来新的曙光。

播客分析工具 Chartable 的相关数据显示,全球新闻播客数量在 2019 年 1 月至 10 月增加近 12000,较往年增长了约 1/3(32%),新闻播客数量呈现快速上升的趋势。[①] 而在新冠疫情之后,播客更是以其独特的陪伴感深度嵌入人们的日常生活,成为许多年轻人的选择。比如,《智族 GQ》团队推出"GQ Talk",其以文化和社会热点为聚焦对象,通过名人座谈的方式输出深度内容(见图 4-15)。在注意力被无限分散和切片的当下,播客正在以另一种独特的方式"野蛮"生长。

[①] 刘艳青.全媒体语境下国内新闻播客发展路径探索[J].新闻研究导刊,2020(20):209-212.

图 4-15 "GQ Talk"

（图片来源：喜马拉雅截图）

（一）听觉共同体的建立

在很多人的认知中，播客不仅仅是新闻或信息的获取源，更是陪伴感和安全感的生发处。特别是在社会结构转型的当下，人们处于巨大的"撕裂"中，交往形式不断异化，网络看似消解了原始的空间距离，实际上却让现代人的孤独与日俱增。在这样的社会背景下，播客新闻无疑发挥了积极的作用。相较于传统的视听类媒体平台，声音类媒体更加纯粹单一，使人从注意力极度分散的当下抽离出来，回归自己的内心世界，因此它们成为一种独特的陪伴，甚至与人们结成了某种情感共同体。[1]

当然，这种陪伴感也可能是出于播客类平台的建构需要，它们将播客描述为回归心灵和诗意生存的绝佳途径，以争取更多用户，播客新闻自然也"水涨船高"。特别是对于青年群体来说，他们倾向于将播客新闻看作一种亚文化资本，能够使自己以一种独特的风格区隔于观看传统型媒体设定的视听类报道的群体。不管怎样，播客新闻本身的听觉特性决定了它的优势，使其能够适用于相关语境。正如有的学者所言，新闻播客的声音景观构建体现了播客声音制作者对于声音传播的掌握权利以及听众自身的听觉权利。[2] 新闻播客的意义已经超越了播客自身。

---

[1] 许苗苗.播客：声音里的情感共同体[J].首都师范大学学报（社会科学版），2021(3)：144-152.

[2] 彭碧萍.新闻播客本质探讨及其情境化的声音景观构建[J].中国广播，2021(1)：47-51.

> 案例

喜马拉雅 FM[①]

喜马拉雅 FM 已经成为当下最热门的播客软件之一。越来越多的年轻人除了在此软件上收听电视剧、广播剧,进行相关知识的学习,收听讲座,还开始在播客软件上收听新闻。与之相适应,很多官方媒体都在喜马拉雅 FM 开设了自己的账号,并每天在账号上准点发布内容。

在喜马拉雅 FM,新闻联播、东方新闻这类老牌媒体(见图 4-16),平台播放量均以亿级计算,其中东方新闻更是连续占据头条热播榜第一名,累计收听人数达 7.1 亿,成为一部分群体获取新闻的主要渠道,听觉新闻的市场正在逐步扩大。

图 4-16 新闻联播、东方新闻在喜马拉雅平台
(图片来源:喜马拉雅 FM 的 APP 截图)

---

① 喜马拉雅 FM,https://www.ximalaya.com/。

（二）特殊的使用场景

当前听觉类新闻在社会上还存在一些特殊的使用场景，比如汽车驾驶的场景。尽管手机和电视等视听元素丰富的媒体不断涌现，但汽车广播依旧屹立不倒，这正是因为这一场景具有独特性，司机的注意力被切割，一面是视觉方面的路况等，另一面是听觉方面的广播。与之类似，在上班族通勤的公共交通工具上，其视觉往往被手机上的各种平台吸引，听觉却通常闲置。播客新闻正是利用这一点，将这些闲置的听觉资源充分利用起来，填补这一空缺，从而在更大程度上满足受众的新闻需求。

三、沉浸式的全方位体验

新闻媒介在发展过程中，也在不断追求提供给用户全方位多维度的深度体验，因此诸如VR、AR、MR等全新的视听体验技术被广泛应用于新闻领域。体验式的新闻阅读模式越来越普遍，推动着新闻的"读者"逐渐向"体验者"转型。

在麦克卢汉看来，"媒介本身才是有真正意义的讯息"，即人们所熟知的"媒介即讯息"。VR等技术的出现与不断发展，为讯息传递提供了新的可能与选择。VR等新媒介技术为用户提供了一种现场感的阅读体验，极大地提升了新闻的"接近性"和"相关性"等要素，从而能够吸引更多用户的关注。当今的新闻媒体，无一不越来越重视受众的体验，并且可以通过不断得到用户的体验反馈信息来改进自身。可以这样说，任何一种媒体只有不断增强其受众良好体验，才能维持老用户、发掘新用户。VR等新媒介技术带来的沉浸式新闻体验，将是一种颠覆传统媒体的体验，将传统媒体中受众单方面接收信息转变为受众主动寻找信息。受众在浸入式新闻中，会产生真实的"感知"体验，这将大大拉近受众与新闻本身的距离。[①]

◆ 案例

多种高科技手段打造春晚视听"盛宴"[②]

随着网络新技术的迅猛发展，各种艺术门类互融互通，各种表现形式交叉融合，互联网、大数据、人工智能等催生了文艺形式创新，拓宽了文艺空间。广电总局组织制定的《广播电视和网络视听"十四五"科技发展规划》提出培育新视听。这里的"新"体现在节目形态的创新。该规定还指出，推进高新视频发展，大力开展超高清、多维声、VR、AR、MR、360°全景视频、全息成像等新视听技术，充分发挥广播电视媒体内容品质优势，更好地满足人民美好生活新需求。

---

① 彭立，彭泺.新媒介技术正改变与增强新闻传媒——基于VR技术、AR技术及MR技术的考察[J].西南民族大学学报（人文社科版），2016，37(10)：153-157.

② 流媒体网从中央广播电视总台到各大卫视春晚，这个特点特别突出[EB/OL].(2023-01-29)[2023-07-25]. https://lmtw.com/mzw/content/detail/id/221953/keyword_id/-1.

2023年各台春晚在技术应用上再次创新突破,大量运用4K/8K、AI、XR等新技术,加大虚拟拍摄、绿背抠像等高科技在舞台场景中的应用,各类高新技术极大地丰富了节目的呈现形式和视觉效果,多个创意"视觉奇观"缔造出震撼人心的新感受,为观众带来高沉浸度、强互动感的新体验。

中央广播电视总台春晚首次实现"8K超高清＋三维菁彩声"直播,使用5G远程AI智能图像识别动作捕捉技术,开场的AR兔圆圆栩栩如生。

综合多种高科技手段打造《演武》节目,通过AR技术带观众梦回千年少林、妙游百年古画《武僧演武图》。观众深度沉浸,感受人在画中、四季轮回的奇观景象,一边观摩"画中人"行云流水、刚劲有力地演绎形意拳、六合拳等非遗武术,一边感受在"春夏秋冬"四季流转、岁月嬗变中,依然势如游龙、气势磅礴的中国武术传承。

《百鸟归巢》利用AR技术构建空中楼阁,塑造景深效果,让观众看到一个立体的、犹如置身其中的舞台画面。

《当"神兽"遇见神兽》呈现多个AR角色,并利用AR效果将画面延伸至现场的观众席,消弭表演者和受众的距离。

《好运全都来》用礼盒作为主创意概念,结合AR技术、裸眼3D以及大屏,完成礼盒的开启。

在8K超高清、智能伴随、VR三维绘制、三维菁彩声、竖屏多画面等新技术手段演绎下,各台春晚亮点频出、精彩纷呈,为观众带来了沉浸式的全方位视听体验。

第四节　基于付费模式的创意:有偿新闻的探索

2017年,《三联生活周刊》正式上线中读APP。中读APP最初的定位是一个深度阅读的社区平台,邀请郎朗等专业人士入驻,以知识颗粒度细小的小课为主要模式,进行内容的分享和互动。而在疫情期间,《三联生活周刊》也在中读APP上发布了多篇深度稿件,对疫情中的人生百态进行报道,并以优质的内容得到了众多受众的喜爱,付费人数进一步提升。

中读APP并不是知识付费的唯一媒体。早在2017年,财新就发布公告称,正式启动财经新闻全面收费,并上线了"财新通""周刊通""数据通""英文通"等"四通"产品。[①] 而在具体实施过程中,财新主要采用分时收费的模式,即48小时内免费,超过相应时间再转入收费。这一实践对之后中国的新闻付费发展有着深远的影响。

不管是中读APP还是财新,它们对付费内容的定位都是深度的高质量产品。在有偿新闻的探索方面,不同类的商业媒体提出了不同的方案。然而,低门槛的碎片信息获取模式使得人们对于普通类信息的付费意识不强,付费实践少。新闻收费很有可能带来受众流失的风险,因此多数媒体并没有开设专门的新闻付费板块,它们依旧倾向于通过传统的二次售卖

---

① 陈微.传统媒体内容变现的思路和探索[J].青年记者,2019(26):95-96.

来获取利润。而受众也观察到大部分信息可以通过非付费平台获取,网络选择多元,他们并不局限于某一种媒体,而是以一种"游牧式"的方式在多家媒体之间游走,获取自己想要的新闻内容。在这样的情况下,付费类新闻媒体的生存空间愈加狭窄,前景受阻,便逐渐退出了需要付费的"媒体俱乐部"。这种趋势逐渐演化,使得新闻付费的可能性被进一步削减。同时,付费新闻并不适用于所有媒体,而对新闻有偿性的过度强调,也可能带来包括新闻专业主义被蚕食在内的诸多问题。

在新闻与人们连接的过程中,免费与付费之争始终存在。特别是在中国,主流媒体和商业媒体在有偿新闻方面处于"分而治之"的状态。同时这种付费模式也会受到政策、经济和市场等大环境的影响。不同媒体应该根据自己的实际情况,选择合适的经营模式。总之,付费新闻依旧面临重重考验。

◆ 案例

《三联生活周刊》疫情系列报道[①]

《三联生活周刊》在疫情期间推出的新闻系列报道以细节化的刻画和生动的文笔,通过故事化的讲述模式,展现了疫情背景下普通人的生存状态,整体新闻质量较高(见图4-17)。

图4-17 《三联生活周刊》疫情系列报道
(图片来源:官网截图 http://www.lifeweek.com.cn/)

---

① 三联生活周刊,https://www.lifeweek.com.cn/。

《三联生活周刊》将部分内容以公众号的形式免费刊载在网络上，并且得到人们的关注，一部分对其感兴趣，希望获得更多内容的受众，发现了其在公众号中放置的中读APP宣传和入口，便下载体验。中读APP有更加深度的新闻报道，受众可以自由选择是否付费进行阅读。

这样的模式使得《三联生活周刊》在疫情期间的系列报道受到了人们的关注，也为其带来了实质性的盈利增长。

本章小结与思考

新闻的创意传播丰富了新闻的内容、形式以及传播模式，也为新闻媒体的生存和成长带来了启迪和思考。特别是在主流媒体话语权被削弱、自媒体质量良莠不齐的当下，相关主体更要考虑新闻的创意传播，结合社会和受众的具体特征，制定相应的整合式新闻创意传播策略。当然，本章对创新的分类只是一种概括式的初步探索，由于新闻创意传播本身具有复杂性，我们无法将其全部涵盖在内，且各板块之间也存在一定的交叠。本章对四类创新进行分析，并在此过程中穿插相关案例的介绍，对各类别进行有侧重的介绍，强调不同创新之间的差异性，以让读者对新闻创意传播形成整体的印象。

我们在关注新闻创意传播优势的同时，也不能忽视随之而来的伦理和规范问题。一方面，对于专业的新闻报道来说，在强调新闻创意传播的同时，也要注意这些话语对新闻客观性的损害。以人工智能新闻写作为例，这一技术的确在新闻报道进程中起到了极大的作用，也以其实时性特征改变了新闻业，然而过度使用人工智能写作可能会导致报道中人文关怀的缺失，从而损害新闻业的根基，不利于长远发展。虽然"张小明"之类的机器人能在文本中加入有人情味的用词和语句，然而，这终究只是一种表面的整饰，其内核依旧是机器逻辑，而这种机器逻辑也面临着意识形态的"黑箱"问题。从目前来看，人机协同是一种不错的修正方式，但在遥远的未来，机器是否会进一步取代新闻工作者呢？这些问题还要在实践中寻找答案。另一方面，随着技术的使用，特别是精准投放等算法的出现，人们的隐私权也在被逐步蚕食，同时社会的黏性也因为一个个"过滤气泡"而降低，整合能力下降。我们关注新闻创意传播，既要对其中的优势部分加以利用，也不能忽视其中的负面威胁，需要在实践中不断检验相应策略的实际效果。

人工智能背景下"机器写作"在灾难报道中的应用和发展趋势

新闻策展：从内容整合展示到智能算法应用

第五章 公共关系创意传播案例分析

> **案例导入**

钉钉一星"在线求饶":多维度创意公关,达成合意空间

拓展视频

2020年新冠疫情暴发,全国大部分企业停工停产,或采取在家办公模式,学校也延期开学。2020年1月29日,教育部下发通知,要求各地利用网络平台,"停课不停学"。许多学校开始采取网络授课形式。线上教育市场红利出现,在越来越多的人利用阿里钉钉、超星学习通、腾讯会议等网络平台进行网上学习和直播教学的大环境下,阿里钉钉这款企业IM工具(聊天工具)凭借其便捷的功能成为中小学生上网课的主要工具。

但此举也遭到了尚未接受网课和线上打卡的学生群体的强烈不满,学生们认为钉钉限制了他们的自由,将不想上课、排斥约束等负面情绪发泄到钉钉身上。听说如果软件评分过低会被应用商店下架,于是一些学生在各大应用平台对钉钉打一星差评,由此在社交平台掀起了一场非理性的带有游戏心理的群体恶搞狂欢。通过网络平台的传播与渲染,学生圈层相互激励和感染,形成了对钉钉的群体抵制的舆论态势。

尽管品牌方并不存在明显过错,危机主要是受众基于自己的情绪宣泄和价值判断对其进行指责与抵制,但至少也暴露出品牌存在的问题,即品牌想要传递的价值或者提供的服务与受众的预期和体验存在落差,并且在网络传播高速发展的当下,由于信息的碎片化可能会使大众认识并不全面,加之群体传播的情绪特征尤其激烈明显,本次事件对于钉钉来说确实是一次挑战,但同时也是钉钉品牌形象重塑的关键节点。

一般情况下,软件被大量打差评,甚至到影响口碑的程度,品牌都是发布声明,道歉澄清。但钉钉面对的公共关系(以下简称公关)对象是一群任性的"熊孩子"。在抓准用户特征的基础上,钉钉迅速做出了反应。2月14日,钉钉微博发图,求少侠"手下留星",阿里系全家桶组团"凑热闹";2月15日,B站一位UP主自制鬼畜视频《你钉起来真好听》将钉钉拉回战场,随后钉钉以哔哩哔哩弹幕视频网这一新媒体平台为主阵地展开公关活动。2月16日,钉钉在B站投稿一则名为《钉钉本钉,在线求饶》的视频公关广告(见图5-1),通过年轻人接受度很高的鬼畜视频的形式自我调侃,视频中采用钉钉IP钉三多的拟人化形象拉近与受众的距离,甚至对中小学生"跪地求饶"。"少侠们请你们饶命吧,大家都是我爸爸""我还是个五岁的孩子,却加班到脱发"等"浑身是梗"的歌词引发广泛围观、转发和讨论,引爆品牌声量。截至2月末,该视频已获1700余万播放量、139.7万点赞、87.5万投币、66.7万转发以及

21.7万条弹幕,传播力和传播效果不容小觑。

随后,钉钉背后的整个阿里系共同出场,自导自演一场集体式卖萌。淘宝、天猫、支付宝等通过互动留言、联动广告的形式,为钉钉声援,通过人格化的品牌IP形象,进行幽默的有情感的表达,助推话题在社交平台的病毒式传播,各路自媒体大V和社区UP主也开始生产相关话题或制作相关鬼畜视频,普通用户积极参与讨论和分享,进行二次传播。

一时间,围绕钉钉的舆论热度迅速走高。钉钉利用这个机会,抓住舆论之机输出品牌个性和价值,刷新了自己在用户心目中的形象,完成了品牌好感度的提升,并成功化危为机。

图5-1　钉钉在线求饶图片
（图片来源:https://www.bilibili.com/video/BV1K7411E7Zm/）

◆ 案例分析

一、自黑式内容创意,搭起沟通桥梁

传播学的集大成者威尔伯·施拉姆说过,所有的交往者带着一个满载信息的生活空间,带着丰富的经验储存进入传播关系,借此解释自己得到的信号,并决定如何回应。如果两人想要达成有效的交流,他们储存的经验就必须在共同感兴趣的话题上交叉。

钉钉此次危机公关的主要对象是上网课的青少年学生群体,这部分青少年能够熟练使用网络,喜爱二次元和鬼畜亚文化。鬼畜视频来源于日本,并逐渐活跃于以B站为代表的视频网站,成为网络亚文化的重要组成部分,其以新颖幽默的段子和画面深受网络年轻用户的追捧。

钉钉这波鬼畜自黑更容易赢得青少年的好感,产生兴趣和话题的交叉,使得整个公关广告更有真实感与说服力,受众也更容易接受。钉钉利用"我鬼畜我自己"的方式自黑解围,这种形式的传播弱化了双方地位、利益和价值方面的矛盾,用幽默的话语、网络热词和鬼畜表情包等制造暂时的快感。

在实践过程中,这对一些并无实质性错误的"背锅"式品牌危机处理具有很大的参考价值,本章第二节要介绍的腾讯危机也是采用此类"自黑式"公关巧妙收获了一波好感。

二、玩转感官创新,提升用户感受

本次公关中钉钉推出由知名度较高的流行歌曲改编的公关广告。相较于传统公关中的公式化的官方回应,这种创意叙事的回应方式显然更加能够拉近与受众的距离,降低受众的排斥感,效果翻倍。《我钉起来真好听》用歌词描述了两个使用钉钉的温馨情景,采用歌曲加叙事的手法,拉近与受众的距离。

精细加工可能性模型指出,低介入度时,人们多采取边缘路径处理信息,即激活的是人们的情感感知部分,而高介入度时,人们多采取中心路径,倾向于分析产品的性能,这时人们处理认知性信息的能力被激发。此次公关的主要受众年龄较小,分析信息的能力有限且动机较弱。基于此,钉钉在内容传播中采用感性广告,引发受众的积极情绪,使得受众心情舒畅而使他们不愿花精力去思考。通过反转剧情、反差萌、玩梗、造梗等搞笑、无厘头的鬼畜内容和歌曲叙事等形式,让受众与传播内容的"沙雕"画面、动感年轻的背景音乐等产生兴趣而非进行理性思考,并生出对品牌较为有利的态度。

随着新技术的不断涌现,公关活动带给受众的感官创新已经不局限于内容形式创新方面,新技术带来的好玩、新颖又"有料"的玩法能吸引更多受众来体验和关注,媒介技术的升级带给受众的新体验和新感受对最终的传播效果有巨大影响。本章第一节会对媒介载体创新所带来的感官创新的公关案例进行详细介绍。

三、巧用社群互动,助推品牌声势

钉钉的媒体奇观始于 B 站用户制作的关于钉钉的鬼畜视频及钉钉官方账号发布的幽默公关广告视频。当幽默策略得到市场的正面反馈后,阿里旗下其他品牌的 B 站账号也开始发布与钉钉联动的公关广告,打造媒介矩阵。如钉钉与支付宝组成"支钉(置顶)组合",并在 B 站发布首支"出道"单曲《钉醒歌》,淘宝、天猫、蚂蚁森林等通过微博互动形式为钉钉"求饶",开启一场多媒介平台集体式"卖萌秀"。

这样气势宏大的媒介矩阵引得人们"驻足围观",甚至主动加入传播队列,自发分享到社交媒体中,围绕钉钉事件的话题热度迅速走高,一度在微博、B 站、微信等平台上占据话题榜首。从自媒体大 V 到普通用户,更多人围绕阿里旗下各产品进行 UGC(用户生成内容)创作,品牌也积极回应,品牌与目标群体之间的社群互动成功助推品牌声势提高,使得品牌拥有了大量的曝光机会。钉钉借此宣传自身品牌价值和文化,刷新了品牌在用户心目中的形象,更提升了产品好感,成为品牌化危为机、形象重塑的重要一笔。

学者胡百精在其著作《危机传播管理》中指出,合意空间是以各方意见的最大公约数为基石砌造的,并不要求各方意见完全一致,各方欲望完美对接,它承认、容纳和珍惜意见的多样性,而不以众声喧哗的理由否认它的进步性和历史价值。[①] 此

---

① 胡百精.危机传播管理[M].3 版.北京:中国人民大学出版社,2014.

事件中,钉钉舍弃了"权威"和"官方"的高姿态,采用贴近目标对象的方式和真诚的态度在各个社交平台上与受众积极互动,寻求理性包容,并成功建立起合意空间。

从应对危机到价值创新,钉钉真正做到了和用户的零距离沟通。钉钉积极的社群互动将年轻幽默的品牌形象深深植入用户内心,赋予了自身品牌独特的内涵,这对于品牌未来形象以及整体的未来发展都具有重大的意义。巧妙运用社群互动不仅能够极大地激发用户参与,还能在公关舆论态势把控和品牌未来形象重塑中发挥重要作用。在接下来的章节中我们会对此进行详细介绍。

第一节　基于感官的创新:公众体验升级

银联诗歌POS机是中国银联股份有限公司(以下简称中国银联)在2019年发起的一项公益项目,用户只需使用云闪付APP、银联手机闪付、银联二维码或银联卡在银联诗歌POS机上捐赠一元钱,即能获得一张印刷着山区孩子所创作的诗歌的精美"小票"(见图5-2)。中国银联通过这种极具创新意味的形式,让山区孩子平等而有尊严地通过自己的才华获得帮助。这一公关活动不仅引发了CCTV4《中国新闻》、新华社、中国国际电视台等100多家新闻媒体的争相报道,在社交媒体中刷屏,还一举斩获了金狮奖、CAMA全场大奖等诸多颇负盛名的奖项。

图 5-2　诗歌POS机首次在上海陆家嘴地铁站亮相

(图片来源:https://www.digitaling.com/projects/77888.html)

一、融合多种载体:体验更加立体

银联诗歌POS机这一整套公关活动的执行与落地时间跨度大,耗时以年计,并且融合运用了多种媒介载体。除了我们耳熟能详的媒介,更不乏别出心裁的新颖媒介。

1. 诗歌 POS 机

POS 机这一媒介无疑是这一公关活动中最为关键、最为核心且最具创意的载体。

在支付宝和微信支付占据超过 90％中国移动支付市场份额的背景下,中国银联争取市场份额面临着巨大的挑战——改变消费者日常的支付习惯,使其转而体验新的支付方式的门槛相当之高。而在洞察到大山里的孩子纯真质朴、天然不加藻饰的才华与资源极度缺乏的现实困境的矛盾之后,这一引人注目、打动人心的矛盾关系便被纳入企业公益公关的主题。中国银联以公益的形式刺激消费者主动进行产品初体验,达到推广支付功能以及公关并提升企业形象的传播目的。

诗歌 POS 机因其特性——不仅是中国银联的推广体验产品,还可以以"小票"的形式输出大山里的才华——自然成为这一公关活动最为合适的媒介。

2. 直播

中国银联携手央视新闻,在张家界举行了"诗歌长河"公益直播。直播中,一条"瀑布"从郁郁葱葱的山崖垂挂下来,上面写满了从古至今的优秀诗词歌赋以及来自大山孩子的淳质诗歌,不仅再现了李白"飞流直下三千尺"的风流意境,也寓意着诗歌文化的传承发展。

3. 影片和微电影

视频或影音的形式在当今社会早已屡见不鲜或者说至关重要,一个显而易见的例子就是短视频 APP 成为人们生活中不可或缺的一部分。中国银联为本次公关活动创作了主题影片《普杰的冬天》,讲述了一个放羊娃的诗歌梦,该片荣获 2020 金狮国际广告影片奖唯一评审团大奖。而微电影《三千尺》则是以张家界诗歌"瀑布"为背景的。

4. 出版诗集

中国银联与人民日报出版社开展合作,将小诗人们的才华——194 位山区孩子创作的 200 首纯真诗歌——凝聚为《大山里的小诗人》诗集并出版。首个儿童公益诗集发布会也得以成功举办,小诗人们亲临现场进行签售。

5. 品牌联名诗歌瓶

中国银联与农夫山泉展开跨界合作,把大山里孩子们的诗歌印在农夫山泉瓶上,借助农夫山泉的瓶身,将产品变身媒介,推广孩子们的诗歌,进而获得更广的知名度和更佳的传播效果。正是这一系列形形色色、切合实际、多样化且极富创新意味的媒介载体,使中国银联承载的公益公关活动得以顺利进行并获得极大成功。因此,媒介载体的正确选择与使用对于公关来说至关重要,而在媒介极度发达的时代,多样化、创新性媒介的选取已成为成功公关的必然条件。

二、媒介载体创新:受众体验升级

公关中媒介载体创新有两方面含义:一方面是指善于发掘已经存在但未被发觉、未被重视的媒介载体;另一方面则是,正如传播媒介已经经历的符号媒介—手抄媒介—印刷媒介—电子媒介—网络媒介的发展过程,随着社会生产力的发展,更为新兴的传播媒介必将到来,只有面向未来,才能跟上媒介发展的潮流,真正发挥公关的传播效果。

从客观层面来说,中国银联的成功离不开其对多样化、创新性的媒介载体的选取,而对于"人"这一极具主观能动性的主体来说,主要是感官创新,即调动受众的多样或"另类"感官。

感官营销是指融入消费者的五种感官体验(触觉、视觉、味觉、嗅觉和听觉)并影响消费者的感知、判断和行为的营销方式。① 目前最流行、最受重视的形式无疑是对视觉感官的调动,比如可口可乐简单鲜明的红白配色,百事可乐红蓝分明的经典配色,它们仅仅通过视觉上的颜色搭配就建立了独一无二的品牌形象,甚至夸张到让人们在看到这种颜色搭配时,脑海中会不自觉地浮现这个品牌。听觉感官的运用虽然稍弱于视觉感官,但也得到了一定程度的重视,譬如广播、各种有声小说和广播剧的繁荣。视听觉融合的形式更是得到了广泛运用与传播。这充分表明了感官营销的巨大效力。而银联诗歌 POS 机有着切合的载体、新颖的形式、淳朴的情感,正是对这两种传统感官的极致运用。

但同时,我们不得不承认由于过于重视开发人们的视觉和听觉,其他感官体验在广告公关中反而在一定程度上被弱化了,也不得不承认我们过度囿于现有的、已被广泛运用的媒介载体,而限制了我们思想和创意的天马行空。这种弱化和限制不是对于其效果来说的(它们的作用毋庸置疑是非常强大的),而是针对运用层面来说的。值得一提的是,有时候被忽视也是一种独特优势,能够让媒介载体因为别出心裁而获得广泛的传播效果。也就是说,更多样化的、更具创新意味的媒介载体的正确选用和对受众感官的正确调动,往往会产生出乎意料的效果。这也是公关创意传播的创意点所在。

1. 视听觉融合的新形式:Vlog

Vlog(video blog)即视频博客,是记录性和人格化较强的视频,制作者多以自己为主角记录,再通过剪辑、配乐和适当的字幕,制作成具有个人特色的视频日记。它比文字博客更具视觉形象,比搞笑娱乐的短视频更真实,呈现出自然流畅的审美取向。②

Vlog 作为视觉和听觉融合的营销新形式,在公关领域的应用可以说是走在创意传播的前

---

① 钟科,王海忠,杨晨.感官营销研究综述与展望[J].外国经济与管理,2016(5):69-85.
② 张昕.Vlog 的特点与发展趋势——从视觉说服视角[J].青年记者,2018(17):98-99.

沿。Vlog 不仅形式较为新颖,而且具有视听并茂的特质,能够产生不俗的传播效果和影响力。

下面案例中的这支 Vlog 就以极其低廉的公关成本达成了无法估量的正面公关效果。其在短短 5 分 40 秒的时间内展现了勇于承担责任、真实而接地气,同时紧跟时事热点的企业家形象,将 Vlog 的优势运用得淋漓尽致,成为企业公关界为人津津乐道的成功案例。

 案例

老乡鸡董事长的 Vlog

拓展视频

2020 年新冠疫情期间,"老乡鸡董事长手撕员工减薪请愿书"的 Vlog 在各大社交媒体流传。视频中,老乡鸡董事长束从轩一身居家服装打扮,名梗不断,金句频出。最让人印象深刻的是在视频 3 分 46 秒,束从轩亲手撕掉了员工请愿不要工资的联名信,霸气地表示:"哪怕是卖房子、卖车子,我们也要千方百计的啊,确保你们有饭吃、有班上!"(见图 5-3)。

图 5-3 老乡鸡董事长手撕员工联名信

(图片来源:https://m.sohu.com/a/374109740_120521569)

2. 嗅觉的奇妙运用

气味具有超凡的激起回忆的功能,比如爆米花的香味会轻而易举地把人们带回童年。《感官之旅》的作者黛安·艾克曼说过:"触动嗅觉防线,记忆就会瞬间爆发。一种复杂的景象,就像从灌木丛中跳出来。"①

下面案例中的网易严选就运用了气味这种颇具创意的公关活动载体,调动了用户相对被忽视的嗅觉。用户在打开快递盒,看到、触碰到产品的同时,能够闻到一种淡淡的、非常具有严选风格的气味。这种美好的气味刻入品牌的核心文化,从而在品牌和用户之间搭建起情感的桥梁。在情感的驱动下,用户接受品牌的产品便是水到渠成之事。

❖ 案例

网易严选——企业标识"严选香"

在品牌上线两周年之际,网易旗下自营电商品牌网易严选推出首个品牌专属气味——严选香,并特别定制了 2 万个严选香快递盒(见图 5-4),随机派送给两周年庆期间下单购物的严选用户。无论用户身处哪里,其拆开快递盒的第一时间都能闻到网易严选所提倡的美好生活的味道。这款香型以品牌专属气味的身份加入网易严选的品牌标识系统,使网易严选成为首个拥有气味标识的互联网公司。

图 5-4 严选香快递盒

(图片来源:https://news.tom.com/201804/4217264649.html)

---

① 黛安·艾克曼.感官之旅[M].庄安祺,译.台北:时报文化出版企业有限公司,1993:136.

3. 感官融合：集大成者"第九艺术"

相较于在 TapTap 上评分长年为 6 至 7 分的《王者荣耀》和《和平精英》这两款争议颇多的爆款游戏，评分高达 9.7 分的《见》简直可以说是口碑炸裂。这一游戏不仅证明了腾讯具有打造好游戏的能力，更传递了腾讯游戏的社会责任感，无疑是公益拯救负面形象的范例。

作为"第九艺术"的游戏实现了玩家多样化感官的融合，几乎具有其他任何媒介载体都无法企及的参与度和沉浸感。而随着科技水平的不断提高，在未来，AR、VR 乃至全息技术游戏的到来将真正实现五种感官的全面融合，从而开创公关创意传播的崭新局面。

技术在不断进步，人脑的思维在不断发散，因此公关创意传播的载体也会不断创新，并不拘泥于本书所叙。

◆ 案例

腾讯游戏——沉浸式体验视障生活

《见》是腾讯游戏创作的一款体验视障人士生活与出行的公益免费游戏，讲述了一个盲人的爱情故事。在游戏里，玩家将以视障人士的视角去体验出行，通过黑屏、线条触摸、声音模拟视障人士的出行感受，呼吁大家关注无障碍设施的建设和完善，关注特殊群体出行的安全问题，为他们创造更为便利的公共环境（见图 5-5）。

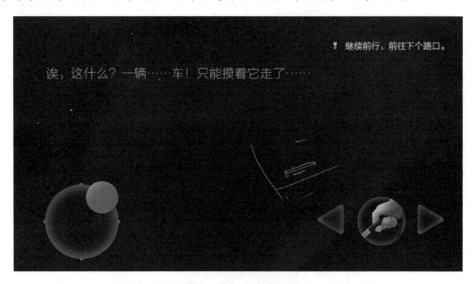

图 5-5 《见》游戏页面

（图片来源：http://www.yxdown.com/zl/players/1692.html）

第二节 基于内容的创新：出巧力办大事

2020年5月13日，一篇近万字的题为《肖战背后：腾讯的背水一战》的文章在各大平台形成刷屏效果。写作背景是阅文集团新合同和肖战，作者认为这一系列事件都是腾讯的背水一战。这篇文章的前半部分先用种种事实证明诺基亚如日中天的时候其实已经面临危机，从而得出结论——现在看似风光的腾讯已经穷途末路了。后半部分告诉人们未来应该是某音的天下，腾讯不再具备流量，腾讯发现了这一点，只好背水一战，打出他们处心积虑多年培养的"终极秘密武器"——肖战，企图扭转乾坤，之后推导出这篇文章的终极结论："肖战模式"是腾讯最后的希望。这就是这篇文章的整体逻辑。虽然这篇文章已经无法在公众号阅读，但微博、头条号等平台链接依然能够点开，截至2020年5月14日，该文章在微博转发近10万次，阅读量超358万。

这篇文章之所以能引起如此大的反响，除了因为文章论述的主角是渗透到我们生活多个领域的大公司腾讯外，还因为给予了肖战非常高的"番位"，使得文章受众不只是对腾讯感兴趣的业内人员，肖战的粉丝和黑粉也都希望从这篇文章中找到自己的"论据"。

虽然文章存在大量漏洞，但还是有大批网友跟风夸赞，表扬文章极具深度。在以互联网碎片化信息为特征的时代，这对于腾讯的口碑造成了很大的冲击。有意思的是，事件中TMT（数字新媒体产业）圈出奇团结一致，认为这篇文章漏洞百出。腾讯对于此次事件反应很快，用"侵权"为由进行举报，致使文章在微信上两次被封，作者账号也被暂停使用；除此之外，腾讯公关总监张军在朋友圈也迅速做出回应："拼凑观点，找一堆真假参半的材料来论证。这种写作手法，真是让人哭笑不得。只怪这个年代看客太多。说别人收割流量，这种文章才是典型的流量收割，众生为韭菜。"①

腾讯对于此次事件处理的巧妙之处在于借力助力，随后利用一张公关招聘的"背水"海报图（见图5-6），将大家的关注点拉回娱乐话题的维度，巧妙地实现"四两拨千斤"，对话题进行内容上的重新创作，用自黑方式给了先前文章一记"重拳"，成功化解了危机。

一、读懂内容：速度反应定调

只有真正读懂危机，解读出危机的根源，才能避免无用之功。这次的危机其实是一场"被动式"危机，实质上该危机并不是由腾讯做错什么事情引发，而是由一篇对其品牌形象不利的文章刷屏引起的。读懂矛盾的核心很关键，这次就是娱乐明星的危机话题被"嫁接"到企业发展上。既然文章并不是有理有据，有比较明显的蹭热度、赚流量的嫌疑，那么就先表

---

① 一张自黑图竟然能逆转一场危机，腾讯公关是如何"背水"的？［EB/OL］.（2020-05-15）［2023-8-10］. https://zhuanlan.zhihu.com/p/141061433.

图 5-6 腾讯一张"背水一战"自黑图

(图片来源:https://www.sohu.com/a/395319257_118881)

明自己的态度。腾讯公关总监张军的朋友圈用"真假参半"一语概之,但在当今的信息化社会,在碎片化的传播以及看热闹心态的驱使下,很多网友对于文章持支持态度,这就有必要对于文章的传播进行干涉,腾讯在第一时间对文章进行了举报,使得公众号被查、文章被封。

腾讯在应对危机时反应还是比较迅速的,并且很重要的一点就是避免触碰敏感话题。文章用肖战作为标题极大地吸引了粉丝和黑粉的关注,而腾讯公关则巧妙地避开肖战话题,减少圈层搅和,起到了迅速让事件降温的作用。

陈先红老师在《现代公共关系学》一书中多次强调面对舆论危机时,企业需要把握三个"度",即速度、尺度、态度。① 在此次腾讯公关处理中,公关人员迅速了解、掌握事件真实情况并做出反应。并且当天正好是腾讯财报的发布日,腾讯加大了对业绩的传播力度。事实胜于雄辩,如此一来,不仅尺度把握较好,还能体现一个大企业的风度。

二、借力内容:自黑式降维营销

1. 借势"背水",内容创新

腾讯此次公关的绝妙之处在于采用自黑式营销,积极进行内容创意,掀起新一波宣传热

---

① 陈先红.现代公共关系学[M].北京:高等教育出版社,2009:431-432.

度。腾讯对之前《肖战背后:腾讯的背水一战》的文章进行错位形象化,采用网络话语的形式,用网络表情包进行创意内容传播,配上创意文案"加入腾讯——和我背水一战",对"背水"重新进行了定义,创意内容既自黑又略带调侃,巧妙避开话题中的敏感元素,成功将之前看似严肃的商业分析文章降维,转而回到娱乐话题的维度,此举实在是高明。

  自黑需要结合恰当的表达,这时候传播的内容创意显得尤为重要。如果企业对于这个自黑的尺度把握得恰到好处,那么创意的内容便会成为其转危为安的一个"跳板"。同时,自黑可以传达出一种态度,即敢于自黑就不怕来自他人恶意的抹黑。因此运用好自黑式营销方法,往往能给企业带来不一样的境遇和转机。

2. 自黑式营销引发的二次传播热

  在互联网的浪潮中,品牌很容易被"他黑",但用户往往只是提出自己的想法或者是做成鬼畜视频供大众娱乐,此时一旦品牌方较真,往往就会遭受更严重的"骂名"。更多用户想见到的是品牌方与用户的互动,想见到它们更为接地气的一面,因此自黑是一种营销手段,尤其是在娱乐圈。对明星而言,自黑不仅会增加自身曝光度,还会塑造一个亲切、幽默的自我形象,如果总是摆个高高在上的架子,时间长了,再铁杆的粉丝也会产生距离感。

  第一波"背水"海报刷屏之后,腾讯开始加大自黑力度,在B站账号上进行二次创作,恶搞小马哥和企鹅宝宝,网友们也纷纷参与进行二次创作,引发二次传播热。这时人们的视线已成功被转移到腾讯的自黑策略中,对于事件缘起也不再那么关注。

  腾讯在此次事件中借助自黑式营销,通过创意内容成功脱身,转移了大众的视线,并意外赚取一波关注与好评,成功转危为安。此次事件中,腾讯并没有花费太多的时间或者精力,取胜之道就在于对于危机进行正确解读之后巧妙地创意内容,将"背水一战"解读到腾讯公关招聘之中,并开启了一场全网狂欢,这在一定程度上体现了创意内容传播对于危机公关的巨大作用。这就是创意传播的魅力。不同于传统的危机公关的处理,洞察受众话语偏好进行创意内容传播,也许可以直接帮助品牌化危为机。

三、创意内容:出巧力办大事

  品牌进行公关应对时是否采取内容创新策略,很大程度上取决于危机的性质。如果危机是由品牌做错事情而引发的,那么这时候采用讨巧的创意内容很容易不被买账,原因在于人们可能认为品牌方态度不端,这时候最好采用"阳光公关"相关策略,即建立在"追求真善美,传播正能量"的基础上,通过"说真话、做善事、塑美型"进行巧传播。品牌自黑以及讨巧的创意内容只适用于话语环境没有那么严肃,品牌方没有做错事情,大众对于品牌的评价没有一边倒时,如此,创意内容可以在很大程度上吸引大众的注意,自黑式的营销往往可以减少品牌与用户之间的立场差异,拉近双方的关系距离,为双方交流带来娱乐感,帮助品牌以较小的成本获得较高的口碑。

案例

KFC——自造山寨字母表

品牌被山寨是不是一件很常见又很难彻底解决的事？一般品牌被山寨，采取的做法无非是发律师函、发公开声明和山寨撇清关系。肯德基作为"炸鸡界的扛把子"，自然也被疯狂山寨过，那么，它是怎么面对山寨的呢？肯德基制作了一张"山寨字母表"，把所有与其品牌名相似的品牌按照首字母 ABCD……排序集齐了，并配文"GUYS' WE'RE FLATTERED(兄弟们，客气了)"（见图 5-7）。

图 5-7　KFC 自制的"山寨字母表"
（图片来源：https://zhuanlan.zhihu.com/p/69682460）

面对大量的山寨,肯德基既没有强硬地对抗,也没有置之不理,而是用一种幽默的方式来表达这种无奈,既有趣又容易得到迅速传播。有时候,一张图片的传播力度远远大于一份官方声明,作用也更明显。在读图时代,图片的传播力可能远远超出我们的想象,而图片如果富有趣味性,那么它的传播力可能会更强,肯德基的这个"山寨字母表"就是很好的例子。

第三节 基于关系的创新:打造品牌声势

2021年6月初,蜜雪冰城官方账号在B站上传了主题曲MV《你爱我,我爱你,蜜雪冰城甜蜜蜜》,随后又上传了中英双语版。魔性的旋律和简单的歌词迅速获得了大众的关注(见图5-8)。截至当年8月28日,中英双语版获得了高达1839.9万次的播放量,近79.5万的点赞量以及36.2万的转发量。紧接着,网友们对这首魔性又上头的主题曲进行了二次创作——线上各国语言版本,各地方言版本,甚至苏维埃分店版、白宫版、阴间版、电音版、真人版、熊出没版、土木学生版等鬼畜版本纷纷问世。蜜雪冰城还在线下开展指定门店前唱主题曲可享免单活动,有不少人将唱歌视频上传社交媒体,进一步带动了讨论热度。在这场线上线下的联动营销公关当中,蜜雪冰城无疑是最大的赢家,收获了一大波热度。

图5-8 蜜雪冰城主题曲MV
(图片来源:B站官网截图)

一、转变营销思想:以消费者为中心

美国学者认为,品牌社群(brand community)是以消费者体验为中心的消费者与品牌、消费者与产品、消费者与企业、消费者与消费者四种主体之间的多元关系。① 人们常说的转变营销思想,就是将品牌社群从以企业为中心转变为以消费者为中心。基于互联网和社交平台,企业和消费者实时互动,激发消费者参与和协同创意,实现品牌价值共创。②

而公关和营销具有异曲同工之妙。在此次营销型公关活动中,除了最开始蜜雪冰城官方发布的旋律和歌词都非常简单的MV,进行二次创作和后续发力的几乎都是网民,或者说消费者。这一场轰轰烈烈的网络奇观,无疑昭示了消费者在品牌公关活动中的自觉能动性的巨大力量,同时意味着公关活动的策划务必须将消费者的自觉能动性纳入考虑范围。

二、巧用社群营销:激发消费者参与

传统的市场营销,由企业来定义和瞄准消费群体,通过大规模、单向的大众传播来塑造品牌,消费者处于被动地位。而在移动社群平台,消费者之间建立了实时的社交分享,来自社群成员的口碑远比传统的广告公关更能影响其消费态度和行为决策,主动权转移到消费者手里。所以,企业要通过品牌社群营销,不断激发消费者参与,激发社群成员的积极性和创造力,弱化自身的"管理者""领导者"意识,做好"组织者""服务者"职责,让消费者自己"玩转""玩大"品牌社群。③ 蜜雪冰城的这一营销公关活动,就是通过巧妙的"两步走"策略将主动权交给了消费者,通过UGC(用户生成内容)的独有魅力极大地丰富品牌公关活动。第一步是品牌制造轰动话题,即蜜雪冰城官方在B站投放两支魔性且"洗脑"的主题曲MV,引发广大网友的关注,吸引人们的注意。第二步是降低UGC生产门槛,包括但不限于认知门槛、行动门槛、成本门槛等。蜜雪冰城的主题曲改编自在美国传唱度很高的经典民谣《噢!苏珊娜》,歌词简单,旋律魔性;互动机制设计简明,唱主题曲,就送饮品/冰淇淋,易参与;消费者所需付出的金钱成本近乎为零。

◆ 案例

可口可乐——惊喜制造机

鲍勃·加菲尔德和道格·莱维在其营销著作《疯赞:以真诚的社交互动激发消费者对品牌的持续追捧》中提到这样一则故事:纽约长岛的圣约翰大学新建的密室中,可口可乐公司员工靠墙放置了一台自动贩卖机(见图5-9)。当学生往贩卖机里投币买1瓶可乐时,偶尔会掉出来2瓶甚至16瓶,有时候掉出来的是一束鲜花,有时候是一块意大利腊香肠比萨,有时是一个16英寸长的潜水艇模型。这些都是藏在墙后的可口可乐公

---

① Mc Alexander J H, Schouten J W, Koeing H. Building brand community[J]. Journal of Marketing, 2002, 66(1): 38-54.
② 陈刚, 沈虹, 马澈, 等. 创意传播管理 CCM: 数字时代的营销革命[M]. 北京: 机械工业出版, 2012: 56-57.
③ 金韶, 倪宁. "社群经济"的传播特征和商业模式[J]. 现代传播(中国传媒大学学报), 2016(4): 113-117.

司员工"蓄谋已久"的安排。对于只想买瓶可乐的学生来说,这是个巨大的惊喜。公司还安排了一台摄像机记录下学生们吃惊的表情,并在添加字幕后将视频上传到 Youtube 上。2011 年 1 月 1 日,可口可乐公司在脸书(Facebook)主页上发布了这段视频。一年时间内,这段视频收获了 1.5 万个赞,点击率达到了 400 万。①

图 5-9 可口可乐自动贩卖机

(图片来源:https://www.5ibc.net/book/302494.html)

三、进行实时互动:把握用户心理

大众传播的传播模式基本上是单向的,具有延迟性、间接性等特点。网络直播的出现打破了时空的界限,使一对多的实时互动成为可能。随着交互体验升级,VR 和 AR 等技术的介入,直播交互将更具沉浸感与参与感,其提供的是更具个性、更加平等的新的传播方式。②

移动互联网社群聚集了大量真实、活跃的消费者,体现了消费者的个性需求、兴趣图谱、消费体验和社会关系。通过社群平台,企业可以和消费者进行一对一、一对多的实时互动,让品牌成为消费者社群中的一员,在社群互动中增强消费者对品牌的情感体验和价值认同,提高品牌忠诚度和持续消费力,从而提升品牌价值。③

在蜜雪冰城主题曲火遍 B 站的时候,蜜雪冰城鬼畜视频之所在即蜜雪冰城官方之所往,其积极与二创作者以及评论区网友进行或搞怪或正经的互动。蜜雪冰城官方甚至还专门建立了一个收藏夹来收藏广大 B 站网友的二次创作视频,认真对待网友的每一次再创作。

---

① 陈莎莎.浅析跨国公司的企业文化传播——以可口可乐公司的本土化及社交互动营销为例[J].新闻研究导刊,2016(16):362.
② 赵梦媛.网络直播在我国的传播现状及其特征分析[J].西部学刊(新闻与传播),2016(8):29-32.
③ 金韶,倪宁."社群经济"的传播特征和商业模式[J].现代传播(中国传媒大学学报),2016(4):113-117.

但同时，我们不得不承认，在现有技术条件下，虽然各类社交平台随时随地发布信息，并通过评论功能带给人们及时交流的可能，但这些平台很难做到实时互动。而网络直播真正能够实现实时互动[①]，是目前能将实时互动利用得淋漓尽致的技术形式。

◆ 案例

鸿星尔克——支援河南水灾

在河南面对严重水灾之际，境况同样不容乐观的、接地气的国货品牌鸿星尔克却捐赠5000万元物资进行支援。这一表现引发了广大网友的关注，大家纷纷涌进鸿星尔克的直播间表示要下单，这让鸿星尔克的主播深受感动，但是他在感动的同时，积极与网友互动，并奉劝大家理性消费，一时之间人们对鸿星尔克的好感爆棚（见图5-10）。鸿星尔克迎来了自己的"高光时刻"，连续两日直播销售额合计1.87亿元，该品牌在国民心目中的形象得到了极大程度的提升。

图 5-10　鸿星尔克驰援河南灾区

（图片来源：https://m.weibo.cn/2171593110/4661454088968882）

品牌的爱国与真诚是此次公关成功的原因之一，但直播这一实时互动形式在此次公关活动中发挥的作用也不容小觑。直播带来的社会临场感和实时互动的形式能够让品牌方和消费者更容易进行情感的交流和理解。

---

① 赵梦媛.网络直播在我国的传播现状及其特征分析[J].西部学刊(新闻与传播)，2016(8)：29-32.

四、理解公关新模式:先有社群,后有品牌

虚拟品牌社区是一群主要以计算机网络为媒介进行沟通的人们分享某种品牌的知识和信息,如同对待友人般彼此关怀所形成的团体。虚拟品牌社区的内容包括获取信息、系统质量、交流互动、活动回报等。①

传统的品牌社群营销是"先有品牌,后有社群",即企业通过大规模广告营销,提升品牌知名度,再建立品牌社群,加强与消费者的互动,提升品牌影响力。而移动互联网时代的品牌社群营销是"先有社群,后有品牌",即先聚合粉丝,运营社群,再通过激发粉丝参与,扩大口碑传播,获得新的产品创意,不断优化服务和体验,最终创造出独特的产品和品牌。因为有了社群,有了消费者的信任聚合、积极参与和情感投入,品牌可以找到自身成长的最短路径。只要一个新品牌的创建者有足够多的闪光点和吸引力,就可能迅速聚集一群追随者,迅速打造品牌。移动互联网时代的品牌塑造不再是企业单方主导的行为,而是企业和消费者在互动参与过程中的价值共创行为。用经营社群的方式去塑造品牌,将成为未来的营销传播新趋势。②

◆ 案例

小米——玩转社群营销

小米无疑是移动互联网时代社群营销公关的典范。在小米逐年翻倍增长的产品销量、融资金额和公司估值背后,小米强大的"发烧友""米粉团"尤为引人注目。千万级小米粉丝聚集在各社会化媒介平台,并在小米新品发布会、米粉节(见图5-11)、"同城会"的现场近乎狂热地摇旗呐喊,助推小米手机不断刷新"秒杀""售罄"纪录,促进了小米品牌传播和美誉提升。③

在获取信息方面,小米"发烧友"能从社群中获得最新的足够多的可靠信息,其中既包括品牌方提供的信息,也包括社群成员之间分享的信息。

在系统质量方面,品牌社群依附于网站(即小米社区)的高质量,包括美观、方便、快捷等方面。

在交流互动方面,主要指社群成员之间以及他们和公司之间的信息和情感交流,对于常常进行线下活动的虚拟社群来说,这个交流互动也包含会员在现实中进行的交流活动。

---

① 雷培莉,陈铭哲,赵博扬.手机品牌虚拟社区营销策略研究——基于小米手机的营销分析[J].价格理论与实践,2012(10):72-73.
② 金韶,倪宁."社群经济"的传播特征和商业模式[J].现代传播(中国传媒大学学报),2016,38(04):113-117.
③ 刘方远.小米生态圈的建构模式及运作机理研究[D].暨南大学,2015.

图 5-11　小米 2021 米粉节海报

(图片来源：https://m.ali213.net/news/gl2104/594473.html)

在活动回报方面，积极参与社群活动的成员会获得一定的回报，比如物质奖励、晋升为高一级的会员、在社群中拥有更广泛的权利等。

小米通过在虚拟品牌社区内的长期公关运营，成功培育消费者的品牌忠诚度。

本章小结与思考

品牌在生存和发展过程中，随时可能出现危机。随着新媒体的发展，速度快、范围广和多元化的传播特性加剧了危机对品牌带来的影响。在新媒体环境下，首先，品牌危机发生率高。当前传播环境的复杂性和不确定性加大了品牌危机发生的可能性，且在人人互联的当下，企业一旦出现问题，经过新媒体的不断传播以及网民的随意跟风发布后，可能恶化成严重的品牌危机事件。其次，危机具有突发性和紧急性，舆论传播通常呈爆炸式扩散。最后，舆论难以掌控，这是由新媒体的去中心化、去权威化特点导致的。

与此同时，新媒体具有的便捷性和交互性为企业与大众之间开展灵活互动提供了便利。在企业发生危机的特殊时期，工作人员甚至主管领导都可以通过新媒体与公众沟通，以真诚、平等、谦卑的姿态和人性化的言行增强企业亲和力，改善企业形象。

而品牌危机为企业带来的可能是危险，也可能是机遇。只要企业处理得当，企业不仅有转危为安的余地,甚至能够化危机为转机,借机传递自身正面的品牌形象。本章开篇的案例钉钉一星"在线求饶"就是用创意传播的方式成功化危为机的典范。

公关创意传播追求的是有效沟通,即通过沟通使公众理解、喜爱和支持企业。公关的核心仍是表达,而有创意的表达则会起到"四两拨千斤"的功效。公关传播在内容、传播媒介以及关系管理层面的创意火花会使公众对于公关活动的体验升级,帮助品牌转危为安,品牌形象也就深入人心。

互联网环境下,企业在采取公关措施时要把握好尺度和速度,并且善用创意内容进行传播。有的时候,企业一本正经的声明可能没有一个有趣的表情包的传播来得有效,这是由网络传播中特殊的话语体系决定的。当然,非常重要的一点是,这要根据危机的性质来判断,企业要始终将真诚作为处理危机时所秉持的基本态度,偶尔的"自黑自嘲"作为调节剂有时能带来意想不到的效果。

新媒体环境下的公关创意传播并不意味着公关活动需要百分百依赖新媒体,并不意味着新媒体才是公关创意传播最适合的媒介载体,我们需要跳出思维的局限,具体问题具体分析,寻找到合适且新颖的公关传播形式。

超越危机公关:参与式沟通作为新范式

互联网新技术背景下的舆论传播策略

第六章　国家与城市形象的创意传播案例分析

◆ 案例导入

2008年北京奥运会收视率创新高

2008年8月8日20时,第二十九届奥林匹克运动会(简称奥运会)开幕式在中国北京国家体育场(鸟巢)隆重举行。这场开幕式由中国电影导演张艺谋团队操刀,为全世界奉上了具有中国特色的视觉盛宴,将五千多年的中国灿烂历史文化和象征着团结、友谊与和平的奥林匹克精神紧紧结合在一起,在烟花与灯火之中赢得了一片叫好声(见图6-1)。

作为中国举办的第一次奥运会,其开幕式有9万人在现场,中国11亿人、全球44亿人通过电视观看开幕式,创下了人类历史上节目收视率的最高纪录。国内收视率达40.54%,收视份额高达83.62%。

2022年2月4日,第二十四届冬季奥林匹克运动会(简称冬奥会)在北京盛大开幕,此次冬奥会展现出一个自信、充满活力和现代化的可爱中国形象,再次吸引了世界人民的目光。据国际奥委会电视和营销服务首席执行官兼常务董事蒂莫·卢姆介绍,全球预计有20亿人次收看北京冬奥会。北京冬奥会开幕式收视率超越往届,全球大概有5亿观众收看,远超2014年索契冬奥会的3.88亿。①

从2008年的奥运会到2022年的冬奥会,从1990年的北京亚运会到2023年的杭州亚运会,中国的国家形象在国际赛事的勾勒下变得丰富与多面。借助国际赛事,我们向世界展示了一个开放共享、充满现代化、可爱可敬的文明古国(见图6-2)。外国受众对中国的评价也从贫穷落后到发展强大再到如今的负责任与亲和友好。

---

① 北京冬奥会各项转播数据创新高[EB/OL].(2022-02-17)[2023-06-01]. https://www.sport.gov.cn/n20001280/n20067662/n20067613/c24023043/content.html.

图 6-1　2008 年北京奥运会开幕式现场

（图片来源：https://mr.mbd.baidu.com/r/14guWfhMzSM? f=cp&u=709478d1f2663529）

图 6-2　2022 北京冬奥会开幕式现场

（图片来源：https://politics.gmw.cn/2022－02/05/content_35495603.htm）

第一节　国际赛事传播：国家形象的有力踏板

一、传播主题：情感互通、价值共通

1. 奥运会

作为大型国际赛事，奥运会是属于官方渠道的、颇受关注的全球性事件，本身具有高关注度、高热度的优势。

《奥林匹克宪章》指出，奥林匹克精神就是相互了解、友谊、团结和公平竞争的精神，包括参与、竞争、公正、友谊和奋斗的原则。奥运精神中的更高、更强、更快体现了全人类突破极限、挑战自我的冒险精神。体育是属于全人类的，体育竞赛具有去政治化的特征。奥运会并非国家事件，而是国际事件，是全世界的人们基于体育精神友好竞赛、和平相处的平台。奥运会是体育和文化的结合，也是和平与友好的象征。作为世界关注的国际赛事，奥运会享有天生的热度与关注度，是不可忽视的国际舆论热点。对于国家而言，奥运会是塑造国家形象、构建话语权的良好时机。

2. 人类命运共同体价值观

相比2008年的奥运会，2022年的冬奥会在国际传播领域收获了更多的肯定与赞扬。2008年奥运会是中国第一次举办如此大型的国家赛事，在展示自我、塑造国家形象层面能力不足且思维局限，过于强调自我展示而不是阐释共同的价值观、讲述共同的故事。而在2022年冬奥会开幕式的展现中，我国不再过于强调展示中国的传统文化，而是讲述中国积极践行人类命运共同体理念，阐释中国积极融入世界的过程与决心。

2022年冬奥会的主题是"一起向未来"（together for a shared future）。主题贯彻了人类命运共同体的理念，也和中国的大同社会、天下为公有异曲同工之妙，同时，在全球疫情形势仍不容乐观的背景下，鼓励世界人民团结起来共克难关。人类命运共同体价值观很好地拉近了传者和受众之间的距离，也很好地引发了其他国家受众与举办国的共情，减少了传播障碍。2022年冬奥会在开幕式中也更加强调对人类命运共同体价值观的阐释，用冰球打破冰块，奥运五环从碎掉的冰块中冉冉升起的仪式展现了各国人民打破隔阂、化解矛盾、友好相处的愿景。开幕式中反复出现的雪花代表着90多支参赛队伍，小雪花最终汇集成大雪花，承接着燃烧的熊熊火炬，代表世界人民的和平友好相处。开幕式作为奥运会传播中的第一层传播,有着最高的关注度和热度,冬奥会开幕式有力地展现了和平、亲和、环保的中国形象。

3. 绿色环保价值观

2008 年奥运会被西方国家及媒体诟病的地方在于宏伟的场面和华丽的画面、高昂的预算。在强调生态环境保护和资源可持续的时代背景下,2022 年冬奥会强调绿色、简约、干净。由于疫情的影响,此次冬奥会开幕式在云端举办,现场并没有观众。整场开幕式所有的演员都是普通群众,且人数适中,不再着重塑造恢宏的场面。开幕式中大量场景由数字表演与仿真技术制作,并通过综合运用人工智能、5G 等多种科技成果,实现了"人少而不空,空灵而浪漫"的效果。在万众瞩目的点火炬环节,小小的火炬被稳稳地放在了集聚 90 多支参赛队伍的大雪花上,用最小的火向世界展示本次冬奥会的核心理念,资源节约、绿色环保。在开幕式中多次出现地球、雪花等自然场景,强调人与自然紧密结合的关系。受到广泛好评的"二十四节气倒计时"不仅呈现了大自然节气变化的种种美景,也展现了中华文化的博大精深。

在碳达峰、碳中和成为我国的时政热点,绿色环保成为与各国人民息息相关的主题时,冬奥会用简约且自然的方式呈现开幕式,用通俗易懂的简约哲学来展示中国作为第一个实现奥运会碳中和的国家在绿色环保、资源可持续上的决心与努力。

4. 吉祥物萌文化

奥运会吉祥物是历届奥运会的象征,体现出积极向上的奥运精神。奥运会吉祥物本身既有符号象征的概念,又有精神象征的意义。[①] 每一届奥运会,吉祥物都作为举办国展现自身文化软实力、体现自身文化特色的重要载体,这就要求吉祥物既能够展示举办国的文化特点,又能够被世界人民接受。冬奥会的吉祥物选取了中国国宝熊猫,其可爱友好的笑容和圆嘟嘟的身体很好地满足了西方受众对于中国吉祥物的想象与期待。动物先天具有"萌传播"的潜力,受众习惯从人类的角度对其行为进行解构、赋予人的意义。冰墩墩透明的外壳指代冰球运动员所穿的"盔甲",脸上环绕的冬奥会丝带从侧面体现出冬奥会的科技感。整体设计突出简约,减少文化折扣,同时充分发挥了熊猫的萌态和憨态(见图 6-3)。冰墩墩作为冬奥会的一个文化符号,很好地展现了中国特色,深受西方受众喜爱。冰墩墩很好地运用了可爱传播的力量,这也是日本在国家形象塑造中惯用的萌力量。

二、传播者:主体多元、联系紧密

1. 政府

奥运会从申办、宣传到举办都是以国家为单位进行的。国家是强势的传播主体,它对媒

[①] 陈子瑜,曹雪.冬奥会吉祥物的设计探讨:以北京冬奥会吉祥物"冰墩墩"为例[J].美术学报,2020(3):18-23.

图 6-3 冰墩墩图片

(图片来源:https://www.163.com/dy/article/GVUPQO0E0531MUXU.html)

体的使用是全方位的,无论是纸质媒体、通信媒体还是新媒体,作为受众无不感受到举办国政府铺天盖地的宣传。北京市积极为北京冬奥会筹建 2022 北京新闻中心,接待对象为北京冬奥会非注册但具有正式记者身份的媒体从业人员。其接待原则为:非必要不邀请临时来华记者,以常驻京外国记者为主;非必要不邀请港澳台临时来京记者,以驻点记者、驻内地(大陆)记者为主;国内媒体以中央媒体为主,按一定比例邀请地方媒体记者。在国际赛事传播中,政府作为当之无愧的主体,除了统筹上层建筑、把控整体架构以外,主要致力于硬实力的打造。奥运会是举办国国家实力的综合体现,也是体现国情的重要平台。中国政府为了冬奥会准备了六年之久,从场馆修建、报道团队的组建到志愿者人员部署等都致力于体现绿色、安全的理念。相较于 2008 年奥运会,此次奥运会的科技元素更强,从开幕式的人工智能、超高清渲染、5G、8K 技术到会场的机器人防疫员、冰丝带和云端传播,再到运动员生活区的智能床等,无不体现了科技的力量。

北京作为"双奥之城",依靠其悠久的历史文化有着得天独厚的传播优势,可以很好地让人们将 2022 年冬奥会与 2008 年奥运会的记忆连接起来,有着一定的传播基础。此次冬奥会的举办,政府旨在回顾过去、立足现在、放眼未来。

2. 个体

奥运传播中,个体从更细节、更具体的角度展示奥运会的信息更有说服力,且其身份的去政治化能使其传播的信息最大限度地抵达更多受众。在奥运会传播中,除了重视国家主体的宏观指导作用,政府媒体的系统化传播也相当重视第一视角的个体传播。由于社交媒体的蓬勃发展,受众已经习惯于在社交媒体上分享日常。2002 年冬奥会的国际传播的成果在很大程度上归功于处于一线的国外运动员的分享。

习近平总书记提出,国际传播中要善于"借船出海"。同理,奥运会传播也要学会借他人之口讲述中国故事,让听故事的人主动讲故事。国外运动员为国出战,具有一定的关注度和粉丝基础。他们在社交媒体上分享的内容以第一人称为视角,具有天然的"外交官"属性。此次冬奥会,大量的外国运动员在社交软件上分享了自己的冬奥 Vlog,智能床、机器人厨师等种种未在报道中出现的科技产品都在运动员的 Vlog 中呈现。对于西方受众而言,相比于官方的灌输式传播,KOL(关键意见领袖)可信度更高。如美国单板滑雪运动员肖恩·怀特分享自己在冬奥村吃饭的视频,在比赛结束前,他表示"真希望还能再待一天"。马耳他单板滑雪运动员珍妮丝·斯皮泰里因热爱中国的豆包而被称为"豆包姐",在视频里她表示冬奥村的伙食很丰富,且人们都很友好、很热情(见图6-4)。

图 6-4 珍妮丝·斯皮泰里(豆包姐)
(图片来源:豆包姐 JeniseSpiteri)

宏大的冬奥叙事在个体与冬奥的故事里变得丰满且有人情味,运动员们用自己的视角讲好了关于冬奥的故事、关于北京的故事。

3. 媒体矩阵的搭建

不同于 2008 年的夏季奥运会,2022 年冬奥会媒体更加注重国际传播的媒体矩阵的搭建。在冬奥会开始前,媒体矩阵就生产出一系列与冬奥会相关的内容产品来为冬奥会预热。北京冬奥会报道是中央广播电视总台有史以来投入最大、形式最为丰富的一次国际传播工作。中央广播电视总台北美总站于 2022 年 1 月 10 日在美国华盛顿首都体育馆举办"迎冬

奥 一起向未来"线上线下相结合的媒体行动,向广大北美受众推介北京冬奥会。[1] 在整个冬奥会的传播中,中央广播电视总台主动挖掘国外受众感兴趣的内容,主动生产具有吸引力的新闻产品,将国内关于冬奥会的相关政策、专家解答、场馆建设等信息传达给国外受众,同时关注中国队伍中的国外面孔并深入挖掘外国运动员背后的故事以及他们与中国队友的情感连接。除了中央广播电视总台,总台的其他中心也针对不同的国家进行多语种传播,实现精准传播、多语种传播,减少传播障碍和文化折扣,取得了良好的效果。如日语部发布的视频《"小鸣生日快乐!"教练期待你成为对世界做出贡献的人》浏览量超1.6亿次,日文版报道被日本主流资讯网站转载。

海外媒体基于中国媒体的信源积极进行转播,全球大约有5亿人收看了冬奥会。国际奥委会电视和营销服务首席执行官兼常务董事蒂莫-卢姆表示:在日本,每10个人当中有8个人观看了冬奥会的比赛;澳大利亚并不是冰雪运动强国,但也有1000万人观看了冬奥会的比赛;在北美地区,NBC(美国全国广播公司)对冬奥会的报道占据了黄金时段;加拿大有一半人口通过CBC(加拿大广播公司)观看了冬奥会的比赛。海外各大媒体纷纷派出记者来到中国进行冬奥会的报道,北京新闻中心积极地接待记者,并在例行记者会上公布相关信息。外国记者有亲身体验冬奥会种种设施的机会,并从个人经历出发将其报道给本国受众。除了关注本国的选手,西方媒体还着重报道此次冬奥会中中国政府的新冠疫情防控情况及疫情下中国人民的生活。中国媒体和西方媒体报道内容相互补充,形成了良性的传播矩阵。

三、传播渠道:利用技术、创新形式

1. 传统的单向传播媒体

(1) 报纸

针对冬奥会,各大报纸积极选定主题,并立足自身特色生产出一系列优质的新闻作品。各大报社成立专门的报道团队,选取精干对冬奥会进行专栏报道,同时,立足行业特色,依仗自己的专业优势对冬奥会的各方面进行专业的分析。如《人民公安报》聚焦冬奥会安保工作,开设"护航北京冬奥会"专栏,集中展示公安机关为书写"平安冬奥"答卷付出的辛苦和努力。为了提高报道的吸引力,各大报纸致力原创,在表达上更接地气,主动拉近与受众的距离。

(2) 电视

随着北京冬奥会开幕进入最后的倒计时阶段,一些冬奥题材影视剧陆续上线。这些影视剧大部分立足于冬奥会选手的故事,讲述运动员自强不息的精神,获得了良好的收视率,为冬奥会积攒了一定的关注度。同时,中央广播电视总台用领先技术和专业人才全方位助力冬奥会完美呈现,共有3000多人参与北京冬奥会转播报道,实现了大小屏融合联动,14个

---

[1] 夏天.中国电视媒体北京冬奥会的传播转向——以中央广播电视总台为例[J].当代电视,2022(4):32-37.

电视频道和17套广播频率以及央视频、央视新闻、央视体育等新媒体平台全景展现了冬奥盛况。各电视台在播放比赛的过程中,辅以冬奥会系列纪录片,如《了不起的冬天》《从北京到北京》等。

2. 社会化媒体

随着移动设备的兴起以及社交媒体的蓬勃发展,互动传播媒介凭借其个性化和互动性成为奥运传播的主力。在国内社交媒体平台,官方媒体生产了大量融媒体新闻,主要是偏向于趣味＋科普的形式。《人民日报》等媒体利用微博话题创造与冬奥会相关的词条,鼓励受众参与答题。抖音上打造冬奥会特效并鼓励大量明星、运动员等拍摄视频,促进冬奥会的裂变传播。在赛程报道上,各大媒体制作了精美的数据新闻,动态性地展现金牌数量和比赛进程。

海外社交媒体上,中央广播电视总台精准发力。中央广播电视总台发布的相关内容,全球阅读量超11亿人次,互动量超9700万人次。总台体育类相关账号在YouTube(油管)、Meta(原来的脸书)、Twitter(推特)三大海外社交平台的粉丝量显著增长,如"体坛风云"YouTube账号较2021年底粉丝增长超过40%,"CGTN Sports Scene"YouTube账号粉丝增幅近25%,Twitter账号粉丝增量达21%。① 在海外社交媒体上,新华社与中央广播电视总台发布了含有丰富的图片、视频元素的新闻产品,并利用社交媒体的互动性反击在奥运传播初期出现的抵制冬奥会的不良呼声,表明中国立场和中国态度。

◆ 案例

里约奥运会

里约奥运会无疑是大型赛事社会化传播转向的重要一环。② 数字化平台奥林匹克频道的建立标志着赛事转播的新篇章。

相关新闻报道显示,2016年里约夏季奥运会结束的第二天,Facebook(脸书)和Twitter(推特)两个社交网站就公布了里约奥运会期间各自平台上奥运相关内容的统计数据。数据显示,共有2.27亿用户在Facebook上进行了15亿人次的互动;而在Twitter上,里约奥运相关内容统计数据也十分可观:奥运相关消息达1.87亿条,浏览量达750亿人次。网络上的火爆程度可想而知。③

---

① 王莹.中央广播电视总台:融合与创新铸就北京冬奥会传播盛宴[J].传媒,2022(6):12-13.
② 李静亚,谢群喜,王润斌.媒介生态学视域下奥运会的社会化传播转向——兼论对北京2022年冬奥会传播的启示[J].成都体育学院学报,2021(4):129-135.
③ 沈洋.里约奥运刷爆社交媒体:1.87亿条推特15亿次脸谱互动[EB/OL].(2016-08-23)[2021-11-30]. https://news.qq.com/a/20160823/036478.htm.

四、传播技术:技术创新、高效清晰

1. 转播技术

高清转播技术是此次冬奥会最大的亮点,5G 的发展为冬奥会的全程直播提供了可能。中央广播电视总台推出世界第一辆 8K+5G 超高清视频全业务转播车,并在馆内架设 8K 摄像机,实现了 CCTV-4K、CCTV-8K 等超高清频道的直播,不仅让 4K/8K 技术成为今后重大体育赛事转播的标准配置,还依托 5G 技术实现了全球首次在时速 350 公里的高铁列车上长时间稳定传输超高清信号。同时,在比赛的过程中,为了更精准地记录运动员的动作,采用了猎豹系统,能记录下高速运动的运动员的动作,帮助受众看清细节,帮助裁判进行判断,以维护比赛的公平性。5G 技术使得传播速度更快,直播能保持同步,几乎没有延迟现象。总之,高清的画面及立体的音效,为受众提供了美妙的视听体验。

2. 虚拟现实技术

东京奥运会期间,各转播商及媒体运用和部署多摄、3D 运动员追踪、直播和点播沉浸式 180°立体和 360°全景覆盖、虚拟 3D 图形等多项新技术。相比之下,北京冬奥会的 VR 全景拍摄技术更加成熟,在图像的呈现上更有冲击力。冰雪项目 VR 交互式和沉浸式转播与观赛技术是科技冬奥的一大亮点,我国媒体应用 8K、VR 和自由视角技术创新冰雪运动的赛事转播。为了让每一位参与者深度参与冬奥、助力冬奥,央视频在推荐页开拓"玩转雪花"专区,创意推出"数字雪花"互动项目,旨在共创一个通过"数字雪花"相连的绚烂冬奥冰雪世界。用户不仅能生成独有的"数字雪花"形象,还将获得"我的冬奥数字雪花"特别证书(见图 6-5)。此外,数字雪花还有更接地气的花样玩法。央视频打造专属 2022 北京冬奥会"雪花微信头像""雪花表情包"等,人们可以用雪花装扮自己的头像,保存后进行更换,各种生动的表情包陆续上线,换头像、甩表情包,数字雪花全方位助力受众深度玩转冬奥,不断提升参与感。①中央广播电视总台利用"5G+4K/8K+AI"战略,生产出一系列内容和前沿技术紧密结合的融媒体作品,在转播技术的加持下于高清演播室中报道,还通过虚拟现实技术制造了虚拟直播节目《活力冬奥》,这一节目在全网获得了 3.35 亿人次的观看量。

3. 人工智能技术

人工智能技术的使用体现了冬奥会的人文关怀。为了给听障人士更好的视听体验,中央广播电视总台推出了虚拟的手语主播,为听障人士提供 24 小时的手语直播。同时,人工

---

① 头条|"数字雪花"飘落鸟巢 央视频助力沉浸式交互性冬奥体验[EB/OL].(2022-02-08)[2023-06-08]. https://www.sohu.com/a/521331959_121124708.

第六章　国家与城市形象的创意传播案例分析

图 6-5　央视频"数字雪花"互动项目
（图片来源：https://www.sohu.com/a/521331959_121124708）

智能技术也被运用于视频剪辑、文字新闻的生产。人工智能技术能在短时间内将多个视频进行重点提取，制作出一个集锦多个关键镜头的短视频，很好地满足新媒体时代人们对于新闻快、准、精的要求。在比赛的录制中，人工智能也能通过对选手的动作速度进行分析，并形成数据，给直播间的解说员一定的提示。中央广播电视总台自主研发的超高清 AI 时间切片系统，可以在运动员高速运动过程中还原其运动轨迹，并且可以慢放动作细节，完成运动姿态和技术动作的三维定格回放，其实时、精准地还原了谷爱凌、苏翊鸣等挑战夺冠选手的高难度技术动作。

五、反思：国际赛事对于国家形象的影响

1. 国际赛事对于国家形象的塑造优势

国际赛事本身具有较高的知名度和流量，尤其是像奥运会这样的国际赛事会受到全球的关注，民众参与热情高涨。并且，国际赛事在传播方面，不论是宣传人员还是宣传渠道都能得到官方的支持。

同时由于国际赛事并不属于政治领域，在传播的过程中不会受到太大的来自政治领域的影响，因此会一定程度上减少传播隔阂，让受众更加客观理性地看待举办国的国家形象。举办类似奥运会这样的国际赛事，不仅能够树立中国支持体育事业发展的国家形象，更能通过场馆建设、开幕式、吉祥物、宣传歌曲等一系列符号来展示中国的发展与强大，以一种委婉的形式讲述中国故事，描绘全新的中国形象。

2. 国际赛事塑造国家形象的种种困难

(1) 国际赛事传播过程中最大的困难是文化符号的直译与意译

每个国家都有自己的文化符号,国际赛事举办期间,文化符号必不可少。如何以一种简单并且生动的形式展现自身的文化,既能让受众看懂又不失文化的特色与深度,是每一个举办奥运会开幕式的国家面临的问题。文化符号如果过于简单,会失去特色;如果过于晦涩,又会引起受众反感。

(2) 无法跨越的时差与国民喜好差异

北京奥运会开幕式的直播并不是在每一个国家都取得了傲人的成绩,比如在德国,北京奥运会开幕式的收视率低于 2004 年的雅典奥运会开幕式,研究人员认为这是文化和时差造成的。尤其是以直播形式转播的赛事或者表演,一定会受到时差的影响。在奥运会的数据统计中,中国受众最喜欢观看的赛事是乒乓球和羽毛球等,而美国受众更喜欢田径类、篮球等比赛。奥运会期间的收视率在不同的国家呈现不一样的变动,这也体现了受众会根据自己的喜好有选择地观看。因此,当国际赛事的种类无法满足大部分受众时,可能无法产生足够的影响力与关注度。

第二节 中国交建:"一带一路"建设中形象塑造的好名片

2013 年 9 月 7 日,习近平主席在哈萨克斯坦首次提出共建"丝绸之路经济带"倡议;同年 10 月,习近平在印度尼西亚提出共建"21 世纪海上丝绸之路"倡议。"一带一路"即二者的合称(丝绸之路经济带+21 世纪海上丝绸之路)。共建"一带一路"大幅度提升了我国贸易投资自由化、便利化水平,推动我国开放空间从沿海、沿江向内陆、沿边延伸,形成陆海内外联动、东西双向互济的开放新格局。除了经济上取得的成就,"一带一路"在文化交流上取得的成就也不容小觑。截至 2017 年底,我国已与 157 个国家签署了文化合作协定,累计签署文化交流执行计划近 800 个,初步形成了覆盖世界主要国家和地区的政府间文化交流与合作网络。党的十八大以来,我国在五大洲举办了 30 余次大型中国文化年(节)系列活动,中俄、中美、中欧、中阿、中非等文化交流合作机制向更高层次发展。[①] 其中,央企是建设"一带一路"的主力军和骨干力量,其在文化交流领域同样扮演着重要角色。央企的品牌文化,传播的是"中国梦"和"中国价值观",其核心在于"讲好中央企业品牌故事",塑造和传播央企形象和中国国家形象。

中国交通建设股份有限公司(以下简称中国交建)是全球领先的特大型基础设施综合服

---

① 改革开放 40 年,对外文化传播成果丰硕[EB/OL].(2018-10-29)[2023-06-08]. http://www.scio.gov.cn/31773/35507/35514/35522/Document/1640200/1640200.htm.

务商,主要从事交通基础设施的投资建设运营、装备制造、房地产及城市综合开发等(见图6-6),为客户提供投资融资、咨询规划、设计建造、管理运营一揽子解决方案和一体化服务。

图 6-6　中国交建相关基础设施建设

(图片来源:中国交建官网)

李克强提出了著名的"高铁三论",即技术论(技术先进、安全可靠)、价格论(价格低、性价比高)、运营论(运营经验丰富)。中国国家领导人为中国企业产品和服务"做广告",有助于打造更多更好的"国家名片",成就更多的央企品牌。①

一、过硬的品质是塑造形象的根基

1. 产品优质化

中国交建作为具有深厚历史和过硬实力的基础设施建设商,品质是其塑造品牌形象的根本。尤其是作为"一带一路"建设中的代表性企业,中国交建建造的一座座大桥、一条条公路都是中国建造的典型。因此,对于"一带一路"倡议的实施,中国企业要走出去,打破其他国家的刻板印象,展示正在发展的中国,究其根本是靠高质量和优秀的产品。比如,中国交建援建的马尔代夫"中马友谊大桥"(见图6-7)。这座大桥的建造环境非常复杂,当地人们一直无法克服技术难关,因此,这座大桥的建造牵扯着当地民众的心,他们非常期待,甚至有当地民众主动询问中国员工这座大桥什么时候完工。这座大桥不仅让当地民众实现了交通上

---

① 曹继东.中央企业在"一带一路"倡议中的品牌文化传播[J].国有资产管理,2021(8):40-46.

的便捷，让当地经济得以发展，还树立了中国的形象，拉近了两个国家民众之间的距离。

图 6-7 "中马友谊大桥"

（图片来源：https://image.baidu.com/search/detail?）

2. 标准国际化

除了保证建造的质量，中国交建还实现了建设标准国际化。既然是"走出去"，中国企业就要力图实现产品标准国际化，同时维护自己作为独立企业的尊严，不仅要遵守国际规则，还要让别人知道我们的规则。中国交建主动将自身的建设标准进行翻译并公开，使得建设标准更加透明。

案例

中国电信

"一带一路"沿线大多是新兴经济体和发展中国家，许多国家通信基础设施较为落后。到 2016 年，中国电信光端口数达到 2.6 亿个。中国电信不仅是全球最大的固话、有线宽带运营商，还是全球最大的 LTE FDD 移动通信运营商和 IPTV 视频运营商。中国电信还拥有丰富的国际网络资源，其中包括 33 条海缆、与接壤的 14 个国家中的 11 个建立了 31 个陆缆直连系统、在 29 个国家（地区）设立了 63 个境外网络节点，从而形成了跨太平洋、欧亚、泛亚等 15 个主力传输通道。[①] 在"一带一路"建设中，中国电信凭借过硬的实力为周边国家提供通信基础设施建设援助，不仅帮助当地人建造，更教会他们建造。这样的中国质量和中国胸怀，一方面为中国电信赢得了一片叫好声，另一方面让中国电信的节点顺利覆盖中非地区。

---

① 黄海峰. 瞄准"一带一路"商机：中国电信共建智能信息丝绸之路[J]. 通信世界, 2016(31): 18.

二、承担社会责任赢得当地群众好感

1. 应急救援

中国交建通过积极履行企业社会责任,多次获得"中央企业优秀社会责任实践奖"等荣誉。在建设巴基斯坦喀喇昆仑公路过程中,中国交建项目团队几乎成为当地政府的应急救援队。2012年5月1日,喀喇昆仑公路有一处发生了大型雪崩,最厚处积雪约20米,致使道路完全中断,大批等待通行的运输车辆被困。中国交建项目团队成立青年突击队,抢通该路段。[①] 这让当地民众看到中国企业除了帮助他们建造基础设施,还积极承担社会责任,与他们患难与共,当地人也以真心换真心。这正如同中国交建的企业愿景:让世界更畅通,让城市更宜居,让生活更美好。包括中国交建在内的整个央企群体勇于创新、力争世界前沿,这将推动央企品牌文化传播到世界各地。

2. 提供就业岗位

除了在当地民众遭遇自然灾害时伸出援手,中国交建还积极带动当地经济,为当地民众提供了不少就业岗位。"一带一路"重大工程建设中,中国企业聘用了一大批业务能力强、综合素质高的当地人,这些员工有的成为项目管理人员,有的成为项目技术负责人,有的成为项目业务主管。这一大批员工成为民心沟通、民心相通的"深度贡献者"。[②] 这些技术负责人掌握了一定的技术,不仅自己有了谋生的本领,还能带动当地人脱贫致富。

◆ 案例

中信建设

中信建设有限责任公司(以下简称中信建设)是中国中信集团的控股子公司,在美国《工程新闻记录(ENR)》公布的250家全球最大的国际工程承包商排名中连续多年跻身前列。中信建设致力于成为国际领先的工程建设综合服务商。中信建设在"一带

---

① 安然,刘梦娇.发挥企业主体作用 畅通"一带一路"——访中国交通建设股份有限公司董事长刘起涛[J].国际工程与劳务,2015(8):38-40.
② 米金升.从媒体传播到公共外交:让重大工程建设成为"一带一路"民心相通的良好载体[J].中国记者,2019(5):18-22.

一路"沿线国家开展业务时,注重企业的社会责任,开展属地化管理,大量雇用当地员工,并出资创办职业培训学校,带动当地技术和管理水平的提升。安哥拉百年职校就是由中信建设全额出资的公益性质的职业培训学校,该学校于2014年2月创立,它把"希望工程"的理念带到了非洲,为安哥拉战后失学的贫困青年提供免费的技能培训的机会。学校开设机械操作、工程施工、计算机、电工、企业管理、商务礼仪等多种课程。截至2018年3月,职校300余名毕业生毕业后全部实现就业,走上机械操作、工程施工、行政管理等工作岗位。

三、商业交流更有文化交流

"一带一路"建设既包含实现共赢的商业机会,也包含中国与其他国家进行文化交流的大平台功能。因此,民心相通也是"一带一路"建设的五大内容之一。中国有五千多年源远流长的优秀传统文化,这是我们的比较优势。文化交流既要通过文化活动载体来实现,也要通过中国人的一举一动、一言一行来体现。中国交建在海外发展数十年,既修路架桥、筑港通航,也做文化使者,传播文化、增进友谊。中国交建坚持"利他为先、通过利他来利己"的义利观,大力倡导共同发展理念、共同建设模式、共同命运意识,通过系统性、长期性的企业社会责任工作来沟通民意、争取民心,把企业社会责任作为塑造国家形象和进行文化交流的基本实践。①

◆ 案例

"中马友谊大桥"

在"中马友谊大桥"建设过程中,施工技术组经常与当地民间组织开展文化交流,举办或参与国际友谊日、共庆中秋节、篮球友谊赛、乒乓球锦标赛等活动。从2017年7月开始,施工技术组在持续一年多的时间里,每月举行一次"营地开放日"活动,向当地各界展示大桥建设实况。几年来,学用中国筷子、学写汉字、学说中国话、学习脸谱化妆、学跳兔子舞等活动吸引了当地近千名民众参加。2017年春节,项目部策划活动让当地员工感知中国春节文化。除夕之夜,他们在海边铺开几十张桌子,组织了有中国特色的盛宴——坝坝席,邀请所有外籍工人共同品尝中国风味除夕大餐。初一早上,项目管理人员为一线工人发放新年红包。

---

① 安然,刘梦娇.发挥企业主体作用 畅通"一带一路"——访中国交通建设股份有限公司董事长刘起涛[J].国际工程与劳务,2015(8):38-40.

四、创新企业的宣传内容和路径

1. 人文关怀

中国交建在宣传内容和路径方面积极创新,用讲故事的方式来代替宏观叙事,用真情打动人心。中国交建没有采用"强喂式"的生硬宣传方式,而是通过讲故事来体现"一带一路"建设中的人情味。在建造喀喇昆仑公路时,有不少建设者牺牲在异国他乡。在巴基斯坦北部地区首府吉尔吉特市郊有一个中国烈士陵园,这里埋葬着88位第一次修建公路时牺牲的建设者。一位名叫阿里·艾哈迈德的老人几十年如一日地守护着这座中国人的陵园。他说:"这些中国人是为我们修路死去的,他们是我们巴基斯坦人的朋友,我愿意为他们做这件事情,即使以后我守不了,我还会让我的儿子继续坚守下去。"[①]只有把这些故事讲出来,讲给大家听,企业形象才会更加多维,企业才能在中外合作的道路上真诚地展现自我、消除偏见。

2. 新媒体节奏

中国交建积极创新传播路径,除了创立企业的外国网页,还时刻跟随新媒体节奏。在"一带一路"建设中,中国交建发布了关于成都市成祥古镇中古建筑的帖子,内容主要是古镇中灰色墙壁和瓷砖古建筑的图片,并配以文字,描述人们在古朴茶馆里喝茶、孩子们在街上嬉戏玩耍的场景,不仅表现了中国人民的幸福生活,还表现了中国交建团队在建筑修复和翻新领域的技术成就。这种具有中国传统文化底色的软性传播也能够在一定程度上减少传播隔阂。2017年3月18—19日,国务院国资委新闻中心、中国交建及环球网联合组织"走进新国企——当代中国奇迹"第一期活动,邀请数位社交媒体达人走访苏州、南通及上海三地,考察苏通大桥、沪通大桥、洋山港码头四期和振华重工长兴岛基地。大家在一个个"世界之最"面前受到震撼,而这些大工程书写的是中国工人的拼搏精神及"中国制造"的魅力。其中,近10家南亚媒体负责人和骨干记者组成的采访团到这条线路采访,归国后刊发了一批有影响力的稿件。中国交建依靠网络意见领袖的力量,将旅游业与自媒体相结合,在一定程度上减少了宣传的严肃性与刻板性,让受众在了解"奇迹之旅"的过程中对中国交建这个企业心生好感。

---

① 出席一带一路国际合作高峰论坛的巴基斯坦谢里夫总理抵京[N/OL].(2017-05-12)[2023-07-23]. http://news.cyol.com/content/2017-05/12/content_16062759.htm?_t=t.

> **案例**

中国东方航空集团

中国东方航空集团在 Instagram（照片墙）平台多次发布中国传统节日和二十四节气相关内容（见图 6-8），例如中秋节、七夕节和秋分等，图片点赞量和视频播放量均较高。中国东方航空集团还充分利用短视频这个"风口"，在社交媒体的对外传播过程中注重运用短视频的形式来展现自身形象，比如借助法国乘务员的视角带领受众参观大兴机场。短视频形式结合生动的话语表达与贴近受众的视角转化，产生了良好的传播效果。这种在外国平台宣传中国文化，利用外国面孔讲述中国故事的做法值得其他企业学习。

图 6-8　中国东方航空制作的传统节日图片

（图片来源：https://mp.weixin.qq.com/s/XzqQYlPK3bTbswdQLgMwpg）

五、反思：企业海外传播的挑战与风险

"一带一路"是一条注重商业合作的文化之道，更是一条进行文化交流、人与人之间互帮互助的友爱之路。"一带一路"倡议刚刚提出时受到了西方国家的怀疑与恶意攻击。这意味着在"一带一路"的建设中，企业要面临更多的风险与挑战。

首先，企业可能面临对象国民众的不支持与怀疑。为此企业除了积极表明自己的态度以外，更要用质量说话，用行动证明。没有质量的宣传就像没有根基的树，即使看着绿意盎然，实际上一推就倒、经不起风雨。"一带一路"建设中，企业承担着改变国外民众对中国制造刻板印象的重任，因而在质量上必须精益求精。对于质量标准的要求也要和国际接轨，将标准国际化同时将自己的生产标准明面化,透明化生产,要让当地民众和政府放心,并鼓励他们发挥监督作用。

其次,企业不能只追求自身的商业利益,还要积极履行社会责任、促进文化交流。社会责任包括很多方面,不论是对天灾人祸引发事故的主动援助,还是对于当地生态环境的保护,都是企业在履行社会责任时需要考虑并采取行动的方面。同时,企业要积极带动当地就业,传播技术,招聘当地技术人才,在降低生产成本的同时为当地提供就业机会,实现双赢。在进行商业合作的过程中,随着人与人之间交流的深入,企业文化与当地文化可能会产生一定的碰撞,企业一定要对中国文化持有高度的自信,并以轻松愉悦的方式带动当地民众了解中国文化。

最后,企业宣传要紧跟时代步伐。一些中国企业虽然明白因时因势调整宣传政策的重要性,但真正做好的并不多。一项对中国 500 强企业进行的实证研究发现,截至 2023 年 1 月 5 日,有 312 家企业拓展了海外市场并拥有海外营收,其中,301 家企业拥有有效的英文(国际)网站,另有 11 家企业虽已开辟了海外市场,却没有做国际网站传播;大部分企业仍处于适应东道国文化的起步阶段,只有少量企业做到了全部适应东道国文化。所以,对企业来说,如何紧跟时代步伐,使用新媒体并且生产合适的内容是一项难题。企业应凭借自身特色和优势,积极推动当地人对企业进行宣传,并且将自己的产品和成果进行创意宣传。

总而言之,"一带一路"建设过程中,像中国交建这样的企业并不少,它们能走出国门并对其他国家进行基础设施的援助,其本身就直接体现了这些企业的实力。这些企业也需要合作起来,秉承干实事的态度,以独立自主的方式来塑造品牌形象,宣传中国文化和中国精神。

第三节　短视频传播:国家形象传播的新路径

2021 年,中国短视频博主李子柒以 1410 万人次的 YouTube 订阅量刷新了由其创下的"YouTube 中文频道最多订阅量"的吉尼斯世界纪录。笔者点开 YouTube 上李子柒频道的短视频作品《柴米油盐酱醋茶》(见图 6-9),视频开端记录了牵牛花从发芽到开花的过程,营造一种静谧而又生机勃勃的氛围;画面一转,李子柒就和奶奶、邻居在小院里劳作、交谈;之后,夕阳西下、繁星如砾,李子柒驾车前往四川自贡的一家制盐作坊,学习盐井制盐的技术。视频记录了机器抽取卤水的过程,又以李子柒的活动为线索展现了从熬煮卤水、加鲜豆浆、分离杂质色素、淋饱和盐水、干燥成盐的全过程。回到家,李子柒打开从盐坊拿回来的盐,各种食材和盐进行碰撞,生成一道道美食。每一道菜的制作都给了"盐"一个特写,贯穿了主题,凸显了盐在中国人生活中的重要性。美食、美景、与家人相伴,氛围瞬间拉满,视频也接近尾声。视频在上传三周之后已经有 800 万人次观看量,李子柒的"粉丝"数也从 1580 万上涨到了 1590 万,而且用户在视频下的评价绝大多数都是正面的。

互联网时代,短视频碎片化、互动性、易接近性和可嵌入社交的特点使其能够跨越时空的阻隔,触达更多的受众群体。中国的媒体,尤其是官方媒体也注意到了这一点,但是在传播效果上却不那么尽如人意。李子柒凭借个人 IP 在抖音、B 站、油管(YouTube)等国内外平台收获了大量粉丝,同时她本人也收到马来西亚王室的出访邀请,接受国内外媒体的采访……现在的"李子柒"不仅是其个人 IP,而且正朝着中国国际形象代言人的方向发展,她的一言一行对于中国的国际形象都有着不可小觑的影响。

图 6-9 《柴米油盐酱醋茶》
(图片来源:https://www.bilibili.com/video/BV1ah411671u/)

"国家"一词自出现开始,就包含一国对于生存、安全、交往、获得尊重和自我实现的需要。著名学者托马斯·谢林在《军备及其影响》中认为,声誉是值得国家为之而战的为数不多的因素之一。[①] "形象"在《现代汉语词典》(第 7 版)中的解释包括"能引起人的思想或感情活动的具体形状或姿态"。因此,有学者将国家形象定义为:外部和内部公众对某国的总体判断和社会评价。建构良好的国家形象有利于提高主权国家的影响力和公信力。随着政治、经济、文化实力的增长,中国越发重视国际形象的建构。2019 年主流媒体注意到李子柒的短视频及其在海内外的影响力,各界目光也集聚到这个四川女孩和她的视频作品上。除了李子柒,还有相当一部分网络博主在国外平台上也占据了一席之地,为国家形象的宣传发力。那么,短视频如何在原本宏大而严肃的国家形象话题上发挥作用?这其中的作用机制又是什么呢?1948 年,拉斯韦尔在其著作《传播在社会中的结构与功能》中首次提出了构成传播过程的五种基本要素,即传播的 5W 模式。接下来,笔者尝试通过该 5W 模式中"Who"(传播者)、"Say What"(内容)和"In Which Channel"(渠道)三个维度来简析短视频这类载体在国家形象传播过程中发挥的重要作用,以期对后续的研究、实践有所启发。

一、传播者:有东方意象的"人设"塑造

短视频博主独特的"人设"塑造是其能够在注意力经济时代吸引受众的重要原因。

---

① 托马斯·谢林.军备及其影响[M].毛瑞鹏,译.上海:上海人民出版社,2011.

罗瑟·瑞夫斯在 USP 理论中提出，要把注意力集中于商品特点及消费者的利益，强调广告中注意商品之间的差异，选择消费者容易接受并且突出的特点作为广告的主题。倘若把李子柒的"人设"作为一个广告商品，那么在产品定位上它无疑是成功的，其"人设"、道具、场景等各种细节都完美贴合了"东方古风美食家"的定位。对于国内外受众来说，古代中国田园生活有时空距离，也正是这种基于历史现实的古老想象，使得李子柒"人设"被更多的受众接受，从而产生集聚效应，为国家形象的传播奠定了坚实的人群基础。其他同类博主也多采用这一模式，将独特的东方意象呈现在视频中，以"异域景观"吸引国外受众的关注。

◆ 案例

"创手艺"竹编视频

51 岁的潘云峰在网络上"创手艺"的账号意外走红（见图 6-10），一个看似简单的"破竹基本功"视频，在抖音获得了 188 万人次的点赞、8300 多条评论。视频上传到国外网站后，播放量迅速超过 1000 万次。

图 6-10　"创手艺"抖音账号

（图片来源：https://v.douyin.com/iJhMe8hf/视频截图）

潘云峰的走红并非偶然，他在网络上的视频多为竹制手工品的制作，这种独特的传统制品引起了国外网友的好奇和关注。神奇的东方之手和神秘的东方手艺人让人遐想万千，传统的中国形象也在此过程中得以输出。

二、内容:钢筋水泥之下的桃花源

1. 内容引发人们美好想象

云南女孩"滇西小哥"通过云南美食的制作和日常生活的展示,以独特的具有烟火气的视频在海外走红(见图 6-11)。同时,她还被聘请为保山文化旅游宣传大使,成为云南进行形象展示的重要窗口。

图 6-11 "滇西小哥"视频

(图片来源:https://space.bilibili.com/101229184)

截至 2020 年底,"滇西小哥"在油管(YouTube)有 377 万人关注,54 万个脸书(Facebook,后更名为 Meta)用户订阅,国内外粉丝量达到 1100 万。① 她的走红离不开对云南风光和美食的展示。与现代都市忙碌的快节奏不同,"滇西小哥"的视频中更多的是怡然自乐的闲适态度。这种田园牧歌式的美好想象,是她能大火的重要原因之一。

2. 虚拟在场感

短视频极少进行语言解说,多为画面直叙和同期声,这有利于受众通过核心路径来理解和感受内容本身,在一定程度上克服了短视频传播表层化的缺陷。视频本身的空镜头辅以

---

① "滇西小哥"获聘为保山文化旅游宣传大使[N/OL]. (2020-01-08)[2023-06-07]. https://baijiahao.baidu.com/s?id=1655165531843141129&wfr=spider&for=pc.

适当的剪辑,可以表达出独特的田园美学,给人一种虚拟在场感。"现代社会生活的某种特殊情境,不能使用或不满于使用语言作为交际工具,常常求助于能直接刺激人的感觉器官的各种各样的符号,以替代语言,以便更直接、更有效,并能更迅速地做出反应。"① 短视频"言尽于此"的设计留给受众更多的想象空间。这种模糊认同的策略,不但能让人们回避观念上的差异,而且有助于受众聚焦传统文化的思考和领悟过程,更容易产生共鸣。

三、渠道:享受数字技术发展红利

1. "短平快"的传播节奏

短视频具有时间短、内容丰富、互动性强、便于记录、容易分享等传播优势,其时间长度一般不超过20分钟,往往借助各种社交媒体平台的转发和分享功能进行传播。② 随着移动终端的普及和网络基础设施的完善,"短平快"的大流量传播内容逐渐获得用户、平台和各类组织的青睐,国家的形象宣传工作也逐渐开始注重短视频的作用。

与大众传播不同,国家形象传播面向的传播环境更复杂,用户更多元。过去我们的国家形象传播实践往往硬度有余而软性不足,但是因为文化背景、语义空间和态度立场的差异,软文化的传播实际上也不容易被受众接受。中国文化价值观层面的内容一直缺乏更有效的载体和渠道,因此,讨论如何借助短视频这种新兴的传播方式来推动中华文化的海外传播是非常必要的。通过革新传统语态,实现亲民化转型,借助短视频平台拓展用户群体,打造新的话语空间,加强舆论引导,是新时期国家形象传播的必由之路。

2011年1月,中国首次在纽约时代广场投放了一个中国国家形象宣传片。该宣传片开篇展示中国各行各业的杰出代表,然后回顾历史,用中国第一次进入太空的实例引出开放而有自信、增长而可持续、发展而能共享、多元而能共荣、自由而有秩序、贫富而能互尊、富裕而能节俭的子主题,最后引出"中国在路上"的中心思想。尽管宣传片在各个方面都是当之无愧的"大手笔",但是传播效果差强人意。相比于斥巨资的国家形象宣传片,短视频可以说是非常小成本了,这有赖于短视频自身的优势特性。和制作宣传片相比,自媒体的短视频的表达方式更自由,对设备、团队的要求更低,制作门槛和成本也更低。同时,短视频平台的发展助长了消费主义,使得原本严肃的、精英的话题得以解构,受众能够在短视频平台以更轻松的方式获得与国家形象相关的"硬核"信息,缓解之前传统的宣传方式"传而不通"的尴尬。

---

① 黄素文.浅析网络语言中的符号网语[J].现代语文(语言研究版),2009(4):86-88.
② 李小琴."讲好中国故事"的短视频对外传播实践——以"李子柒"短视频为例[J].今传媒,2021(6):17-19.

案例

拓展视频

《中国一分钟》

2018年,全国"两会"召开之际,人民日报社新媒体中心推出《中国一分钟》宣传短片(见图6-12)。短片以"一分钟"为时间维度,运用快速的剪辑、精美的画面、直观的数字,展示党的十八大以来的5年时间内中国在经济、社会、文化、科技等方面取得的历史性成就,展现中国人民意气风发的精神风貌。快速的剪辑手法和瞬息万变的镜头相结合,加上独具匠心的内容,视频一经上线,就引发了网友的强烈共鸣和热烈反响。

作为短视频的一种,《中国一分钟》在较小的视频体量内展现了丰富的信息,其人民日报微信平台推出不到半小时,阅读量即超10万人次,各大门户网站和新媒体平台纷纷置顶转载。截至3月8日20时,全网观看量已突破1.67亿次。① 当宣传能够摆脱"中心化"的说教模式,实现"去中心化"的传播模式,国家形象的传播就容易得到更多年轻人的认可。

图6-12 《中国一分钟》

(图片来源:https://baijiahao.baidu.com/s?id=1594447966757184029&wfr=spider&for=pc)

---

① "秒懂"中国力量,《中国一分钟》首集全网观看量破1.67亿次[EB/OL].(2018-03-09)[2023-06-07].https://baijiahao.baidu.com/s?id=1594447966757184029&wfr=spider&for=pc.

2. 平台包容性

中国的短视频市场庞大。根据中国互联网络信息中心(CNNIC)2021年发布的第47次《中国互联网络发展状况统计报告》,截至2020年12月,我国网络视频用户规模达9.27亿,占网民整体的93.7%。其中短视频用户规模为8.73亿,较2020年3月增长1.00亿,占网民整体的88.3%。在优质内容的支撑下,视频网站开始尝试优化商业模式,并通过各种方式鼓励产出优质短视频内容,提升短视频内容占比,增强用户黏性。短视频传递中国形象的成功,除了自身内容特色外,与短视频平台巨大的用户群体和平台本身强大的包容性、易接近性、可移动性和碎片化的传播特点也是分不开的。

◆ 案例

TikTok

作为抖音的国际版应用,TikTok一经推出,就在国外获得了巨大的成功,吸引了一众国外年轻人的喜爱。截至2020年7月,TikTok以1.65亿下载量在美国用户手机商店APP下载量排行第三,成为很多人手机中的必备应用。

多变的滤镜和好玩的特效,加之随时随地分享的理念,TikTok以其巨大的国外粉丝基数成为国家形象传播的绝佳渠道。UGC(用户生成内容)更有可能被发现和推广,PGC(专业生产内容)也被推给更广阔的用户,平台扁平化的结构和强大的包容性为短视频传播提供了巨大的红利。

四、反思:短视频之于国家形象,既是助力也是桎梏

短视频对于国家形象塑造的助力作用是显而易见的。首先,短视频本身有庞大的用户群体,有利于国家形象相关内容通过算法推荐准确快速地触达更广泛的受众,加上短视频本身具有碎片化和易接近的特点,能够更多地占有受众的注意力,可以为扭转受众的中国印象争取时间和机会。其次,短视频平台消费主义盛行,有利于消解国家形象这类严肃的主题和内容,将其转化成受众容易接受的表层内容。最后,短视频制作低成本、低门槛的特点,能够让更多的短视频平台用户成为产消者,一方面,他们受到正式或者非正式的关于中国国家形象的短视频的影响;另一方面,短视频平台本身提供了足够多的素材和平台,使得源源不断的UGC得以生成,为中国形象传播事业添砖加瓦。

然而由于短视频自身的局限性,短视频质量参差不齐,而且受自媒体资源和主体限制,一些短视频制作者并不能较为全面地展现国家形象,更多的是日常生活和剪辑分享,难以做

到大而全。同时,短视频赖以生存的算法推荐会根据受众的兴趣选择内容,使得受众接收的信息窄化,容易形成信息茧房。长期接收相对固定的内容,会使受众思维固化,改变受众原有的基模。倘若短视频平台审核不当,将部分负面内容传播给受众,会对国家形象产生不可逆的影响。因此,在使用短视频平台进行国家形象传播时应坚持"两开花"的路线,即官方媒体定调,民众利用自媒体充分调动自身能动性进行挖掘和创作。如此一来,既能保持国家形象传播的严肃性,又能防止过度娱乐化、片面化;既能多元利用新平台,探索国家形象传播新模式,又能加强与受众的互动,满足受众的体验需求。

第四节　特色品牌：城市形象塑造的新形式

茶颜悦色 2015 年 3 月成立于湖南长沙,其率先提出了"中茶西做"的概念,它的口号、包装、店铺设计、logo(见图 6-13)乃至其衍产品(帆布袋、雨伞、明信片等)都采用了中国传统文化的风格,并拥有被誉为"奶茶界海底捞"的优质服务,给大众留下了良好的城市形象。

图 6-13　茶颜悦色 logo

从某种意义上来说①,茶颜悦色之于长沙相当于热干面之于武汉,烤鸭之于北京。它是长沙最新的城市符号。茶颜悦色通过地域稀缺性与长沙深度捆绑,成为城市名片,更加吸引长沙以外的消费者。作为"养成系"奶茶品牌,长沙本地人可以说是看着茶颜悦色一步步发展至今的,本身对其有很高的认同感,将其视为长沙这座城市的骄傲,本地"伢子"自发推崇成为品牌的"铁粉"。在他们心中,茶颜悦色就是长沙的代表之一。此外,地域稀缺性也让长沙以外的人对它异常向往,有很多人为了茶颜悦色而来到长沙,推动了长沙旅游业的发展,带动城市整体发展。

可见,特色品牌对于城市形象传播具有巨大的助推作用。这种作用的产生和以下几个方面紧密相连。

一、品牌捆绑:城市属性的强调

城市形象是指城市以其地理环境、经济贸易水平、社会安全状况、建筑物的景观、商业、

---

① 这部分内容的讲述背景为茶颜悦色尚未在其他城市开店的那几年。

交通、教育等公共设施的完善程度、法律制度、政府治理模式、历史文化传统以及市民的价值观念、生活质量和行为方式等要素作用于社会公众并使社会公众形成各种认知的印象总和。城市形象还包括城市精神、发展理念等精神意涵。城市品牌是指城市建设者分析、提炼、整合自身城市的独特要素禀赋、历史文化沉淀、产业优势等差异化品牌要素。城市品牌是一个城市在推广自身城市形象的过程中传递给社会大众的核心概念。以茶颜悦色为例,其之前作为长沙特有的茶饮品牌,作为城市的一分子,在一定程度上承担着城市品牌的部分功能,在其品牌理念、品牌宣传、包装和品牌服务等方面都具有长沙的城市属性,代表长沙的商业品牌特色,影响了长沙本地以及外地民众对长沙的观感。总而言之,茶颜悦色对于长沙不仅具有商业属性,更有独一无二的社会功能。利用好茶颜悦色这个品牌,能够帮助长沙在受众心中形成独具特色的城市形象。

◆ 案例

德州扒鸡

许多品牌的名字都和城市进行捆绑,甚至把城市的名字嵌入品牌名,德州扒鸡就是一个典型的例子(见图 6-14)。德州扒鸡是山东经典名吃,为鲁菜菜系,因其酥软的肉质和骨头受到很多人的欢迎。德州与扒鸡品牌紧密捆绑在一起,城市的特色也被镌刻其中,以至于现在每次提到德州这一城市,很多人的第一印象便是扒鸡。

图 6-14　德州扒鸡

(图片来源:百度网图)

二、多方汇聚:多主体调性统一,共建城市形象

城市形象从来不是空中楼阁,它由受众的直接经验和间接经验塑造,是多主体从多层次、多角度共同建构的意涵。首先,从主体来看,城市形象的主要参与者是多样化的,包括当地政府、企业品牌、社会组织、媒体、市民以及外来旅游者等。其中,当地政府领导城市形象的建构全过程,把握方向和基调,居主导地位。企业品牌尤其是地缘性的品牌尤其注重参与当地的城市形象建构,与当地的城市建设是"一荣俱荣、一损俱损"的关系。企业品牌作为城市的一分子,是城市形象不可分割的一部分,整体和部分的统一有助于更好地构建整体形

象。茶颜悦色作为发源于长沙的新式茶饮,经过多年的发展,已然成为与臭豆腐、糖油粑粑等食品和橘子洲头这个景点并列的"打卡"地点。我们探访任何一家茶颜悦色,都可以看到店铺内关于建设"大美长沙"的宣传牌,这给了消费者很好的接受长沙城市形象的机会。社会组织、媒体、市民以及外来旅游者等也是城市形象的主要参与者。其次,个体对于某个城市的观感是多层次、多角度整合的。茶颜悦色从产品的永偿权、服务态度到店内常备的小药品都给予每一个长沙本地人或外地旅游者细心、贴心、暖心的感受,进而给长沙这个城市带来"五星好评"。由此可见,以茶颜悦色为代表的企业品牌正作为城市的一分子参与到城市建设和城市形象的建构中。

三、符号建构:从茶颜悦色看长沙城市形象

从索绪尔的符号理论来理解,茶颜悦色一开始只有单一的功能指向,但通过媒介的解读与编码,逐渐与城市深度捆绑,让人们一想起茶颜悦色,就会联系到在长沙的吃喝玩乐以及文娱节目消费的意涵。毕竟,游客想要通过旅游获得的不仅仅是美食和美景的游玩体验,还有通过亲身参与获得某种事先已经被创造出来的、能够满足自身需求的象征性符码意义。茶颜悦色不仅是一个饮品品牌,更是社交媒体上争相"打卡""种草"的美食符号。人们排很久的队去买茶颜悦色,要获得的可能不只是对茶颜悦色的味觉体验,更重要的是"证明来过长沙、喝过茶颜悦色"的符号意义——拍照上传到社交媒体,然后加个定位,才算完成了喝茶颜悦色的全套流程。从这个角度来讲,长沙城市形象离不开这典型的、人们耳熟能详的符号,而这个符号的建构,离不开媒介与人的共同参与。

1. 媒体积极编码,为城市打造品牌符号

麦克·奈尔基于符号学提出了符号吸引的旅游理论。该理论把旅游资源的形成分为命名阶段、取景和提升阶段、神圣化阶段、机械复制阶段和社会复制阶段等五个阶段。在社会复制阶段,资源依托媒介进行符号复刻与传播,包括实物媒介、印刷媒介、电子媒介等,还有口口相传这样的人际传播。尤其是以微博、小红书等为代表的宣传阵地,平台本身弱关系的连接使得用户更容易因为某一话题集聚,在意见领袖的引导下产生行动。茶颜悦色的地域稀缺性,经过长时间的包括但不限于小红书"种草"等互联网营销,以年轻人为主体的受众纷纷为了"打卡"茶颜悦色而把长沙列入旅行的目的地清单。茶颜悦色本身具有的高颜值、好味道、中国风、地域稀缺等特性,使得长沙对广大受众群体产生不可抵抗的吸引力。最近几年各大网红城市的背后,都有非常显著的媒介传播造势的身影,茶颜悦色和长沙的捆绑不过是其中之一。

2. 受众参与式解码,扩大城市形象传播范围

法国著名哲学家鲍德里亚认为,我们通过大众媒介看到的世界,并不是一个真实的世

界,甚至因为我们只能从大众媒介来认识世界,真正的真实已经消失了。我们看到的是媒介所营造的、被操控的符码组成的"超真实"世界。媒介活动的参与者把亲身体验到的生活事件编码为符号,而媒介上呈现的现实往往以故事、新闻报道等形式出现。受众对这些符号进行解码,产生了属于自己的意义。受众选择在微博、微信、小红书等社交软件上进行分享,再配上个人对符号解码后的文案进行传播。

微博、微信、小红书各自属性的不同,会引发强关系与弱关系的相互叠加,即身边的朋友去"打卡"了,网上的陌生人也去"打卡"了,这种嵌套式的传播最终会增强相关受众的参与欲望。受众从获取茶颜悦色的物质意义到追求其背后的文化意义,在文化的赋魅和祛魅间是一场关于权力地位、关于个体优越性的"表演"。茶颜悦色的爆火给了受众一个去长沙的机会,也给了长沙一个展现自己城市形象的机会。

3. 符号共情效应增添城市魅力

成熟的符号往往能够引起受众情感上的共鸣,进而推动人对城市产生欣赏与留恋之情。就像很多人去橘子洲头,不仅是去看烟花,更多的是对于《沁园春·长沙》的共同情感记忆。诞生于长沙的茶颜悦色是一个商业化营销的成熟案例。它紧扣中国古典文化的主题,从品牌logo选取小说《西厢记》主角崔莺莺的执扇图到品牌的slogan(标语)为"知乎,茶也",再到茶品的命名"声声乌龙""幽兰拿铁""烟火易冷"等,以及以"小主"称呼消费者,在网红外衣下,茶颜悦色早早地为自己准备了一条中国风特色的路线。这些符号元素共同作用,赋予了城市更厚重的情绪上的感染力。共情效应与算法分发、社交分享等互联网属性碰撞在一起,成就了新的城市形象传播路径。

四、反思:特色品牌的风险和优势

这里我们先介绍风险。茶颜悦色归根到底是一个企业品牌,市场竞争、商业逐利注定它能够承担的社会责任有限。作为传播主体,茶颜悦色与政府宣传的出发点不同,更多的是顺便宣传城市形象,而且立场不同,对城市形象的宣传具有片面性,不能代表政府。而且,企业经营有风险,如果企业品牌过多地承担了城市形象宣传的任务,当企业出现负面消息时,可能会产生"连坐效应",影响城市形象。

接下来我们介绍优势。一方面,相对于政府推出的与城市形象相关的"硬核"宣传片、活动等,企业品牌的"顺便而为"更加原生态,能够在潜移默化中将城市形象打入受众认知领域,而不会引发受众较大的排斥感。另一方面,企业品牌的城市形象传播是共赢之举。政府可以给参与城市形象传播的企业品牌以一定的政策优惠,企业品牌只需出资营销时顺带上城市。特别是像茶颜悦色这类网红产品,企业营销能够吸引大量旅游者前来,还能带动旅游业等行业经济的发展,对于企业和当地政府、居民都有积极作用。

第五节 网红经济:"民选流量"扭转刻板的城市形象

2020年11月11日,摄影师胡波在抖音账号上发布了四川省甘孜藏族自治州理塘县藏族男孩丁真短短7秒的视频。视频中丁真的笑容感染了广大网友,他本人也迅速在网络走红,被誉为"甜野男孩"。不少娱乐公司上门要签约丁真,甚至有网友建议丁真出道。最终,理塘县文旅体投资发展公司签约了丁真。随后,以丁真为主角的甘孜旅游宣传片《丁真的世界》发布。丁真持续爆火,连日登上热搜榜。各地旅游官方账号开始了"抢丁真之战"(见图6-15),纷纷邀请他去当地做客,甚至引来国际上一些国家的"喊话"。央视等媒体、机构纷纷为丁真"站台",进一步提升了丁真的热度。舆论发酵至今,丁真仍然时不时出现在微博热搜上。

图6-15 各地旅游官方账号"抢丁真"微博截图

(图片来源:微博官方截图)

显然,丁真身上负载了太多颜值之外的意义,他是探知藏族传统文化的入口,更代表了藏族聚居区基层扶贫、文旅发展的显著成果。"丁真爆火"的原因和他对于理塘县的意义,值得我们深入思考和探究。

其实,在丁真爆红的背后,同样有自己的一套运行逻辑。互联网改变了人们的文化心态和文化实践,使得个人品牌打造的过程变得越来越迅速,丁真爆红的背后,是整个社会的深度变迁。

一、新媒介赋权下的素人打造

在互联网时代社会结构扁平化背景下,抖音、微博等社交平台受众多、传播快,能在短时间内吸引巨大的流量,社会效益大、发展空间广阔,这为"民选流量"的爆红提供了条件。

其一,通过媒体议程的设置集聚受众注意力。从"丁真的微笑"视频开始,四川当地媒体以及各地方媒体、微信公众号都接连深挖丁真,凭借媒体的影响力和公信力让丁真的一举一动占据微博热搜,也把受众的注意力引到丁真的家乡理塘县身上。媒介议程的设置能够帮助网民寻找关注点,使得热度能够迅速集聚到某个人及其身边的事物上,从而使其实现从素人到网红的转变。

其二,病毒式传播下的模因狂欢。网络数字媒体的兴起改变了信息传播的生态,模因的扩散性和感染力成为驱动受众参与的主要因素。"民选流量"的短视频、表情包、参演的宣传片都成为网友手中的模因,它们凭借超强的视觉冲击力和传播性在互联网环境中形成了一个疯狂消费的戏剧性的媒介奇观。

其三,互联网审美的多元化。人们已经对长期以来互联网中各式各样的形象习以为常,也就对各种形象具有了更大的包容性,互联网审美逐渐多元化。在此背景下,各种风格的形象角色都能获得大批"粉丝"。

 案例

杨超越——天选锦鲤

杨超越在 2018 年参加《创造 101》并以第三名的成绩成为火箭少女 101 的成员。同年,她相继推出个人单曲《跟着我一起》《冲鸭冲鸭》《招财进宝》,后续又参演了《将夜2》《仲夏满天心》《且听凤鸣》等影视作品,获得了不少的粉丝和关注。但杨超越真正接地气的点却是她的锦鲤附体系列表情包,这些表情包成为诸多网友在考试等重要关头的精神寄托。网友的积极许愿和转发,让杨超越的表情包一度风靡于各大社交媒体平台,成为新媒体环境下独特的模因狂欢。从选秀出道到成为互联网锦鲤,杨超越的成名历程离不开掌握"投票权"的网民,他们可以为资本捧起来的明星欢呼打榜,也可以选择视而不见。由此可见,新媒介赋权能够让受众在素人明星成名过程中拥有更多的主动权和选择权。

二、公共媒体对"民选流量"的"收编"

2020 年是全面建成小康社会目标实现之年,是全面打赢脱贫攻坚战收官之年。各方力量对丁真的支持和肯定,其实更多的是对全面建成小康社会的助力。公共媒体和相关政府部门对丁真的助力主要体现在以下两个方面。

首先,丁真的微笑视频爆火之后,央视新闻、《西藏日报》、四川省文化和旅游厅等积极造势,更有多个省份的公共媒体传出邀请丁真到当地做客的消息,引发"抢人大战","官方"的流量集聚让丁真的热度最大化,这也是他爆火的最大推手。

其次,国家为丁真"站台",实际上是把丁真和他所在的理塘县作为脱贫攻坚成果的典型。丁真在互联网上爆火,带动了各地人们对偏远贫困地区的关注,展示了国家对于民族地区一视同仁的关怀,促进了各民族间的文化交流。

◆ 案例

韩雪——为家乡代言

2015年,韩雪作为苏州旅游形象代言人出演吴中区旅游宣传片《又见吴中》(见图6-16)。2020年,由韩雪作为形象代言的苏州园林宣传片以及10张园林主题宣传海报正式和广大市民、游客见面。苏州人韩雪成为苏州的城市形象代言人,正是公共媒体与流量互利共赢的典范。对于韩雪而言,除了代言费之外,还能获得来自社会的正面评价;对于苏州市政府而言,获得了有渊源且切合自身形象的城市代言人。

图6-16 韩雪担任城市代言人

(图片来源:https://www.sohu.com/a/204180127_719451)

三、资本和网民的集体狂欢

这个时代不缺野性美,而是缺少发现野性美的眼睛,资本和网民无疑拥有最为敏锐的"发现力"。在丁真被公共媒体和相关政府部门"站台"之后,资本和网民也参与了造势,协力让理塘丁真成为风靡一时的互联网代名词。综合来看,丁真的爆红离不开资本和网民的促动。首先是资本运作下的流量池效应,从营销号疯狂转载、娱乐公司上门签约、出席各大活动"会议"到参与《中餐厅5》的录制,丁真可以说是被资本捧红的。随后,丁真在各大社交媒体上霸屏,大量受众在收到推送之后对丁真产生兴趣,进一步搜索了解之后"路转粉",甚至向周边亲朋好友"安利"这个"宝藏男孩",使得丁真的人气越来越高。

◆ **案例**

利路修——被迫爆火的素人

2021年,利路修因为疫情的关系回内地需要隔离。受好友之托,他帮忙教羽生田举武和喜内优心中文,然后被《创造营2021》节目组看中。节目组三番五次邀请才说动他前去参赛,随后他作为学员参加腾讯选秀节目《创造营2021》,最终获得总决赛第17名的好成绩;同年,参加了《时尚芭莎》《时尚先生Esquire》等多个时尚杂志画报的拍摄活动,并出演了个人首部电影《中国冰雪》。同时,利路修还作为轻量级拳手参加优酷拳击竞技明星体验真人秀节目《拳力以赴的我们》。《创造营2021》开播以来,利路修"不想上班"系列表情包在社交媒体上热度居高不下。当其他学员为了出道拼尽全力时,直言跳舞很累,想早点回家玩手机的利路修反倒成了一股"清流"。利路修给节目组提供了所需要的综艺效果,获得了曝光量。可以说,利路修的爆红除了自身实力出挑之外,资本和网民的集体狂欢无疑是另一大推手。因"被迫上班"而爆红的利路修,成了"民选流量"爆红的另一个典型案例。

◆ **反思**

城市形象传播应发挥"民选偶像"的长期效应

从丁真爆火来看,"政府+媒体+本地形象大使"的民族地区网红演化路径是成功的,具有一定的借鉴意义,但是在普适性上还有待考验。因此,笔者认为全国各地应当以此为鉴、因地制宜,做好以下几点,充分发挥丁真爆火的溢出效应。

第一,政府相关部门"站台"打造体现当地特色的传播符号,找到符合当地文化特性和优秀品质的形象大使,充分发挥"民选流量"对城市形象的助力作用。例如,丁真"甜野"的形象扭转了社会大众对理塘落后、粗蛮的刻板印象,也提升了理塘的知名度。同时,政府要注重交通道路和基础设施建设,丰富文化产品供给,优化服务品质。

第二,特色优质文化整合传播。理塘拥有深厚的藏族文化底蕴,而藏族本身的神秘性给受众带来心理上的距离感,更能引发受众的窥视欲和探究欲。网友们通过丁真"消费"藏族聚居区,"消费"藏族文化艺术,但这种被社交媒体拼凑出的经过美化的想象,和从前那些无来由地去过一次西藏就自豪感倍增的浅薄思想别无二致。因此,要激发藏文化的长效机制,不能仅靠短期营销的流量曝光,否则当网民的热情退却、表层传播带来的红利消散后,理塘还是那个无人问津的神秘之地。只有充分发掘理塘的独特文化内核,在经济上扶持、政策上优待,辅以系统、科学的整合传播,方能使理塘可持续地享受丁真爆火带来的效益。

第三,民选偶像应充实自身。像丁真这种"草根"爆红后,应当树立正确的价值观念,坚守内心的真善美,不能在流量中迷失了自我。同时要正确规划发展,充实文化知识,提升业务能力,尽量避免负面标签出现,同时积极承担社会责任,发挥"窗口"的作用。

第四,媒体需要正面引导。各媒体平台要通过"三微一端"向公众宣传正确的审美观念,带动公众通过关注丁真而关注欠发达地区的发展,采用正确、合理的方式共同为全社会的经济发展贡献力量。

本章小结与思考

国家与城市形象最重要的是"自我言说,言说自我"。自我言说意味着充分发挥国家和地区的主动性,从政治、经济、文化等不同层面发掘内容,用可及、可行的方式发出自己的声音。言说自我更强调主体的独特性,作为东方文明古国,我国有着深厚的历史文化底蕴,要乘着互联网的东风,在新时代散发新的魅力。

不论是国家形象的塑造,还是城市形象的塑造,随着时代的发展,传播策略都变得更加多样。在国家形象塑造中,成功的国际赛事传播需要基于立体式的传播格局,整合国内外传播资源,并塑造一个符号化的国家形象,将本土文化进行直译与意译。同时,注重发挥新媒体的力量,进行仪式化、长期化的传播。

在"一带一路"建设过程中,中国企业是一张亮丽的名片。走出去的中国企业作为国际传播的主体,更代表着国家形象,因此不仅要保证良好的质量,还要积极承担社会责任,更要在商业合作中穿插文化合作,在宣传中积极使用新媒体,让小故事发挥大作用,以普通人的视角呈现"一带一路"背景下的大视野。

除了政府,企业和个体也是有力的国际传播者,需要注重发挥个体的主动性。李子柒借助短视频实现了中国文化的传播与推广。她的视频依靠东方意象,以一种旁观者的姿态参与国家形象的建构,与受众共享文化信仰、传递美学。短视频独有的虚拟在场感和短平快的传播节奏也成为新媒体时代获取受众的流量密码。

在城市形象塑造中,涌现出许多精彩的传播案例。茶颜悦色作为长沙一个特色品牌,强调地域属性。首先,品牌与地域捆绑,强调地域的独特性和稀有性。其次,依靠媒介的解读与编码从开始的单一功能指向与城市深度捆绑,让人们一提起茶颜悦色,就会联想到在长沙的衣食住行以及文娱节目消费的意涵。受众与媒体都积极地参与了这场品牌符号的打造与解读,使用符号共情效应为城市增添魅力。

除了特色品牌,"民选流量"也成了城市形象的代言人。丁真的走红向我们展示了新媒介的"造神"能力。除了资本和网民的集体狂欢,我们还能看到在脱贫攻坚时代背景下,政府对民族地区"民选流量"的"收编"能取得强大的效能。

在国家形象与城市形象的塑造中,非官方的主体往往会发挥更大的作用。在面临国家形象塑造难题的今天,我们可以从这些偶然中看出些必然,即曲高和寡的单向式输出必定是失败的,而以不同的非官方主体展示普通人的生活、讲述平凡人的故事才是这个流量为王的世界里最打动人心的赞歌。

国家形象的多维
塑造与传播策略

社交媒体时代短视频
传播与国家形象建构

第七章 公益项目创意传播案例分析

> **案例导入**

ALS冰桶挑战：趣味性社交互动为罕见病创意募捐[①]

拓展视频

2014年，一类举起水桶将冰水浇遍自己全身的短视频刷爆全网。它以一种病毒式传播的轰动效应打破了以往公益传播的局限，开辟了一种创新的全民参与式公益传播模式。在这次ALS冰桶挑战赛（ALS Ice Bucket Challenge）中，国外有脸书（Facebook，现改名为Meta）的马克·艾略特·扎克伯格以及微软的比尔·盖茨（见图7-1）等商界名流的参与，国内有娱乐圈顶流明星周杰伦、刘德华等人的参与。短短几个月，这项源于美国社交网络，以美国ALS协会为组织载体推动的公益传播活动，就在全球范围内开启了病毒式传播，掀起了全民公益狂欢。这次活动直面互联网时代公益创意传播的现实需求，为其提供了极有价值的参考意义。

冰桶挑战为何具有如此强大的传播力？该活动要求参与者在网络上发布自己被冰水浇遍全身的视频内容，然后该参与者便可以要求自己的三位好友来参与这一活动。活动规定，被邀请者要么在24小时内接受挑战，要么选择为对抗肌萎缩侧索硬化（ALS）捐出100美元。

该活动最初是在2014年由一名29岁的马萨诸塞州ALS患者放在社交网上的，目的是号召大家向ALS患者捐款。它一开始仅仅在社交网的小圈子中流行。后来，当地的名人和政治家纷纷加入，当地的新闻台也对此进行了报道。名人和新闻媒体的参与使得冰桶挑战超越了地域限制，很快风靡美国。无数个体的参与使得冰桶挑战成为一个全球性的群体活动。这一活动呈病毒式传播，无数捐赠者参与其中，并融合成为传播的有效载体。美国ALS协会及其分支组织获得的捐款在两周之内迅速飙涨了1000%。此外，作为一种罕见病的肌萎缩侧索硬化也在全球范围内被众人所知。

ALS冰桶挑战赛在中国的流行始于2014年8月17日小米手机CEO雷军接受了俄罗斯技术投资公司DST Global创办人Yuri Milner的指名挑战，雷军也成为国内完成此挑战的第一人。由此，ALS冰桶挑战赛在中国正式展开，仅用了一周时间便占据了微博热门话题榜首。从百度词条的搜索量来看，截至2014年8月31日，也就是ALS冰桶挑战赛传入

[①] 各界大佬为冰桶挑战狂野湿身[EB/OL].[2023-08-02]. https://www.chinanews.com.cn/tp/hd2011/2014/08-20/394162.shtml？f=baidu.

第七章 公益项目创意传播案例分析

中国两周后,微博上关于"冰桶挑战"的阅读量已经超过了 43 亿人次,"冰桶挑战"页面已拥有 18 万粉丝以及近 420 万条微博评论。优酷、土豆、搜狐等视频网站对于各行各界"冰桶挑战"视频的点击量也超过了 40 亿。截至 2014 年 8 月 20 日,美国 ALS 协会收到了超过 30 万笔、总金额近 1600 万美元的捐赠。而这个数目在前一年同时段为 200 万美元。

图 7-1 比尔·盖茨自设支架系统完成冰桶挑战
(图片来源:http://gongyi.cnr.cn/pic/20140821/W020140821348470602220.jpg)

长期以来,公益项目由于其特殊指向性,大范围的传播受到限制,而且较难引起广大公众的关注。ALS 冰桶挑战赛能够从一个单纯的公益活动发展为全球热门的社会事件,离不开其独特的创意传播手段。它的发展离不开移动互联和社交网络的宣传和传播,也少不了明星名人滚雪球式的积极响应,但最主要的是,它本身具有许多传统形式的公益慈善活动所不具备的创意传播因素。

首先,ALS 冰桶挑战赛惊人的传播力根植于传播题材的新颖性和较强的趣味性。用冰水淋湿身体这一行为与人们的现实生活行为习惯截然不同,挑战者被冰水浇身后夸张的面部表情和湿透的狼狈也为观看者带来强烈的反差感和娱乐情绪,让人第一眼就产生震惊、困惑、好奇,从而对冰桶挑战内容产生深刻的印象——被点名者以冰水浇头,是为了让大家切身体验萎缩侧索硬化患者的感受。这一既创新又真诚的体验与看似滑稽的行为所带来的震撼和感动,奠定了传播力的基础。

其次,在受众和受众之间的传播链条上,ALS 冰桶挑战赛本质上是简单易行的,具有非常广泛的受众。与参加义演、行走有效的公里数、花费数小时进行义工活动相比,ALS 冰桶挑战赛是非常容易实践的,传播者足不出户就可以完成这次挑战,所有的人都可以是这场活动的参与者和潜在传播者。

最后,ALS 冰桶挑战赛要形成牢固的传播分支,形成连续的传播网络,必须具备高互动性的传播方式。在这里,不得不提风靡一时的"The Interview Game",也就是我们所说的"问卷点名"。在 ALS 冰桶挑战赛中,被点名者必须在 24 小时内接受挑战,完成后再点三人继续挑战,否则就要捐款 100 美元。这样对于每一个参与者来说,他们都同时具有受众和传播者的身份。被点名者可以选择自己的挚友、商业伙伴或者想要拉近关系的人。不管选择怎样的人,都能以"一传三"的形式将挑战传递下去。这种"二次传播"的模式,使得活动能够持续以成倍的方式扩散蔓延下去,这种线上推广、线下操作的形式会将公众的参与激情最大限度地调动起来。

总的来说,ALS冰桶挑战赛成功地用富有创意的娱乐化传播方式(浇冰水)把一个本来很难吸引受众注意力的罕见病呈现在人们面前,以人们易于接受的形式和正面、积极的社会意义,在最短时间内获得到了人们的关注。

◆ 案例分析

公益传播这种独特的传播形式具有悠久的发展历史。伴随着传播学的兴起和传播政治经济学的演变,公益传播的研究价值和社会价值逐渐受到人们重视。公益传播起源于美国的公共关系学,其一度把经济利益最大化作为诉求点,力图通过协调公共关系中主体与客体的关系实现其功利性目的。然而,随着社会经济发展水平和文明程度的极大提高,社会公共利益与经济诉求点之间的矛盾日益突出。德国学者乌尔里希·贝克认为,由于"技术-经济"(techno-economic)的发展,出于某些特殊的考虑或者追求利益最大化,人为的各种危机使全球进入风险社会,新自由主义的经济至上原则与公共领域空间中利益的实现渐行渐远。[①] 社会矛盾在高度信息化的社会中日渐突出,一些亟待解决的公共问题也重新出现在人们面前。在当今社会,通过社会舆论沟通与引导的方式解决公共问题逐渐成为可能。由此,公共关系中的基本价值观转型以及高度信息化社会的矛盾和公共问题的凸显为公益传播提供了基本的价值"土壤",公益传播越来越成为传播学领域的重要研究对象。这对于我们构建公益传播的阐释框架具有重要的背景意义。

有学者指出,公益传播是指具有公益成分,以谋求社会公共利益为出发点,关注、理解、支持、参与和推动公益行动、公益事业,推动文化事业发展和社会进步的非营利性传播活动,它所倡导的积极的价值观和符合人性的道德规范犹如一条承载人类共同情感和记忆的纽带,有一种文化整合的作用。[②] 但如今,基于公益传播的价值"土壤",围绕"爱"这一核心价值进行的传播活动却不得不面对社会中的商业绑架、传播过程中执行不到位、信息不透明等问题,越来越多不完善的公益传播活动透支着公众的善意。公益传播如何找到与资本、受众之间的平衡点,成为解决传播问题的核心。

在20世纪,公益项目由于其特殊指向性和媒介性质造成的局限,使其大范围的传播受到较强的限制,难以引起广大公众的关注,因而使得公益项目本身的发展遭遇瓶颈。如何通过提升公益项目的传播效果来促进公益项目的发展?互联网时代的到来和新媒体技术的发展给出了答案——在新时代,互联网驱动下的创意和创新为公益项目的传播带来了新的机遇。

在互联网浪潮下,社交媒体与5G等新技术的兴起似乎为传统的公益传播模式带来了生机和创新机会,成为公益创意传播的独特亮点。上述案例中的"ALS

---

① [德]乌尔里希·贝克.世界风险社会[M].吴英姿,孙淑敏,译.南京:南京大学出版社,2004:44.
② 马晓荔,张健康.公益传播现状及发展前景[J].当代传播,2005(3):23-25.

冰桶挑战赛"就用轰动全球的病毒式传播机制,证明了社交媒体等新技术的强大传播力、自媒体的引导力以及全球传播因地制宜的核心驱动力。本章将从全球公益传播的主要议题与价值取向、技术驱动公益传播创新、基于新媒介渠道的公益传播内容的原生与共创三个层面进行知识点的梳理和介绍。

第一节 全球公益传播的主要议题与价值取向

公益是一种组织行为,而不是施与者和受惠者之间的个体关系。这种组织行为的价值原则不再是一种道德的施舍,而是基于自我价值实现基础的志愿性。公益要解决的也不是个人困扰,而是社会问题。公益成为一种以社会组织为载体的事业。① 公益传播同样需要建立在公益事业的价值基础之上,要充分把握社会责任和全人类命运的核心价值,谋求实现共创美好家园的长远目标。

公益传播是一种非营利性的传播活动,它以谋求社会公众利益为出发点,通过关注和宣传公益思想、公益活动,推动公益事业和社会文化发展。② 公益传播的本质在于通过信息传播的形式,为社会公众利益发声,推动人们关注和维护公众利益。其中,利益可能是具体的资金数字、物资等,但传播利益的价值取向是永恒不变的。把握公益议题的基本价值取向,是公益传播成功的基石,也为传播创意提供了新的思路。

当前,全球各国都面临一些普遍性危机与问题,要解决现有危机,就必须厘清公益传播的核心价值与基本方向。本节将基于全球普遍存在的社会问题,对公益传播的核心价值和基本方向进行梳理,探讨全球性公益组织在公益传播中所做出的突出贡献;同时,本节将立足全球化视野,对全球公益传播如何制定跨文化、因地制宜的策略进行简单梳理。

一、公益传播的杰出案例

(一)把握共同心跳:联合全球巨星举办慈善演唱会

1. Live Aid

提及全球公益史上最令人印象深刻的公益创意传播,很多人都会梦回30多年前那场轰

---

① 安娜青,崇维祥.社会组织公益传播:效果与机制——以"ALS冰桶挑战"为例[J].广州广播电视大学学报,2019(3):80-84,111.
② 张君昌.情与美:新媒体时代的公益传播[J].南方电视学刊,2015(1):84-86.

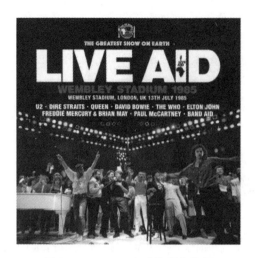

图 7-2　Live Aid 全球演唱会海报

（图片来源：https://baike.baidu.com/tashuo/browse/content?id=a212f2873a60de7e1211a2cf&lemmaId=2474351&fromLemmaModule=pcBottom&lemmaTitle=LIVE%20AID）

动全球的 Live Aid 慈善演唱会（见图 7-2）。在 30 多年前，一场由爱尔兰摇滚歌手鲍勃·格尔多夫发起并汇集全球 100 多位著名摇滚乐明星参演的 Live Aid 慈善演唱会募集了大量的慈善捐款，为水深火热中的非洲人民送去了温暖。声势浩大的 Live Aid 慈善演唱会在伦敦的温布利大球场和费城的肯尼迪体育场同步举行，演出一直持续了 16 小时，并通过全球通信卫星网络向 140 多个国家播出了实况，估计总共吸引了近 15 亿的电视观众，为挣扎在饥荒中的非洲灾民募集到 1.27 亿美元的款项。

当公益理念不是通过政府文件、单纯物资捐助的形式发生，而是通过动听美妙的音乐传递热情与爱心时，它所呼吁的不再是单方向的捐赠和刻板的付出，而是将公益传播的主题上升到了"享受"与"温暖"的层面。在参与公益活动的过程之中，公众感受到的是与灾民相连的跳动的心脏，是一起面对危难的勇气和激情，是自身的社会责任感。

2. One World：Together at Home（同一个世界：四海聚一家）

2020 年 4 月 18 日，世界卫生组织及全球公益组织"全球公民运动"共同举办了 Live Aid2.0——线上虚拟全球巨星慈善音乐会"One World：Together at Home"（同一个世界：四海聚一家）（以下简称 One World），其海报如图 7-3 所示。这个项目所募集的款项，将用于为全球抗击新冠疫情一线医护人员提供防护设备，同时为各地慈善机构提供多种协助，如提供食物、避难场所和健康护理资源等。

"全球公民运动"组织的首席执行官埃文斯表示："此次慈善演唱会，试图通过音乐的影响力，那些冒着生命危险保护我们的医护工作者致以最高的敬意和支持，同时团结和鼓励全人类为了疫情的终结而共同努力。"[1]

在演出开始前，联合国秘书长古特雷斯为这场历史性的义演发去视频致辞，他表示，通过音乐这个世界通用语言，向无畏奋战在全球抗疫第一线的医护人员以及疫情期间坚守工作岗位的所有人致敬，呼吁各国团结应对这一前所未有的人类危机！

值得一提的是，与以往慈善演出不同，这次的 One World 慈善演唱会不要求观众捐款，其公益款项全都来自苹果、可口可乐、IBM、卡西欧等企业及私人慈善家的赞助，在演出前就

---

[1] 因为 One World 演唱会，我们又一次见证历史[EB/OL].（2020-04-25）[2023-06-07]. https://www.sohu.com/a/391164401_644955.

达到了 3500 万美元。这也凸显了企业作为社会经济运行的主体,在实现商业效益的同时践行社会责任的重要性。[①]

图 7-3 "One World：Together at Home"慈善演唱会海报

(图片来源：https://baike.baidu.com/tashuo/browse/content?id＝a212f2873a60de7e1211a2cf&lemmaId＝2474351&fromLemmaModule＝pcBottom&lemmaTitle＝LIVE％20AID)

(二) 慈善演唱会的特点

1. 公益项目实效性

2020 年 4 月,新冠疫情的第一波冲击率先在中国暂时落下帷幕,在全球却只是一个开始。病毒以指数级增长的速度迅速扩散,全球新增感染数和死亡数如一把刀悬在人们头顶,造成大面积的不安与恐慌。One World 演唱会就是在这样的背景下举办的,为恐慌之中的人们带来了及时的正能量,有利于引起人们的共鸣。

2. 全球公共性

无论是 Live Aid 还是 One World,都坚持"人类命运共同体"的基本原则。这场疫情并不是局限于特定地区或某个人种,而是全人类的灾难。只有全人类携手齐心,才能共渡难关。

3. 跨文化属性

音乐是人类共通的一种语言。One World 演唱会正是利用了音乐对于人类的情绪感染能力,实现了全球的跨文化交流,扩大了影响力。邀请全球不同国家不同地区的音乐明星进行演唱,更是调动了观看者的情绪和参与感。

---

① 我们这个时代的 Live aid,褪去巨星舞台更见音乐本初的样子[EB/OL].(2020-04-19)[2023-06-07]. https://baike.baidu.com/tashuo/browse/content?id＝a212f2873a60de7e1211a2cf&lemmaId＝2474351&fromLemmaModule＝pcBottom&lemmaTitle＝LIVE％20AID.

4. 参与主体多元化

在 One World 演唱会中，不仅有娱乐明星的参与，还有联合国及其世界卫生组织，以及全球各大媒体的身影，参与主体多元化使得演唱会具有权威的支持，有共鸣力的内容以及较强的传播力，也使得演唱会具有多元性、层次性。

（三）慈善演唱会的作用

在充满多元化、差异性的媒介世界，生命无疑是共通的媒介，是所有传播得以生成的基石。在信息洪流中，生命叙事可能式微，但绝不会消逝。① 那些人类社会中永恒的共同价值取向始终是公益传播得以成功的核心。自 Live Aid 全球演唱会之后，虽然 30 多年过去了，社会经济和传播媒介发生了翻天覆地的变化，但 One World 的公益演出依然大获成功。其原因在于，公益传播在心灵、自我、社会的相互关系中进行着解构与重构，并在相互交往的权力结构中，形成以共鸣、共情、共在凝聚想象的共同体。② 在公益传播的作用下，强大的基于共同价值认同的共情能力使得人们形成一个牢固的共同体。公益传播的首要关切便是寻找、理解人类社会的普遍且共同的利益价值追求。无论是 Live Aid 还是 One World，都强烈地表现出人们关注全球问题的责任感。

二、公益传播的主要议题和价值取向

（一）环境保护议题："共生"价值理念的普及

地球是人类共同的家园。随着工业化的进程，人类在利用地球有限资源时，为地球带来了沉重的环境负担。近百年来，人类一直面临全球变暖、物种灭绝、大气污染等危机，这是大自然的一种"反噬"，更是对人类的一种警示。国际公益环保组织要进一步普及环境保护的概念和价值，首先需要把握"共生"的价值理念，让公众体会到与环境密不可分、息息相关的关系，这样才能触动环境保护公益传播的价值本质，打动人心并且起到警示作用。

◆ 案例

用创意传递警示：世界自然基金会（WWF）保护濒危动物广告创意③

世界自然基金会（WWF）2020 年 10 月公布的《地球生命力报告 2020》显示，受人类

---

① 林筱茹，李堃，仁增卓玛. 情感、行动与责任：公益传播中的生命叙事[J]. 台州学院学报，2021(2)：23-27.
② 林筱茹，李堃，仁增卓玛. 情感、行动与责任：公益传播中的生命叙事[J]. 台州学院学报，2021(2)：23-27.
③ 每当公交车停下来，就有一种野生动物会消失 | Think Small[EB/OL]. [2023-08-02]. https://www.topys.cn/article/30972.

活动影响，全球野生动物数量自 1970 年以来已锐减 68%，如不采取行动，世界上三分之二的野生动物可能会在 10 年内消失，甚至连猎豹、狮子、长颈鹿这样常见的野生动物也会陷入生存危机。为了呼吁大家关注濒危动物保护，拒绝非法狩猎与野生动物买卖，世界自然基金会与丹麦哥本哈根的创意机构 Pong 合作，制作了一则特别的公交车广告——"Every time the bus stops, an endangered animal disappears"（每当这辆公交车停下时，就有一个濒危动物从地球上消失）（见图 7-4）。该广告以公交车为独特的载体，每当公交车前进、车门关闭时，出现的是绿意盎然的森林景观与生机勃勃的野生动物，而一旦公交车停下，车门打开，乘客从车门离开，森林中的野生动物也随着车门的折叠消失在森林之中，寓意人类对野生动物生存环境的威胁，让每一个观赏者切身体会到野生动物的生命与我们息息相关，唤起大家保护野生动物的决心。

图 7-4　保护动物创意广告

（图片来源：https://img-sz.topys.cn/2020-09-22/1600746242034.jpg? x-oss-process＝image/resize, w_1520/format, webp）

（二）种族与性别议题：强调平等与自由的实际行动

在全球，种族运动、女性主义、少数群体等公共议题也是公益传播的重要领域。近年来，随着公正、自由、独立等意识的觉醒和发展，种族议题、性别议题等逐渐成为现代社会舆论场的焦点。为解决社会部分群体权益受损、遭受歧视等问题，全球各种公益机构自发为弱势群体发声，立足于强调公正平等、自由独立的价值取向，从理性的角度为这个群体做出实际贡献，而不是停留在空喊口号的公益传播形式上。

◆ 案例

用行动支持公平：谷歌声援黑人权益保护运动①

在 2020 年美国发生白人警察暴力执法导致黑人平民丧命事件后，西方国家发起了广泛的"Black Lives Matter"（黑人的命也是命）的黑人权益保护运动，诸多媒介平台、互联网巨头纷纷响应。

谷歌因此发动历史上最大规模的员工捐款活动，首席执行官桑达尔·皮查伊于 2020 年 6 月 3 日发布一封内部信，并在信中做出以下承诺：第一，我们将向尊重种族平等的组织提供 1200 万美元的资助，并向监察机关等提供额外的 100 万美元的赠款；第二，通过 Google.org.Fellows 计划，谷歌已经连续五年向尊重种族平等的组织捐款总计 3200 万美元，在此基础上还将提供 2500 万美元的广告捐赠，用于宣传种族平等的相关信息；第三，在五月最后一周发起的内部捐赠活动中，谷歌员工总计捐款 250 万美元，是谷歌历史上参与人数最多、金额最大的捐款活动。

此外，桑达尔·皮查伊还通过推特表示了谷歌对于黑人群体的声援（见图 7-5）。此外，谷歌旗下的视频自媒体平台油管（YouTube）在 2021 年 6 月 11 日宣布将设立 1 亿美元的创作者基金，以鼓励黑人创作者。谷歌通过一系列的社交媒体传播和技术资金支持黑人运动。

（三）疾病议题："通感"的沉浸式共情

面对全球新冠疫情的重大危机，以及人类尚未解决的诸多疾病问题，公益传播需要向全体公众普及疾病的危害性、预防疾病的方法，同时需要解决因特定疾病引发的社会歧视、造谣传谣等问题。面对疾病相关议题，公益传播需要实现"通感"的沉浸式共情，让受众能够切身理解患者的境况和心理状态，增强公益传播的效果。

◆ 案例

换个视角看待疾病：西班牙帕金森协会的"狼人"狂欢②

你知道"狼人"吗？"狼人"在西方各类童话传说和影视作品中频频出现。作品中这

---

① 美国科技大佬大笔撒钱种族平权运动，六年前他们为何一片沉默？[EB/OL].（2020-06-17）[2023-04-08]. https://36kr.com/p/755400588450054.
② 全球创新公益大盘点：脑洞大开 创意爆棚[EB/OL].（2016-06-07）[2023-08-02]. https://gongyi.ifeng.com/a/20160607/41620014_0.shtml.

图 7-5 桑达尔·皮查伊发文支持黑人

（图片来源：https://36kr.com/p/755400588450054）

种存在于魔幻世界的生物会在月圆之夜变身，出现癫狂的症状，逐渐成为一种原始、野性、魅力的象征。对于如何巧借"狼人"形象进行公益宣传，西班牙帕金森协会给出了解答。

在大众的认知范围内，帕金森综合征是一种仅针对老年人群体的疾病，但是根据目前的医疗统计数据来看，这种想法是完全错误的。现在世界范围内共有 500 万名帕金森综合征患者，其中西班牙患者更是占有相当大的比重。西班牙帕金森协会为了带领大众走出对于帕金森综合征的认知误区，并且为帕金森综合征患者募捐，突发奇想，让西班牙患有帕金森综合征的人穿上"狼人"的衣服，走上街头，开启了一场"狼人"的狂欢。这次公益传播项目弱化了帕金森综合征患者与常人之间的"异样"，甚至将"异样"转化为带有趣味和神秘色彩的"异常"，能够在极大程度上引起公众的注意。在这场"狂欢"中，公众通过"狼人"的特性和行为，充分了解帕金森综合征患者真实的身体状况，了解到帕金森综合征患者因肌肉组织坏死而出现的颤抖症状，但同时又因为"狼人"形象带有魔幻色彩，让人们仿佛身处魔幻世界，以一种别样的形式实现了与患者的共情，更加激发公众对"狼人"的同情；同时，帕金森综合征患者不再为自己笨拙、不便的行动而羞愧，他们在"狼人"服装的掩护下身处人群之中，感受到与常人一样的快乐，在有利于公益传播的同时，还为患者塑造了良好的生活环境。

(四)关爱儿童问题:以3B原则连接今日问题与明日梦想

儿童是世界未来的希望。关爱儿童始终是公益传播的一大重要导向,在联合国儿童基金会的号召和全球各地儿童公益组织的努力下,儿童权益的公益传播也涌现许多暖心的案例。在相关公益传播中,我们要紧扣创意传播的3B原则(beauty——美女、beast——动物、baby——婴儿),将当前儿童面临的问题与人类的未来问题紧密结合,充分引起受众的重视。

案例

联合国儿童基金会:基于世界儿童日的下一代关怀计划①

每年的11月20日是世界儿童日,它是联合国儿童基金会为儿童设立的全球行动日,也是充分体现儿童参与的节日。许多公众人物和政界领袖也加入这项活动,携手赋能儿童,让他们拥有更多的发言权,参与构建更美好的未来。2021年的世界儿童日,联合国儿童基金会发起"汇聚你我声量,点亮儿童未来"公益活动,与联合国儿童基金会大使王源共同发布世界儿童日主题曲《在未来》(见图7-6),并发起联合国儿童基金会在中国举办的首个合唱征集活动,鼓励广大中国网友互动参与歌曲传唱。除此以外,在当天,中国23个城市用象征对儿童友好的蓝色灯光点亮了当地标志性建筑,以表达人们对实现儿童权利的承诺,吸引了许多媒体和社会大众的关注。联合国儿童基金会明星大使和广大联合国儿童基金会青年倡导者群体共同传播,广泛引导社会公众关注儿童,身体力行地为儿童发展事业做出贡献。

图7-6 2021世界儿童日公益主题曲《在未来》
(图片来源:https://www.unicef.cn/videos/in-the-future-mv)

---

① 联合国儿童基金会.汇聚你我声量,点亮儿童未来[EB/OL].[2023-06-12]. https://www.unicef.cn/videos/in-the-future-mv.

本部分内容主要从全球视角探寻了社会普遍存在的公益议题，并且提出了对它们进行公益传播的基本价值取向。但是公益传播不仅要从人类命运共同体的核心价值取向出发，更要落实到每个国家的实践和具体的社会问题、社会事件中。在我国进行公益传播就必须把握我国的政治、经济、技术、文化等各方面的情况，这样才能更好地在公益传播的内容和形式上突破创新，达到更好的传播效果。

第二节 "互联网+公益"：技术驱动公益传播创新

前文我们梳理了全球公益组织主办和参与的公益创意活动，那么，我们在把握全球公益传播的核心价值取向之后，如何结合不同国家国情和社会具体问题进行因地制宜的变革和创新呢？在我国，互联网已经渗透到公民生活的方方面面。截至2021年6月，我国网民规模达10.11亿，互联网普及率达71.6%，较2020年12月提升1.2个百分点，其中手机网民规模达10.07亿。[①] 抓住互联网技术的突破口和移动终端媒介发展的技术趋势，"互联网+公益"如何进一步驱动技术对公益传播进行创新成为当下我国公益传播面临的重要问题之一。

互联网平台所具有的共享性、开放性、交互性及多向连通性，为公益传播的整条链路提供了坚实的技术基础，充分渗透到公益传播的各个环节，汇集公益传播的各方主体，形成便捷、透明的公益生态；人们能够利用不同的新媒体渠道实现公益价值认同，打造公益传播氛围与仪式感，还能利用新型媒介技术激发受众的公益创意灵感，催生多元裂变。互联网技术共建全方位、多元化、强共鸣的公益传播链路，最终真正促成公益慈善的效果。

◆ 案例

"99公益日活动""小朋友画廊"[②]

"99公益日"是由腾讯公益联合数百家公益组织、知名企业、明星名人、顶级创意传播机构共同发起的一年一度的全民公益活动。"小朋友画廊"H5是腾讯公益、深圳市爱佑未来慈善基金会和WABC无障碍艺途公益机构联合出品的线上线下互动公益项目。

在"小朋友画廊"的画作展览中，所有作品都是由WABC无障碍艺途公益机构从学

[①] 第48次《中国互联网络发展状况统计报告》发布 超十亿用户接入互联网 我国成全球最庞大数字社会[J]. 网络传播，2021(9)：76-81.

[②] 暖心｜99公益日，我们一起把「小朋友画廊」搬到线下吧！[EB/OL]. (2017-09-05)[2023-08-02]. https://www.sohu.com/a/169726698_644563.

员画作中选出的,"小朋友"来自上海、广州、深圳等全国多个城市,年龄从 11 岁到 40 岁。他们都是精神障碍、智力障碍及自闭症患者,但在绘画上具有突出的天赋,每一幅画作都简单质朴地描绘着他们眼中别样的世界,让观看者为之动容。

为了让更多的人了解这个群体,亲身参与到公益活动中,腾讯公益通过线上和线下两种渠道对"小朋友画廊"公益活动进行传播。

线上画廊 H5 于 2017 年 8 月 28 日上线,用户可以在线上看到由 WABC 无障碍艺途公益机构精心挑选的 36 幅作品(见图 7-7)。大部分作品都有作者亲自录制的语音,向大家说明画作的心意并表达感谢。受众通过 H5 可以直接、轻松地一键捐款给 WABC 无障碍艺途公益机构,受众也可以通过 H5 给这群特殊的"小朋友"留言,以鼓励和支持他们。另外,受众在为画作捐款后,会拥有将该电子画作保存为自己手机屏保的权限,可以立刻将这些充满天赋的画作保存到自己的手机上。

同时,这些精彩的绘画作品也在 2017 年 9 月 1 日在上海南京东路的地铁站线下展出。这个"小朋友画廊"占据了上海南京东路地铁站站厅近 50 米的墙面,12 个 60 寸的电子大画框让这些画作得以充分展示,比在手机上看更为清晰。画框上同时呈现了对画作的介绍和作者简介。线下用户可以通过扫描电子画框内的二维码进入"小朋友画廊"H5,以了解更多的信息,倾听作者的心声和他们真挚的感谢语音,并可以一键捐赠支持该公益项目。

H5 上线的前两天就在微信朋友圈得到了火爆刷屏。截至 2017 年 8 月 29 日 14:30,活动已募集超过 1500 万元善款,有 580 多万人参与了募捐活动。

图 7-7　腾讯公益"小朋友画廊"H5 部分界面

◆ 案例分析

本次公益传播彰显了新媒体技术与公益活动结合所引发的强大传播力。随着互联网 3.0 时代的到来,搭建"互联网+公益"的传播平台成为打破传统单向公益活动局限性的出口,互动式公益传播逐渐成为主流,有利于形成完善的公益传播链路。互动式传播激发公众参与的热情,裂变式传播促进公益信息的扩散,社区化传播加速公益意识的形成,搭建了一个无限延伸且高效的公益传播平台,彰显了"人人可传播、人人可公益"的公益传播新态势。"小朋友画廊"就是基于"互联网+公益"技术取得极大成功的。

首先,互联网平台的开放性为公益传播汇聚政府、企业、公益组织等多主体力量提供技术支持。背靠腾讯集团强大的资金支持、关注国家爱心帮扶政策、在互联网技术基础上建立的腾讯公益平台,招募、聚集了来自全球的公益组织与机构。多元议题的汇聚有利于进行公益多主体合作,激发公益传播动能。在"小朋友画廊"活动中,腾讯公益进行活动策划,提供活动基础的资金支持;WABC无障碍艺途公益组织收集精神障碍、智力障碍及自闭症患者的绘画作品,参与布置创意展览,为创意传播活动增添真实性和动容点;深圳市爱佑未来慈善基金会则在协助的全过程中保证慈善资金募集的透明性和公平性。

其次,巧妙利用互联网技术与受众形成价值共情。"小朋友画廊"巧妙运用H5这种新媒介技术使受众产生情感共鸣,其界面表达简单、以画作为文本主体,并支持左右滑动阅览。这些画作虽然笔法比较稚拙,但是构思独特、造型夸张、色彩斑斓,极具艺术性,使受众惊叹于创作者的才华。画作下方有内容描述、作者署名、感谢音频和背景音乐,补充说明作者的身份,从而完成对创作者角色的标签化、肖像化提炼。精神障碍、智力障碍及自闭症患者遇到的困难和他们完成的作品本身会形成一种反差,这种反差能够引发人们的同情心,而可保存的作品就成为调动人们情绪的开关。H5借助多媒体文本展示,实现视觉、听觉的交互体验,即时唤醒和调动受众的惊叹与同情两种情绪,引导受众进入捐赠环节。

最后,通过互联网社交网络的新技术催生公益传播裂变。"小朋友画廊"活动与微信、QQ等社交圈联系紧密,它为网友提供了一个既能展现爱心,又能表现艺术欣赏力的好机会,精准击中以微信、QQ为代表的社交网络的"要害"。而这也要求公益活动本身蕴含传播价值,符合受众的价值判断标准。分享页面上显示捐助者的名字和助捐作品,让捐赠者爱心可视化,同时,捐助后作品可以壁纸形式下载,"可见可得"的作品成为刺激网友分享的另一动力,有利于扩大该活动的传播范围,提升影响力。

约翰·特纳认为社会证明作用是模仿行为产生的原因之一。个体寻求社会认同感的形象塑造,在微信公益传播过程中起着至关重要的作用,因为个体塑造社会认同的过程也是建构社会共同利益目标的过程。共同的利益取向成为连接公益传播个体之间的牢固纽带,为传播带来内在推力。心理学家库尔特·勒温提出的社会心理场理论指出,个体对感兴趣的特定信息的二次加工、完善、传播正是塑造这种价值取向、强化共识的过程。购买"小朋友画廊"的作品并分享,具有价值认同和示范作用,而在朋友圈的分享和点赞行为,使基于强连接的熟人社交网络强化了这种共识。[①]

---

① 包海清,覃洁.社交媒体时代"晒"出来的公益传播——以"小朋友画廊"公益活动为例[J].新闻知识,2017(9):59-60.

一、技术驱动:从"割裂"到"连通"的公益平台生态

在传统的公益时代,公益生态的基本特征是割裂的。不同的慈善机构在不同的地区进行展览、演出,只有特定地点和时间的小部分公众会参与公益活动,公益传播的主体、内容、时空、受众等呈现碎片化状态,极大地限制了公益传播活动的传播效果和传播范围。而"互联网+公益"时代的到来,使得数字化的赋权突破公益传播主体、地域、时间限制,有利于汇聚多主体的爱心力量,通过媒体的议程设置,搭建起完善高效的公益传播链路,引导受众进行慈善捐赠。

1. "互联网+公益"平台搭建公益"电子大集市"

随着互联网公益平台的兴起,利用互联网技术搭建起来的公益平台就如同一个"电子大集市"——平台为公益组织设置"摊位"让其展示"产品",即公益项目;捐赠人在此根据自己的喜好选择公益项目进行捐赠。这个平台将作为"供应方"的公益组织与作为"需求方"的捐赠人对接,产生公益交易。"大集市"有着大流量,大批量"供应方"提供琳琅满目的公益产品,吸引众多的"需求方",打造了便捷化、自动化的公益模式。

◆ 案例

腾讯公益平台用技术对接多主体供需①

通过互联网技术打通捐赠渠道,实现公益项目与捐赠人的对接,要将供需之间涉及的角色连接起来。腾讯公益作为国内最早的互联网公益平台,其通过互联网技术搭建起来的供需对接模式值得我们借鉴和思考。

在腾讯公益搭建的互联网公益"大集市"中形成了如图7-8所示的交易互动链路。

图7-8 互联网募捐平台的交易互动链路

一方面,平台的参与门槛低,并通过让具有公募筹款资格的组织开放公募资格,让不具备公募资格的公益组织有机会为自己的项目进行公开募捐。平台的模式是在左端对接公众(捐赠人),右端连接公募组织、非公募运作型公益组织(项目执行方)。捐赠人将资金捐赠给平台,再由平台人拨付给公募组织,由它们开展具体的项目执行工作,从

---

① 腾讯公益平台社会价值研究报告[R].北京:北京七悦社会公益服务中心,2021.

而落实到具体的受助对象上。腾讯公益募捐平台的主体之间形成了自然的供需状态。

另一方面,腾讯借助现有业态,将腾讯公益平台搭载在微信这一流量巨大的社交平台上,使得公益项目信息得以在微信用户之间快速传播,为其引流。同时,微信支付、微信红包等工具,不仅让公众能够快速实现捐赠,还增强了线上支付的趣味性,为公众参与公益捐赠搭建了基础。乐捐、一起捐、捐步等工具,一来方便了公益项目信息在社交平台上的传播,二来提升了公众参与公益活动的兴趣和力度,为公众参与公益提供了更加丰富的选择。这大大降低了公益组织筹款的成本,从而吸引了大量公益组织参与,汇集多方主体,形成自发性的公益供需对接生态。

2. "互联网+公益":用技术进行网络议程设置

议程设置理论由李普曼在《舆论》中最先提出,之后美国传播学家麦克斯维尔·麦库姆斯和唐纳德·肖对议程设置功能进行了概念化提取,他们于1972年在《舆论季刊》上发表《大众传播的议程设置功能》,就美国总统选举的选民调查结果对议程设置功能进行研究探讨。理论得到扩充发展后,麦库姆斯开始关注大众媒介对议题属性所造成的影响,他发现电视报道对某个议题所设置的不同框架(即属性议程设置)对公众理解该议题的价值倾向会产生影响。此时,人们发现媒介不仅能提供议题,还可以提供语境来决定人们如何思考并评估议题的价值。

随着互联网的发展,媒介环境发生变化,网络议程设置开始出现并流行。互联网时代信息生产众包化,信息来源多元化,消费行为碎片化,流动和获取形成网状模式,受众和内容生产一体化,细分网站使受众分散分布,媒体与受众间权力改变,这些为"互联网+公益"带来挑战的同时也带来了新的机遇。"互联网+公益"的平台技术整合公益活动各个环节的议题,可以充分吸引受众的注意力,更有利于实现网络总动员。

◆ 案例

"水滴筹"利用议程设置高效解决募捐问题[①]

随着"互联网+公益"的发展,慈善众筹的新型募捐形式出现在大众视野,它能在一定程度上帮助医疗资金紧缺的大病患者在短期内筹集医疗资金,是我国医疗保障制度的重要补充。"水滴筹"的新型公益众筹机制依托网络,需要帮助的经济困难者在平台上通过身份审核后,在平台上自行发布需要募捐的信息,设置公益众筹的时长与目标金额,参与平台的众筹项目议程。平台算法根据用户发布信息的紧急程度和众筹完成度对不同的众筹项目予以优先推送和更长曝光,解决了传统众筹信息传播范围窄、传播难

---

① 杨敏.微信朋友圈慈善众筹信息分享行为影响因素探究——以水滴筹为例[J].图书情报导刊,2018(10):59-67.

等问题,能够更加高效地解决受助者的经济问题,使其在第一时间得到帮助,促进了公益众筹的进一步发展。

互联网公益众筹平台的建立,本质上是对割裂的行业、议题、受众的深度融合。公益众筹通过互联网进行筹款信息传播,借助互联网的时效性,众筹信息随着树型关系网的传播,为"水滴筹"提供了巨大的流量。在互联网时代,流量的存在使得资本的利益最大化,反过来,资本又可以释放流量资源,以此形成良性互利循环。庞大的流量为"水滴筹"平台自身产品打开了市场,网络与众筹相互促进,众筹与网络相互联结,使得传统的募捐项目产生了"1+1>2"的裂变倍增效益。[①]

二、科技向善:从"说到"到"做到"的公益实践

公益作为人类永恒的向上向善的追求,是衡量社会文明程度的重要表征,也是联结人与人、组织和社会的重要纽带。在传统的公益活动中,公益创意往往依托宏大的宣传口号、惹人同情的"眼泪指数"对公众进行情感上的"绑架",很难真正打动人心。而在新媒介时代,互联网中各种新兴技术和媒体的发展将人与网络社会紧密相连,为公益创意传播提供技术土壤的同时,也更加有利于公众在虚拟空间进行公益实践,真正做到"每日公益"与"人人公益"。所以,我们在公益实践中要充分运用互联网新兴技术,把握科技向善的核心出发点。

1. 通过技术达成共情,寻求根本的价值认同

共情作为一种人际互动的心理现象,不仅是一种状态或能力,更是一种具有动态性、方向性的社会心理过程。[②]情绪共享理论认为,个体与他人之间的情绪共享是共情的基础。情绪共享是指个体知觉到他人的动作、表情或声音等外部信息时,会自动地、同步地模仿,此时大脑中相应动作或情感部位也会被激活,从而使个体产生同形的表征共享。情绪共享过程的典型代表是情绪感染。在互联网的虚拟空间中,通过技术虚拟行为、情绪同样可以激活受众大脑神经,从而在新媒体技术传播过程中形成互联网网民之间的共情。[③]

公益理念的传播也是如此,我们不仅要在互联网上进行公益理念的宣传,更重要的是通过各种新媒体技术模拟现实中的真实情绪和实际行动来调动大众的根本价值认同。

---

① 付梦乔,杨海怡,杨紫荻."互联网+公益众筹"平台模式研究——以水滴筹为例[J].时代金融,2020(3):106-107.
② 郑日昌,李占宏.共情研究的历史与现状[J].中国心理卫生杂志,2006(4):277-279.
③ 刘聪慧,王永梅,俞国良,等.共情的相关理论评述及动态模型探新[J].心理科学进展,2009(5):964-972.

◆ 案例

共青团中央"光盘行动"[①]

2020年8月,习近平总书记作出制止餐饮浪费行为的重要指示,社会上掀起了倡导理性消费的浪潮。其中,共青团中央发起"光盘行动"话题,号召广大网友秀出"光盘"照片或视频,加入"光盘行动",通过"两微一端"(微博、微信、客户端)的融媒体技术与广大公众进行双向互动传播,针对不同受众,利用不同的媒介技术,充分营造了全民爱惜粮食的氛围。

在2020年9月的开学季,共青团中央联合《中国青年报》与微博校园发起"2020开学季·光盘行动"线上活动。活动期间,学生可以使用微博扫描二维码报名,带话题"光盘行动""光盘随手拍"发布微博就有机会获得丰厚好礼。这一自由、简单的号召行动,让学生自愿、自觉地融入"光盘行动"的传播中。[②] 为了将"光盘行动"进一步对准年轻受众,提升传播的趣味性,鼓励受众自发参与,共青团中央联合北京新素代科技有限公司发布了"光盘打卡"游戏,受众用餐后拍照"光盘",在小程序上"打卡",通过AI识别后即可获得积分奖励,积分可兑换商品或捐赠给公益项目。"光盘打卡"游戏通过技术代码设置了一定难度的挑战任务和积分兑换的形式,鼓励受众持续参与"光盘行动",引导受众对这一活动合理评判、理性抉择并付诸实践,充分引起受众的情感共享与模仿,带给受众深层次的情感体验,推动"珍惜粮食、拒绝浪费"的理念成为社会各界的共识。

2. 互联网技术塑造全民公益传播的互动仪式链,创造情感价值认同

互动仪式链理论是美国社会学家兰德尔·柯林斯于2003年提出的。该理论认为,互动是社会动力的来源,每一个个体在社会中所呈现的形象都是在与他人的社会互动中逐渐形成的。[③] 同时,在柯林斯看来,情感能量是人类交流互动的核心要素,人们参与传播的动机实质上应归结于情感能量的理性选择。在此基础上,他创造性地提出了互动仪式链模型,即互动仪式的参与者在关注点与情感的相互连带中,能够产生一种共享的情感体验与身份认同,进而形成新的社会定位与社会形象。

基于促进公益互动和公众参与的原则,建立新的品牌或创设节日仪式能够激活公益传播的互动仪式链,使得公众产生共情体验与身份认同。在"互联网+公益"时代,想要打造长

[①] "光盘行动"圆满落幕 团中央与微博合力号召600万网友做节约粮食[EB/OL].(2023-01-12)[2023-08-02]. http://d.youth.cn/xw360/202301/t20230112_14254258.htm.
[②] 杨海峰.融媒视域下公益传播路径的创新研究——以共青团中央"光盘行动"为例[J].传媒,2021(17):70-71,73.
[③] 彭兰.场景:移动时代媒体的新要素[J].新闻记者,2015(3):20-27.

期性、规律性、稳定性的全民公益品牌,必须充分利用互联网技术,在社交网络和其他虚拟空间为公众带来沉浸式的共情体验,唤起公众的身份认同和情感记忆,从而形成特定的公益传播惯性。

◆ 案例

世界自然基金会——"2021地球一小时"推动公益理念的社会化传播[①]

政府及社会组织要想进行良好的创意传播,追寻社会公共价值,建立新的节日和仪式对公益理念进行社会化传播是一种有效的途径。其中一个成功案例就是世界自然基金会(WWF)创办的"地球一小时"活动(见图7-9)。2021年,世界自然基金会以"为地球发声,与万物共生"为主题,号召人们持续关注全球生物多样性丧失与气候变化问题,通过"熄灯"这个简单的动作,唤起全社会对地球的关注,将"低碳环保"的核心理念内化为"全球熄灯一小时"的社会行动,使"地球一小时"逐渐成为全球性的公益品牌。

图7-9 2021年"地球一小时"网站首页图片

(图片来源:https://www.wwf-opf.org.cn/news/61)

为提升"地球一小时"活动的传播力,巩固公众的环保意识,2021年的"地球一小时"活动充分利用互联网技术,打造了一场虚拟世界的环保盛会。在3月27日晚的这一个小时内,热爱环境的人们关掉家中的明灯和电源,齐聚在微博"地球一小时"的话题社区,切换参与不同的线上主题活动。人们可以选择进入WWF北京场开展的"一个小时一个长江"主题线上论坛,倾听保护专家、"90后"自然保护与探险摄影师等有趣的人

[①] 地球一小时[EB/OL].(2021-11-26)[2023-08-06].https://www.wwf-opf.org.cn/news/61.

的讨论与演讲;也可以加入深圳熄灯仪式现场直播间,观看深受年轻人喜爱的Mandarin乐队、九虎乐队等知名音乐人的live直播,在电子屏幕中,所有的嘉宾都在黑暗中歌唱,此时此刻,环保与热爱、音乐等美好的记忆勾连,为每一个参与"地球一小时"话题的人打造了美好真挚的仪式体验。2021年"地球一小时"活动利用互联网强化了大众对于参与环保活动的价值认同感,真正实现了"全民环保"的社会化传播。

三、媒介技术:从"有趣"到"有效"的公益传播方式

前文主要介绍了互联网技术在打造公益生态、构建公益价值认同两个层面的重要作用,然而要真正完成一次成功的公益创意传播,必不可少的就是提升公益活动的传播效率、扩大公益传播的传播范围、增强受众对公益活动的黏度和忠诚度。

1."游戏化":媒介技术提升用户忠诚度

近年来,将游戏元素纳入非游戏情境的游戏化设计理念引起了国内外学者的关注[1][2],越来越多的电商企业开始在系统中加入积分、勋章与竞争等游戏化元素及功能,以激发用户多种行为动机并引导用户持续参与。[3] 游戏化既可以在虚拟环境中建立完整游戏,也可以由部分游戏化元素、功能等技术特征组成。[4] 市场营销与电子商务等领域的游戏化研究[5]指出,加入游戏化元素、功能等技术特征能增强平台的游戏性和趣味性,进而激励用户持续参与,提高用户忠诚度和契合度。

◆ 案例

支付宝蚂蚁森林[6]

蚂蚁森林是由企业支付宝于2016年推出的一款互联网环保公益项目(见图7-10)。

---

[1] Liu D, Santhanam R, Webster J. Towards meaningful engagement: A framework for design and research of gamified information systems[J]. MISY Q. ,2017(41):1011-1034.
[2] Suh A, Cheung C M K, Ahuja M, et al. Gamification in the workplace:The central role of the aesthetic experience[J]. Journal of Management Information Systems,2017,34(1):268-305.
[3] 陈国青,李纪琛,邓泓舒语,等.游戏化竞争对在线学习用户行为的影响研究[J].管理科学学报,2020(2):88-103.
[4] Tobon S, Ruiz-Alba J L, Garcia-Madariaga J. Gamification and online consumer decisions:Is the game over? [J]. Decision Support Systems,2020,128:113167.
[5] Hsu C L, Chen M C. How gamification marketing activities motivate desirable consumer behaviors:Focusing on the role of brand love[J]. Computers in Human Behavior,2018,88:121-133.
[6] 郄芙蓉,杨雪.新媒体时代公益传播的路径探索——以"蚂蚁森林"为例[J].传媒,2020(7):78-80.

为了鼓励用户在日常生活中减少碳排放量,蚂蚁森林首创了个人低碳账户,以量化形式记录用户的低碳行为。用户可以用累积的账户能量在虚拟界面养育一棵树,当树木长成之后,支付宝会联合其他合作伙伴在真实世界种植树木,并且授予用户植树证书。根据《互联网平台背景下公众低碳生活方式研究报告》,截至 2019 年 8 月,蚂蚁森林用户超过 5 亿,累计减少碳排放 792 万吨,共同在地球上种下了 1.22 亿棵真树,面积相当于 1.5 个新加坡。该项目还得到了中国绿化基金会、联合国环境规划署的充分肯定,扩大了公益环保的参与度。

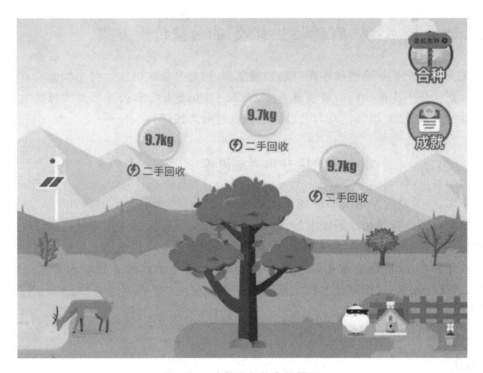

图 7-10 支付宝蚂蚁森林界面

蚂蚁森林立足用户需求,进行"游戏＋社交＋场景"的公益化表达。蚂蚁森林弥补了常规公益传播的诸多弊端,从娱乐性、社交性以及场景化三个方面着手,让用户以更主动的姿态形成环保意识。首先,蚂蚁森林把环保理念嵌入"攒能量、种大树"的游戏模式,利用数字化叙事将公益指标和效果进行量化处理,使公益行为变得更加有趣。例如,每一种低碳行为对应不同的能量值,不同的能量值又可以用来种植不同类型的树木。参与者通过线下低碳行为积累低碳能量,然后利用账户值对虚拟树木进行浇水、除虫、装饰等,用能量值领种树木之后,参与者可以得到有编号的植树证书,并通过卫星定位获取该树的具体位置和实景图片。整个过程可以视作一种激励传播,让用户一边做游戏一边做公益,强化了代入感。其次,蚂蚁森林推出了许多互动机制,如"偷"采能量、合种树木、好友动态、种植排行榜等。也就是说,公益参与者不是孤立状态,用户之间会形成新的社交网络,促进公益活动的二次扩散。在线上,支付宝拥有通信录组成的朋友圈,在线下,支付宝与广大商户紧密连接。蚂蚁森林把公益行为和社交功能整合在一起,产生更多的人际互动,使社交圈层扩大化,促使公益观念裂变式传播。最后,蚂蚁森林公益实践实现场景化。新媒体环境下,一则优秀的公益广告不仅要主题鲜明,还要通过场景创造价值,满足用户的情感需求。蚂蚁森林本身由一个H5动态页面组成,页面中配有蓝天、白云、农场、绿树等景观,尽管没有文字表述,却能在视觉上给人一种绿色低碳的直观印象。同时,用户每使用一次移动支付或者做出其他低碳行为,树木旁边就会出现数值不等的能量包。在合种模式下,家庭树、爱情树、同学林配有不同的画面和文案,由参与者自主选择种植模式,以此构建身份认同。这些创新性的场景设计,进一步激发了人们的环保意愿,容易引起用户的深层共鸣。

2. "社交化":互联网技术促进能量裂变

互联网从本质上改变了人与人连接的场景与方式,推动社会关系网络从差序格局、团体格局向开放、互动的复杂分布式网络转型,引发了社会资源分配规则及权力分布格局的变迁。① 互联网作为一种具有交互性、便捷性、隐蔽性、离散性的工具②,其动态的连接、开放的平台、流动的网络自组织、交融的"内容-关系-终端"网络以及人工智能、虚拟现实等新兴技术,正在创造前所未有的社会场景,人们被一股强大而无形的力量裹挟着,进入"场景细分"的时代。③ 在互联网时代,各种新的媒体技术重塑个体之间交流和互动的方式,让人们能够通过媒介进行即时、双向的意义共享与互动。"社交媒体"的定义由此出现,安东尼·梅菲尔德在《什么是社会化媒体》一书中将其定义为:具有参与、公开、交流、对话、社区化、连通性等特点的一种给予用户极大参与空间的新型在线媒体。④ 有学者对社交媒体的传播特点进行了归纳和总结。⑤

第一,互动传播具有亲和性。在公益传播中如果需要利用微信等社交媒体进行转发扩散,要注意贴合微信朋友圈等媒体作为私人领域的交流特点,要带有亲和性,为传授双方带来友好、开放的互动体验。

第二,较强的复向传播性。通过移动社交媒体进行传播实际上构建了一种"微传播链",即需要通过熟悉的人进一步传播到陌生人,这就要求公益传播过程中把握好释放"微传播链"活力的第一受众特点,以触发更大范围的传播。

第三,独特的联通聚合性。现代社会,人们随身携带的手机、平板等移动媒介装载了各种各样的APP,将各种具有社交和传播属性的媒体聚合在一起,各个社交产品之间相互连

---

① 喻国明,马慧.互联网时代的新权力范式:"关系赋权"——"连接一切"场景下的社会关系的重组与权力格局的变迁[J].国际新闻界,2016(10):6-21.
② 郭小安.网络政治参与和政治稳定[J].理论探索,2008(3):127-129.
③ 胡正荣.传统媒体与新兴媒体融合的关键与路径[J].新闻与写作,2015(5):22-26.
④ Mayfield A. What is social media[M]. London:iCrossing,2008:1-36.
⑤ 韩璐.基于互动仪式链理论的移动社交媒体互动传播研究——以新浪微博、腾讯微信为例[D].兰州:兰州大学,2014.

接,通过多种信息链条进行传播互动,能够实现传播效果的最大化。公益传播抓住公益平台与社交平台之间的连接,就能够实现从公域向私域的引流,拓展传播范围。

第四,情感联动能力。公益传播的信息在点与点之间进行互动,每次的传播过程都会对公益活动的内容进行符号和意义的再造,并且实现传者与受者之间的情感共振。恰到好处的情感联动,能够增强公众公益活动的黏度。

◆ 案例

"99 公益日"集小红花活动[①]

　　腾讯公益基金会"99 公益日"最典型的特征就是依托社交媒体进行议程设置。腾讯作为互联网中的社交媒体巨头,具有强大的影响力。小红花是腾讯公益在 2018 年"99 公益日"推出的爱心 IP 形象,提取自主题"一起爱"中的爱心元素,每一片花瓣的形状都是一颗爱心,用 5 个爱心组合成一朵小红花,希望大家感受到"大爱"是由平时生活中一点点的"小善"积累而成的。该活动基于社交网络进行传播,比如公众可以通过观看腾讯视频中的特定视频收集小红花;在微信等软件中,公众可以通过分享公益活动到朋友圈、交流群,扩大募捐规模;在腾讯旗下的《王者荣耀》等手游中,游戏界面同步推出关爱空巢老人、守护候鸟、支持手艺人等方案设计,让玩家在游戏过程中也能体验到做慈善的快乐……该活动充分利用了腾讯视频、微信、《王者荣耀》与腾讯公益平台的连通性,打通了内容平台、社交平台与公益平台之间的传播渠道,促进了"99 公益日"活动的有效传播。

3. "创新化":媒介技术创新公益传播载体

　　创新的媒介形态能够为公益传播增添新的动力。随着移动互联网技术的发展与 5G 时代的来临,短视频内容平台逐渐崛起,直播成为人们娱乐生活中的一种重要形式,直播带货也成为一种现象级的营销传播手段。各种新的媒体业态的产生为公益传播带来了新创意和新突破,例如"快手行动"通过短视频平台帮扶乡村振兴、央视通过"谢谢你为湖北拼单"的公益直播活动,助力疫情之下农产品的销售,都取得了良好的传播效果。在以下第三节的内容中,我们将具体介绍如何基于新媒介渠道进行公益传播内容的创新。

　　[①] 99 公益日收官,小红花捐赠超 1.82 亿朵[EB/OL]. (2022-09-10)[2023-08-02]. https://baijiahao.baidu.com/s?id=1743586327905783650&wfr=spider&for=pc.

第三节 基于新媒介渠道的公益传播内容的原生与共创

◆ 案例

"快手行动":基于移动短视频媒体的公益创新[①]

"让每个人的生活和幸福,都能在快手上被更多人看见。"这是中国头部短视频平台快手旗下负责践行企业社会责任的跨领域创新部门"快手行动"在其官网宣传视频中对于自身使命价值的定义。在快手,每天有 1.6 亿人记录和分享自己的生活,每年新增视频 51 亿条,而凭借强大的人工智能技术,快手可以识别、理解每支短视频的内容,并进行精准匹配。

在基于如此高活跃度和人工智能化的新媒介平台,"快手行动"充分发挥短视频平台优势,推出三大幸福战略——幸福乡村、幸福成长、幸福伙伴,并开设幸福实验室。在容易被人们忽视的地方,如田间地头、贫困山区、非物质文化遗产生产性保护示范基地等,快手用大量的流量曝光、技术支持、直接资助等方式,使得它们被看见,并通过媒介的传播实现了建设发展和幸福生活的转化。以"幸福乡村"为例(见图 7-11),"快手行动"连接乡村中的人、物产和文化资源,促使其实现可持续在地发展;推出幸福乡村带头人计划、发掘和支持那些创造幸福的新农人,为他们开设创业学院,提供系统化的创业培训,组织社区网络,推动思想交流与资源共享;还搭建了公开的演讲平台"幸福乡村说",让他们的快手创业故事被更多人知道。

◆ 案例分析

我国民众的短视频文化消费习惯日渐成熟。中国互联网络信息中心发布的第 47 次《中国互联网络发展状况统计报告》显示,截至 2020 年 12 月,中国短视频用户规模达 9.89 亿,短短半年增长了 1.71 亿,占全球网民的 1/5,移动网民端短视频渗透率已达 73.6%。[②] 短视频凭借巨大的流量、丰富的内容、创新的渠道,逐渐成为人们日常生活中重要的信息传播方式,这也为公益传播提供了一种全新的渠道布

[①] 案例来源:快手行动,https://www.kuaishou.com/csr。
[②] 中国互联网络信息中心.第 47 次《中国互联网络发展状况统计报告》[R].北京:中共中央网络安全和信息化委员会办公室,2021.

图 7-11　快手行动官网介绍

（图片来源：https://mp.weixin.qq.com/s/-bv08UIrbvXFzRgRZOFh4g）

局思路——短视频公益传播。"快手行动"便是在这样的大背景下出现的。对公益传播来说，短视频不仅提供了新的途径与平台，更构建了新的发展战略。

以往的公益传播都是自上而下即从社会上层对底层俯视的视角组织内容形式进行传播，但短视频的媒介赋权社会中下层群体，让其有了真正进行自我表达、从公益传播中单纯的受者向传者转变的机会。那些大山或村落里的群体有了自由表达自身向往和关切的机会。他们的关切通过短视频内容传播到社会中，吸引更多的人真正了解他们的所盼所需，也就让人们看到社会公益的真实导向，从而达到更好的公益传播效果。这就是短视频新媒介带给公益传播的巨大创新——传受主体的转变，传播内容价值的提升。"快手看见"在其官方宣传片中也提到："那些容易被忽视的人，也是快手用户的一部分，为了发现和连接这些个体和组织，快手企业社会责任部门——快手行动，应运而生。"[①]新的媒介会催生更受人们喜欢的新内

---

① 快手行动[EB/OL].（2018-07-25）[2022-04-02]. https://www.kuaishou.com/csr/.

容,而这些新内容也将影响社会信息传播格局,使人们形成新的媒介聚焦点。之前很少有人将农村、农作物与我们天天打交道的媒体联系起来,但短视频平台的出现,让不会说普通话的瓜农也有机会打开直播售卖自己的绿色产品,得到人们的广泛关注。

在《社会工作词典》中,赋权是指帮助个人、家庭、团体或者社区提高其个人的、人际的、经济的或政治上的能力,而达到改善他们现状的目的的过程。① 而赋权的对象是社会生活中处于无权、失权和弱权地位的人或群体,通常被称为"弱者"或"弱势群体"。② 赋权意味着使处于弱势地位的群体获得优势。在此基础上,有学者将"权力"问题转换为"能力"问题,认为赋权需要先考察"失能"的问题,强调对失能群体的关注,主张赋权研究应主要针对社会失能群体,而不是研究如何让非失能性人群获得更多的权力。③ 以往的社会大众缺少公益传播的主动表达的机会,没有能力进行自主化的公益传播。

美国学者罗杰斯将"传播"正式带入赋权理论的讨论核心,论述传播对于赋权问题的重要性。他指出,赋权是一种过程,这一过程产生于小群体内众多个体间的相互交往,其实质是个人、组织与社区借由一种学习、参与、合作等过程或机制,获得掌控自己本身相关事务的力量,以提升个人生活、组织功能与社区生活品质。④ 新媒介的出现为公众提供了学习和表达的机会,公益传播的主体也随之呈现转化和流动的趋势。

在互联网刚刚作为一种新型媒体出现时,数字化的早期论述者尼葛洛庞帝就提出了"网络赋权"的概念,并将网络赋权、分散权力、全球化、追求和谐归结为数字化生存的四大特征。这一赋权概念旨在突出互联网背景下个体能力从被动到主动的激发与聚合。⑤ 而到了今天,诸多新兴媒介的出现更是在更大程度、更深层次上实现了媒介赋权。面对公益传播中固有的传受主体优劣势地位的不平等,新媒介为实现公益传播的效果优化提供了可能。

一、传统文化的新媒介创意表达

优秀的民族传统文化对于维系社会稳定、促进社会发展有着十分重要的作用,许多公益传播活动也会选择中国优秀的传统文化作为重要内容或载体进行设计。但在新媒体技术不断迭代、新媒介生态不断变革的互联网传播时代,各种快餐式、猎奇式的流量文化充斥在我们日常的媒介中。传统文化的日渐式微成为一个非常现实且严峻的问题。我国近年来为此

---

① 范斌. 弱势群体的增权及其模式选择[J]. 学术研究,2004(12):73-78.
② 黄月琴. "弱者"与新媒介赋权研究——基于关系维度的述评[J]. 新闻记者,2015(7):28-35.
③ 谢进川. 试论传播学中的增权研究[J]. 国际新闻界,2008(4):33-37.
④ Rogers E M, Singhal A. Empowerment and communication: Lessons learned from organizing for social change[J]. Annals of the International Communication Association,2003,27(1):67-85.
⑤ 黄月琴. "弱者"与新媒介赋权研究——基于关系维度的述评[J]. 新闻记者,2015(7):28-35.

连续出台多项文件政策,力争重振传统文化,发挥优秀传统文化怡情养志、涵育文明的重要作用①,这也对公益传播提出了新的要求。

1. 传统文化核心价值的新媒介赋能

传统文化日渐式微的一个重要原因就是传播媒介手段逐渐无法适应快节奏、多样化的新媒介渠道,许多传统文化依赖特定的传播手段进行人际间的传播而非大众媒介的社会化传播,传播效果有限。但这并不意味着传统文化的内容并不具备新媒体的传播价值。"中华优秀传统文化积淀着中华民族最深沉的精神追求,包含着中华民族最根本的精神基因,代表着中华民族独特的精神标识,是中华民族生生不息、发展壮大的丰厚滋养。"②当传统文化在新媒介渠道进行合理传播时,同样能获得极佳的公益传播效果。

◆ 案例

《经典咏流传》——对传统文化的巧妙传承与再扩散③

近年来,随着我国对于传统文化的传承重视程度不断提高,以及对传统文化创新意识的增强,广播电视领域掀起了一股传统文化创新传播热。其中,中央广播电视总台(以下简称央视)表现亮眼,接连推出了《中国诗词大会》《见字如面》《国家宝藏》等节目。而其于2018年年初推出的《经典咏流传》节目至2023年已举办了六季,每一季都深受观众好评。尤其是在青少年群体中,该节目屡屡制造话题,深受青少年群体喜爱,得到了广泛的传播。《经典咏流传》中被重新传唱的许多经典诗词在各大社交媒体、视频、音乐平台均引起了强烈的正向社会反响。

《经典咏流传》的节目口号为"诗词唱经典,中国正流行"。节目邀请以明星、普通人等为代表的"经典传唱人",对经典诗词进行现代化的作曲编曲,用流行歌曲的演唱方法演唱经典诗词。演唱完毕后,主持人、传唱人、其他嘉宾讲述歌曲创作背景、文学价值、时代意义等。最后进入专业鉴赏嘉宾团的鉴赏时刻,由专业老师解读经典背后的诗词人文背景,鉴赏团成员对歌曲进行点评。

该节目的最大创新便在于成功实现了传统文化内容的媒介载体突破。人民网评论《经典咏流传》将古人深刻的哲思与现代音乐相结合。④ 以往我们了解到的传统诗词一

---

① 中共中央办公厅印发《关于培育和践行社会主义核心价值观的意见》[EB/OL].(2013-12-24)[2023-04-06]. http://www.moe.gov.cn/jyb_xwfb/s5147/201312/t20131224_161114.html.
② 中共中央办公厅印发《关于培育和践行社会主义核心价值观的意见》[EB/OL].(2013-12-24)[2023-04-06]. http://www.moe.gov.cn/jyb_xwfb/s5147/201312/t20131224_161114.html.
③ 《经典咏流传·正青春》:经典诗词何以青春焕发[EB/OL].(2023-07-26)[2023-08-02]. http://fun.youth.cn/gnzx/202307/t20230726_14673980.htm.
④ 央视文化类节目的创新与传承——以《中国诗词大会》和《经典咏流传》为例.[EB/OL].(2019-10-09)[2023-06-01]. https://baijiahao.baidu.com/s?id=1646891267491994516&wfr=spider&for=pc.

般都是在纸质媒介上，仅仅通过文字进行传播，传播效果有限。但如果将传统诗词的内容应用于更加具有沉浸性、互动性、趣味性的电视和网络媒介中，会产生非同一般的效果。传统诗词文化讲求韵律，而歌曲这一形式打破了语言文字的韵律限制，赋予文字更多的表达形式，以丰富的韵律组合展现文字内容的丰富多彩，很好地实现了传统文化内容的媒介突破。除此之外，在新媒介的内容创新上，该节目始终基于原有内容进行核心价值的创新。在创新时，节目组并没有颠覆传统诗词原本丰富的价值内涵，而是结合其原有内涵进行创意传播。以第一季第十一期凤凰传奇演唱的《将进酒》为例，歌曲整体风格体现出作者李白豪迈壮阔的情感，并结合说唱的演唱风格表现出原作品的铿锵有力。虽然传播手段进行了创新，传播媒介进行了突破，但是原有的核心价值内容依然得到了保留和深化，这是文化传播媒介渠道创新中值得注意的一点。而年轻化的传播策略是节目成功的另一大重要因素。节目所邀请的演唱者以年轻群体喜爱的歌手为主，在将经典诗词歌曲化的过程中，节目组也十分注重歌曲的流行化，努力提高歌曲的传唱度，以大众喜爱的歌曲风格进行编排。例如在《经典咏流传》第三季第二期中，广为大众所喜爱的"央视Boys"（康辉、撒贝宁、朱广权、尼格买提）表演的《岳阳楼记》便结合了诗朗诵、中国风编曲、流行歌曲演唱风格等形式。

2. 传统文化内容的新媒介整合

节日作为一种特定的传统文化形式，承载着丰厚的历史文化内涵，是民众精神信仰、审美情趣、伦理关系与消费习惯的集中展示日。传统节日有三大传统：反映节日物质生活层面的传统；反映节日社会生活层面的传统；体现节日精神生活方面的传统。[①] 近年来，传统节日文化同样受到了大众流行文化的巨大冲击。传统的节日庆祝和节日习俗有时并没有得到有效的传播。在这种背景下，以电视媒体为代表的一系列媒介积极对节日文化进行能动性改造，其借助大众媒介，利用网络社交媒体、虚拟现实等技术，成功地将传统文化内容新媒体化。

有学者提出，大众媒介对民俗生活进行改造与创新，在传统民俗基础上再造的种种"新民俗"同样沉淀着传统文化价值，他将"春晚"看作我国当代社会基于大众新媒介的一项"新民俗"。"春晚"的产生可以追溯到春节"全家团聚、普天同庆"这一传统习俗，只不过由于电视媒体的强力干预和再造，人们以一种新的方式表达了对传统春节文化的认同。[②] 换言之，新媒介成功实现了基于传统文化优质内容的表达形式的创新，而传统文化的核心价值始终是吸引民众关注的本质因素，而形式手段上的突破、现代化的传播仪式和媒介事件设计，让传统文化的价值生命得以重新展现。

[①] 萧放.传统节日：一宗重大的民族文化遗产[J].北京师范大学学报（社会科学版），2005(5)：50-56.
[②] 邵培仁，范红霞.传播仪式与中国文化认同的重塑[J].当代传播，2010(3)：15-18.

案例

"出圈"的河南卫视节庆系列晚会节目[①]

不同于当下遍地都是的明星拼盘演出和主播卖货抽奖大杂烩,河南卫视从 2021 年春节开始推出的系列传统节庆晚会,如《唐宫夜宴》《元宵奇妙夜》《清明节奇妙游》《端午节奇妙游》等,呈现出"一派清流"的传统文化创意内容,深受广大观众喜爱,成功"出圈"。以《唐宫夜宴》为例(见图 7-12),2021 年春节期间,河南卫视相关话题阅读量突破 25 亿,其中"河南卫视春晚导演回应节目出圈"更是登顶微博热搜榜。2021 年端午节晚会播出后,"河南卫视杀疯了""端午奇妙游"等话题又冲上了微博热搜,不少网友直呼晚

图 7-12　河南卫视《唐宫夜宴》

(图片来源:https://m.gmw.cn/baijia/2021-02/14/1302110800.html)

会"审美在线、文化自信"。

在消费主义盛行的当下,观众对于通俗文化、流量明星出现了一定的审美疲劳,一些人呼吁传统经典文化回归。河南卫视充分洞察到这一点,基于重塑传统节日文化价值的出发点,巧妙地把晚会内容的重心放在以创新形态展现传统文化上,同时充分利用社交媒体,进行台网互动,形成优质的网络舆论口碑。

《唐宫夜宴》由 14 名装扮成唐俑的年轻女性舞蹈演员来演绎。节目总导演陈雷表

---

① 文化＋科技＋营销,复盘河南卫视的"爆红出圈"秘诀[EB/OL].[2023-06-17]. https://user.guancha.cn/wap/content?id=533186&s=fwzxhfbt.

示,舞蹈其实并不只是讲夜宴,而是以唐俑少女们为主角,展示其从准备、整理妆容到演奏的全过程,旨在通过灵动的少女形象体现繁盛的唐文化样貌。展现古代文化的舞蹈表演其实并不稀奇,《唐宫夜宴》之所以"出圈",特别之处在于运用了5G、AR等技术,将虚拟和现实场景结合起来,与传统的舞蹈演出有明显区别。《唐宫夜宴》中的仕女图、辉煌宫殿等虚拟场景和现实的舞蹈演员一起营造出"鲜活画卷",它主要是以现实世界为主体,通过数字内容叠加营造视觉效果。

同时,除了"高科技+经典文化"的传播内容,在传播渠道上,河南卫视进行多平台覆盖、多轮传播、主创解读,高度重视碎片化的社交媒体传播方式。

河南卫视从一开始就将互联网定为晚会的重点传播方向。以端午节晚会为例,在2021年6月12日晚会播出当天,河南卫视在B站、抖音、快手、微博等多个平台更新晚会相关内容片段,实现全网覆盖和用户触达(见图7-13)。互联网新媒介平台为晚会后续热度的维持创造了优质的传播基础。以节目《祈》为例,河南卫视在微博发布视频后迅速获得了超过2000万的播放量,转发量达到3.9万,点赞量也突破了18万。

图 7-13　河南卫视在新媒体上的投放与反响

(图片来源:https://36kr.com/p/1271862231978113)

而互联网的二次传播也成功吸引主流媒体的再传播和广大网友的自传播,基于内容的创新和新媒介的整合,河南卫视实现了一次传播设计、多轮传播活动的新媒介高效传播。

河南卫视晚会"出圈"本质上依然离不开传统文化的强大感召力与大众的文化自信和民族文化认同,但从创意传播的视角来看,传统电视媒介不再有突出的竞争优势,在新媒介融合的背景下,利用技术赋能增亮点,利用网络新媒体传播矩阵与年轻群体对话,无疑是实现传统公益价值高质量传播的不二法门。

二、公众参与的新媒介公益传播

随着时代的发展,社会上涌现出许多新兴的公益文化,例如社会主义核心价值观所概括的众多价值取向,一些进步的、发展的公益理念逐渐丰富。而在新媒介渠道媒介赋权的背景下,越来越多的人通过社交媒体等新媒介形式,有了进行主动的公益传播的机会。一方面,新媒介为社会大众提供了新的公益传播的表达机会;另一方面,社会大众的入场也为公益传播带来了更丰富的内容。这也意味着,在公益传播中要重视大众流行文化、思潮观念,要接地气,只有用大众喜闻乐见的形式表达才能收获更好的传播效果。

1. 公众利用新媒介自发进行的公益传播

社交媒体时代,人人都能成为意见领袖,人人都可以表达自己的观点,因此公益理念能很快得到广泛的社会化传播。这个过程甚至都不需要传统媒体的介入。自媒体、社交媒体的发展让传播的成本和限制大大降低,实现了传播主体的平民化,这一点在公益传播领域也体现得非常明显。在过去,一般是社会上层人士和相关媒体才有进行社会公益慈善行为传播的表达权,普通民众往往并没有机会去表达自身参与社会公益的愿望。但如今,就算只是在某个公益平台上捐款一元,我们也能申请一张电子证书并在社交媒体平台上进行传播。如此巨大的媒介表达权的赋予,带来了公益传播主体的创新。这种传播主体的创新具体体现在传播主体个性化、多样化的传播方法、传播主体丰富的传播内容和传播理念。

自我效能感(self-efficacy)这一概念由美国著名心理学家班杜拉于1977年首次提出,它是指人们对自身能否利用所拥有的技能去完成某项行为的自信程度。一个人以往的成败经验、他人的示范效应、社会劝说、情绪状况和生理唤起四种途径对自我效能感的形成综合地发挥作用。自我效能感影响人的行为选择、动机性努力、认知过程以及情感过程。加强自我效能感对于一个人提高行为绩效、增强行为动机、改善行为态度有着重要的意义。[①] 在公益传播的行为过程中,社交自媒体的普及让公众有了更多的媒介表达机会,人们通过自媒体中意见领袖的示范引导,逐渐形成了更高的公众传播效能感,在此基础上,人们会更自信且更高效地参与公益传播的过程,形成传统公益传播无法实现的大众化效果。

---

① 周文霞,郭桂萍.自我效能感:概念、理论和应用[J].中国人民大学学报,2006(1):91-97.

第七章 公益项目创意传播案例分析

◆ 案例

月经互助小组——新传播主体自发的公益传播①

近几年,随着社会女性群体意识的觉醒,在许多高校学生群体的努力下,人们通过社交媒体提供的传播平台逐渐兴起了月经互助小组活动,实现女性群体在生理期的生理用品公益互助的公益传播行为。

2020年,一个个小小的"卫生巾互助盒"悄然出现在各大高校的卫生间中。盒子里放着几片卫生巾,旁边贴着"卫生巾互助盒"的海报。这项活动最早的校园发起者是华东政法大学外国语学院的大二学生,她称自己是受到博主@梁钰stacey的启发(见图7-14),设计并放置了互助盒(见图7-15),为忘带卫生巾的女性提供便利。她表示这也是为了反对"月经羞耻"。

图7-14 微博博主梁钰联动媒体进行活动推广
(图片来源:https://weibo.com/u/1306934677)

图7-15 北京高校自媒体微信公众号"北京校园"宣传"卫生巾互助"
(图片来源:https://mp.weixin.qq.com/s/L7ql3DeumiM0AqxEs5Askg)

---

① "我是女生,我来月经":20多所高校发起卫生巾互助活动[EB/OL].(2020-10-28)[2023-08-02].https://www.thepaper.cn/newsDetail_forward_9747933.

此举一出,便得到了许多同学的支持,中国政法大学、北京科技大学、中国农业大学等多所高校的同学也紧随其后加入这场暖心接力中。

(1) 公众掌握新传播方法的能力更强

相较于传统的传播主体,生活在社交媒体时代的公众对媒介的敏感度和对媒介的掌握能力往往更强,所掌握的传播方法更创新性,也更具传播效果。他们能够充分利用社交媒体的媒介机制特点,利用圈层传播、话题传播的方式,实现内容的广泛传播。上述案例中的活动在部分高校开始推行后,迅速得到了全国范围内众多高校的支持和推广,也得到了广大青年群体的理解和支持,传播效果极佳。

(2) 公众自身带有丰富的新传播资源内容

公众能关注到传统传播主体没有关注到的一些社会公益议题,也带有他们独特深刻的新的传播价值理念,有着社会上普遍的、有趣的想法,体现着社会时代的变化发展。许多品牌方非常重视未来的核心消费群体即年轻的大众群体的思维和想法,以更好地理解当代人们的需求,更好地适应社会,实现品牌的长远发展。以上述月经互助小组为例,女性地位崛起,性别平权等理念和实践是社会文明发展的必然趋势,那么也就必然需要相关的社会公益的传播内容和理念去适应这个社会发展趋势。对于品牌方而言,以往的广告中许多女性内容都不再适应现在的时代需求,这些内容必须进行改变和创新,而创新的思路来源便是大众公益参与中体现大众时代呼声的传播内容。可以说,大众的公益参与提出的新内容为创意传播领域提供了新素材。

2. 公众通过新媒介与党政部门进行互动的公益传播

不同于以往的党政部门或主流平台对公益传播的主导,在自媒体时代,公众的公益参与越来越多,传统的公益传播主体如党政部门、社会团体、报社媒体也会以社交媒体的方式参与互动,与公众的公益传播行为相结合,呈现出互动传播的新模式。

◆ 案例

B站视频博主的公益自传播

B站博主敬汉卿曾经做过这样一个视频,内容主要是他捐钱援助修建了一所公益小学。在视频中,他以风趣幽默的叙事方式和视频风格生动地展现了自己捐助公益小学的具体过程。该视频收获了1300余万的播放量并获得了共青团中央的点赞。在此之前,新媒体博主以视频进行公益传播,或公益内容通过自媒体意见领袖进行传播的行为几乎没有。博主敬汉卿很好地结合了他的"人设"定位和个人理念,利用社交媒体进行了一次成功的公益传播。这种基于公众自发的公益传播的创意实现方式如今越来越多样。在微博、B站等社交媒体平台,许多自媒体博主的传播内容也出现了越来越多的公益化导向。而共青团中央则凭借这一次机会在敬汉卿的视频下方对"希望工程"项目进行了科普宣传,很好地实现了公众自媒体公益参与和传统公益传播主体新媒介表达的有效组合(见图7-16)。

图7-16 博主敬汉卿的视频截图及共青团中央的互动

(图片来源:https://www.bilibili.com/video/BV1P4411z7Dr?from=search&seid=147398117139047593 62&spm_id_from=333.337.0.0)

三、基于新媒介的公益传播共创模式

中共中央办公厅印发的《关于培育和践行社会主义核心价值观的意见》提出,加强对新型文化业态、文化样式的引导,让不同类型文化产品都成为弘扬社会主流价值的生动载体。[①] 凭借丰富优质的传统文化资源、反映时代特色的大众公益文化,在新媒介多样渠道的支持和多方传播主体的共同参与下,公益传播有了更广阔的舞台。媒介融合是互联网时代逐渐受到人们关注的概念,其最早由美国马萨诸塞州理工大学的浦尔教授提出,其本意是各种媒介呈现多功能一体化的趋势,最初人们关于媒介融合的想象更多的是将电视、报刊等传统媒介

---

① 中共中央办公厅印发《关于培育和践行社会主义核心价值观的意见》[EB/OL].(2013-12-24)[2023-04-06]. http://www.moe.gov.cn/jyb_xwfb/s5147/201312/t20131224_161114.html.

融合在一起,但事实上随着信息技术的发展和新的媒介形态的出现,当下的媒介融合正日益超出人们的想象,呈现出诸多全新特质,并逐渐成为推动媒介化社会形成的核心动力。[①] 媒介融合让更多样化的形式更丰富的多主体共创的公益传播成为可能。

1. 利用新媒介提升公益传播的效果

活动传播、节日传播、展览传播等丰富的创意传播形式在新媒介的赋能下展示出强大的影响力。以往的公益传播更多地集中于单一媒介渠道或有限的传播主体,传播效果有限。如今,互联网媒介资源的整合和技术加持下的线上线下的多传播形式组合,展现了媒介融合对公益传播的巨大推动作用,提升了实际的公益传播效果。

◆ 案例

"谢谢你为湖北拼单"公益直播[②]

"直播带货"是一种基于互联网流媒体直播平台的新型营销模式,其近年来在社会上受到广泛好评。有学者研究发现,优秀的内容、激励机制、网红的特有魅力、良好的互动、对网红的信任均能显著正向影响人们的购买决策。

新冠疫情暴发以后,湖北省农副产品滞销,给农业发展带来一定困难。为支持湖北经济社会发展,助推湖北经济复苏,助推湖北农副产品走出去,央视新闻新媒体在2020年4月启动"谢谢你为湖北拼单"大型公益活动(见图7-17),共进行了3场直播公益活动,在3小时内创下超过13亿人民币的支付新纪录,这大大地帮助湖北农民实现了农产品的营销。公益直播通过直播带货的方式在社会群体的行为同一性下解决了农产品滞销问题,在解决农民群体社会需求的同时,实现了社会上的良好互动,为解决长期性的社会问题提供了成功的公益传播路径。

首先,它充分整合了新媒介资源。2020年4月6日晚,央视新闻"谢谢你为湖北拼单"公益行动首场"带货"直播在央视新闻客户端、淘宝、微博等平台开播,其充分利用高话题度的社交媒体平台和高流量的社交电商平台结合有口碑影响力的公共媒体平台,整合多平台资源优势,打造高质量传播矩阵。其次,该活动选择央视知名主播朱广权和淘宝一线网红李佳琦搭档进行直播,在直播的环节设计上也充分体现趣味化、互动化的特点,尤其重视根据受众的特点进行传播主体的整合和内容形式的定制。第一场直播持续时间约两个小时,有1000多万网友在线收看,累计观看人次超过1.2亿,共售出总价值约4014万元的湖北商品,许多产品一上架就被网友迅速抢光。[③]

---

① 孟建,赵元珂.媒介融合:粘聚并造就新型的媒介化社会[J].国际新闻界,2006(7):24-27,54.
② 刘平胜,石永东.直播带货营销模式对消费者购买决策的影响机制[J].中国流通经济,2020(10):38-47.
③ 央视新闻"谢谢你为湖北拼单"公益直播销售额超4千万元[EB/OL].(2020-04-07)[2023-05-03]. https://baijiahao.baidu.com/s?id=1663318235100239247&wfr=spider&for=pc.

图 7-17 "谢谢你为湖北拼单"公益直播

（图片来源：https://baijiahao.baidu.com/s? id=1663318235100239247&wfr=spider&for=pc）

活动自推出以来，受到企业和网友的热烈响应，拼多多等十多家电商、生活服务平台与社交平台以及连锁超市也参与到线上线下联动售卖湖北农副产品的过程中，民众也自发出钱出力支持湖北经济复苏。这场活动通过以点带面的方式，在融合媒介公益传播中成功实现了 1 加 1 远大于 2 的传播效果。

2. 利用新媒介化解公益共创传播中的不确定性

随着媒介的发展，公益传播有了更为丰富的呈现形式，但现代社会的发展也让公益传播有了更多的不确定性。比如全球性公共卫生危机会使公益传播的线下活动开展变得十分棘手，许多原有的形式丰富的公益传播活动不得不寻找新的传播载体。得益于新媒介技术的发展和新的传播主体的广泛参与，公益传播中的许多不确定性可以通过新媒介渠道进行化解。

◆ 案例

"致敬白衣天使"公益云演唱会[①]

雷佳用最美歌声倾情演唱《逆行者》、张韶涵与援鄂医生对唱、刘德华连唱 3 首歌致敬白衣天使、援鄂医护代表隔空合唱《龙的传人》……2020 年 5 月 11 日，"致敬白衣天使"公益云演唱会成功举办，受到广泛关注和好评。在这场历时 270 分钟的直播活动中，超过 9000 万观众观看，累计播放超 1.2 亿次，微博相关话题阅读量近 40 亿，带给观众无数感动。这场云演唱会是由人民日报新媒体、国家人文历史杂志社、爱尚传媒、古风科技、新浪微博、人民文旅共同主办的首场沉浸式竖屏直播线上演出。

此次云演唱会以现场直播结合云录制、云互动的形式，横跨北京、厦门、台北、贝尔格莱德等多个城市，医护工作者可以实现"云点歌"，并体验与偶像一起"云K歌"，收获全新的视听体验。其中，周杰伦、林俊杰演唱时"一镜到底"的竖屏拍摄手法，更具有传

[①] 人民日报海外网公益云演唱会致敬白衣天使[EB/OL].（2020-05-29）[2023-05-07]. https://baijiahao.baidu.com/s? id=1667971039264494200&wfr=spider&for=pc.

统横屏拍摄模式无法达到的代入感和沉浸感。

该活动对传播媒介进行突破,实现公益传播的一种新的可能。在特殊的条件限制下,人们在家中通过线上渠道参与活动。主办方利用大众喜爱的传播内容,结合疫情特殊条件下合适的传播媒介,成功地实现了公益理念的跨媒介传播,在节目中,医护人员与歌手连线演唱励志歌曲的场景让人津津乐道,形成了极佳的传播口碑与效果。

本章小结与思考

在梳理公益创意传播的链路模式之后,我们可以发现公益创意传播是基于基本的共同的公益价值内容,利用新媒介渠道、技术,发动多主体,在互联网和线下公益场景中共同完成的一项传播活动。在这个过程中,我们应该重视新媒介技术对传统公益价值内容的传播价值赋能,也应该看到多主体互动参与公益传播所带来的创新和活力,当然,也要基于对社会公益价值的尊重和合理使用进行传播创新。

基于对公益创意传播的观察和分析,我们发现了以下几点值得人们思考的内容。

1. 创意公益传播中新的传播主体意味着什么?

我们在本章的分析结构中,依然是以传统的公益传播主体为主进行介绍的,如政府、企业组织、媒体机构,许多有创意的公益传播成功案例依然出自这些主体之手。但除此以外,我们也关注到了新兴公益传播主体传播力的逐渐壮大和出色的传播效果。自媒体、社交媒体的发展让媒介表达权更加平民化,在这个过程中,除了看到媒介表达权的大众化,我们还应该关注其大众化所带来的传播主体多样化的结果,新的主体的确在不断丰富公益传播的内容形式、表达方式和传播理念。他们的创意传播行为需要被合理评估,也需要实现自由表达和合理引导的平衡,其优势也值得传统的公益传播主体进行借鉴。

2. 未来媒介手段技术的发展对创意公益传播的影响会体现在哪些方面?

我们在本章节的叙述中看到了跨媒介、新兴媒介技术使用、媒介理念践行所带来的媒介创新的优质传播效果。但是我们并没有深入探索和研究未来媒介技术可能带给公益传播的效果。媒介技术的发展可谓日新月异,我们在研究创意传播时应该及时了解、把握媒介技术的变化,结合媒介技术的变化去思考创意传播内容创新更前沿、更具突破性的可能。如果只停留在眼前所谓的新传播技术手段,新的创意很可能只能成为旧的方法。

3. 公益传播的创意性是否具有独特性或可推广性?

在公益传播中,我们了解到许多公益组织优秀的创意传播案例,例如地球一小时、ALS冰桶挑战赛、蚂蚁森林等。这些案例在社会中引起了广泛的积极影响,人们支持这样的传播活动,活动产生的传播效果是极为可观的。但是我们可以观察到,在其他领域中,创意传播的传播效果并没有这么好。所以我们也可以思考,公益传播的创意属性是独特的吗?这种创意是产生于公益且只能服务于公益,还是说其借鉴了某一领域,取得成功后也具有向其他领域推广的价值?如果答案是后者,那么它对于解决普遍意义上的创意传播效果的问题便有极大的参考价值,这一点也值得我们进一步研究。

参考文献

[1] [德]瓦尔特·玄纳特.广告奏效的奥秘:199个案例、4条成功法则及多媒体实战操作技巧[M].肖健,译.北京:民主与建设出版社,2001.

[2] [加]罗杰·马丁.整合思维[M].胡雍丰,仇明璇,译.北京:商务印书馆,2010.

[3] [加]埃里克·麦克卢汉,弗兰克·秦格龙.麦克卢汉精粹[M].何道宽,译.南京:南京大学出版社,2000.

[4] [美]乔什·韦尔特曼.一切都与广告有关——成功吸引顾客购买的秘密[M].汤珑,译.北京:中信出版集团,2017.

[5] [美]阿尔文·托夫勒.第三次浪潮[M].5版.黄明坚,译.北京:中信出版社,2006.

[6] [美]埃弗雷特·M.罗杰斯.创新的扩散[M].4版.辛欣,译.北京:中央编译出版社,2002.

[7] [美]芭芭拉·明托.金字塔原理:思考、表达和解决问题的逻辑[M].汪洱,高愉,译.海口:南海出版公司,2010.

[8] [美]大卫·奥格威.一个广告人的自白[M].林桦,译.北京:中信出版社,2010.

[9] [美]戴夫·柯本,特蕾莎·布朗,瓦莱丽·普里查德.互联网新思维:未来十年的企业变形计[M].钱峰,译.北京:中国人民大学出版社,2014.

[10] [美]凯文·凯利.失控:全人类的最终命运和结局[M].张行舟,陈新武,王钦,译.北京:电子工业出版社,2016.

[11] [美]凯西·赛拉.用户思维+:好产品让用户为自己尖叫[M].石航,译.北京:人民邮电出版社,2017.

[12] [美]劳伦斯·明斯基,埃米莉·桑顿·卡尔沃.如何做创意[M].钱锋,译.北京:企业管理出版社,2000.

[13] [美]理查德·弗罗里达.创意经济[M].方海萍,魏清江,译.北京:中国人民大学出版社,2006.

[14] [美]理查德·佛罗里达.创意阶层的崛起[M].北京:中信出版社,2010.

[15] [美]亚当·格萨雷,拉里·罗森.专注:把事情做到极致的艺术[M].李闻甲,尹晓虹,译.南京:江苏凤凰文艺出版社,2017.

[16] [美]约翰·沃瑞劳.用户思维:众创时代下的用户获取、体验、转化与留存[M].林南,译.北京:中国友谊出版公司,2015.

[17] [美]朱莉娅·卡梅伦.唤醒创作力:写给被"卡"住的创作者[M].庄云路,译.杭州:浙江人民出版社,2018.

[18] [英]斯图尔特·克雷纳,戴斯·狄洛夫.创新的本质[M].李月,徐雅楠,李佳胥,译.北京:中国人民大学出版社,2017.

[19] [英]东尼·博赞,巴利·博赞.思维导图[M].卜煜婷,译.北京:化学工业出版社,2015.

[20] [英]皮尔斯·达钦.打破思维常规:德·波诺的创新思维工具[M].赞扬,译.北京:新华出版社,2004.

[21] [英]维克托·迈尔-舍恩伯格,肯尼思·库克耶.大数据时代:生活、工作与思维的大变革[M].盛杨燕,周涛,译.杭州:浙江人民出版社,2013.

[22] [英]伊恩·阿特金森.创新力+:创造性解决问题的12种思维工具[M].徐诚,田尧舜,译.北京:人民邮电出版社,2016.

[23] [英]约翰·霍金斯.创意生态:思考在这里是真正的职业[M].北京:北京联合出版公司,2011.

[24] 陈初友,王国英.TOP创意学经典教程[M].北京:北京出版社,1998.

[25] 成杰.一语定乾坤:任何人都可以被说服[M].北京:民主与建设出版社,2015.

[26] 杜芸.整合创新[M].北京:中国财政经济出版社,2017.

[27] 付守永.工匠精神:向价值型员工转化[M].北京:中华工商联合出版社,2013.

[28] 何辉.创意思维:关于创造的思考[M].3版.北京:人民出版社,2016.

[29] 何名申.创新思维修炼:思维的力量[M].北京:民主与建设出版社,2001.

[30] 贺寿昌.创意学概论[M].上海:上海人民出版社,2006.

[31] 胡珍生,刘奎林.创造性思维学概论[M].北京:经济管理出版社,2006.

[32] 金定海,郑欢.广告创意学[M].北京:高等教育出版社,2008.

[33] 黎万强.参与感:小米口碑营销内部手册[M].北京:中信出版社,2018.

[34] 刘道玉.创造思维方法训练[M].武汉:武汉大学出版社,2009.

[35] 刘奎林.灵感:创新的非逻辑思维艺术[M].哈尔滨:黑龙江人民出版社,2003.

[36] 马新国.西方文论史[M].修订版.北京:高等教育出版社,2002.

[37] 钱学森.关于思维科学[M].上海:上海人民出版社,1986.

[38] 任白.反惯性思维[M].天津:天津人民出版社,2017.

[39] 舒咏平.中国大品牌[M].北京:人民出版社,2012.

[40] 王健.广告创意教程[M].北京:北京大学出版社,2004.

[41] 王琳,朱文浩.结构性思维:让思考和表达像搭积木一样有序省力[M].北京:中信出版社,2016.

[42] 吴军.智能时代:大数据与智能革命重新定义未来[M].北京:中信出版社,2016.

[43] 吴晓义.创新思维[M].北京:清华大学出版社,2016.

[44] 杨乔雅.大国工匠:寻找中国缺失的工匠精神[M].北京:经济管理出版社,2017.

[45] 余明阳,陈先红.广告策划创意学[M].上海:复旦大学出版社,1999.

[46] 袁劲松.全脑思维训练场[M].北京:中央编译出版社,2002.

[47]　赵大伟.互联网思维独孤九剑[M].北京:机械工业出版社,2014.

[48]　周鸿祎.周鸿祎自述——我的互联网方法论[M].北京:中信出版社,2014.

后记

本书的编撰让我有机会思考这样一些问题：创意到底有什么用？与创意有关的教材只是写给广告学专业的学生看的吗？创意很难，如何学习才能更加高效？如果说创新能力和创意思维是人工智能不断迭代进程中人类一项重要的竞争力，那么新闻传播学所有专业方向的学生都可以来读一读这本书。我们希望读者能打开思路、融会贯通，从创意传播的角度启发自己的研究方向。

本书的出版缘于系列教材的组稿，虽然后来出于各种原因未能在原计划的出版社出版，但这也促成了我和华中科技大学出版社的再次合作，不得不说这是一种缘分。在此，我真挚地感谢为本书出版给予关心和帮助的张明新院长、李华君副院长、杨玲编辑和林珍珍编辑。

在此，我还要感谢编写团队的同学们。他们是研究生周炫艺、杨安琪、汤浏灿、陈佳雯、包浩楠，本科生蒋学涵、刘双婷、任雅琪、颜欣妍、邢雨冰、刘晓彤、朱家毅、梁颢蓝。感谢他们为本书所付出的心血。在书稿出版之际，他们均已完成各自的学业，或走入职场，或继续深造。在此，祝福大家前程似锦。

最后，再次感谢张明新院长对本书出版给予的关心和支持！

于婷婷

2023 年 7 月 26 日于神农架博士山庄

引用作品的版权声明

为了方便学校教师教授和学生学习优秀案例,促进知识传播,本书选用了一些知名网站、公司企业和个人的原创案例作为配套数字资源。这些选用的作为数字资源的案例部分已经标注出处,部分根据网上或图书资料资源信息重新改写而成。基于对这些内容所有者权利的尊重,特在此声明:本案例资源中涉及的版权、著作权等权益,均属于原作品版权人、著作权人。在此,本书作者衷心感谢所有原始作品的相关版权权益人及所属公司对高等教育事业的大力支持!

与本书配套的二维码资源使用说明

　　本书部分课程及与纸质教材配套数字资源以二维码链接的形式呈现。利用手机微信扫码成功后提示微信登录，授权后进入注册页面，填写注册信息。按照提示输入手机号码，点击获取手机验证码，稍等片刻收到4位数的验证码短信，在提示位置输入验证码成功，再设置密码，选择相应专业，点击"立即注册"，注册成功。（若手机已经注册，则在"注册"页面底部选择"已有账号？立即登录"，进入"账号绑定"页面，直接输入手机号和密码登录。）接着提示输入学习码，刮开教材封面防伪涂层，输入13位学习码(正版图书拥有的一次性使用学习码)，输入正确后提示绑定成功，即可查看二维码数字资源。手机第一次登录查看资源成功以后，再次使用二维码资源时，在微信端扫码即可登录进入查看。